LES

VOLONTAIRES DU GÉNIE

DANS L'EST

PARIS. TYPOGRAPHIE DE HENRI PLON, RUE GARANCIÈRE, 8.

CAMPAGNE DE 1870-1871

LES

VOLONTAIRES DU GÉNIE

DANS L'EST

PAR

JULES GARNIER

CHEF DE BATAILLON DU GÉNIE AUXILIAIRE

CHEVALIER DE LA LÉGION D'HONNEUR

OUVRAGE ENRICHI D'UNE GRANDE CARTE SPÉCIALE

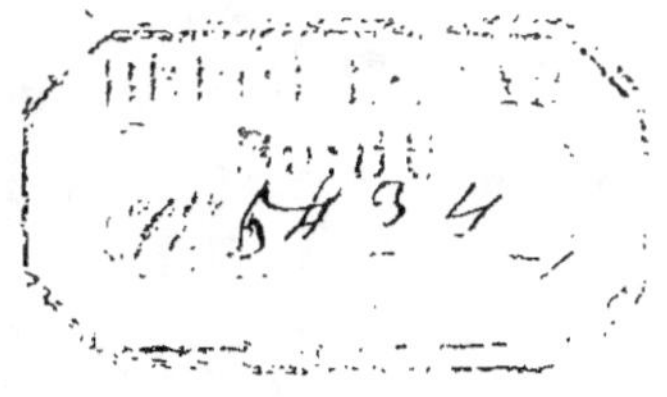

PARIS

HENRI PLON, IMPRIMEUR-ÉDITEUR

10, RUE GARANCIÈRE

1872

Tous droits réservés

NS DU

LES
VOLONTAIRES DU GÉNIE
DANS L'EST.

I.

Déclaration de la guerre. — Les premières opérations et nos premiers désastres. — Wissembourg. — Wœrth. — Spickeren. — Forbach. — Le camp de Châlons. — Mars-la-Tour. — Gravelotte. — Marche de Mac-Mahon, ses désastres.

Le 15 juillet 1870, la guerre est officiellement déclarée à la Prusse. Quel baril de poudre nous sommes ! J'ai failli être étouffé dans les rues par les chanteurs de « la Marseillaise », de « la Parisienne », du « Chant du départ », les porte-drapeaux et les *chauvins*. Je rencontre un de ceux-ci : « Eh bien ! s'écrie-t-il, *le vieux lion* se réveille. » Voyant que je ne partage pas son enthousiasme, mon ami me regarde étonné, s'éloigne en me jetant un regard courroucé ; il va chercher quelqu'un avec ses idées : ce qu'il trouvera facilement. C'est cependant un homme calme, mon ami ; de plus, n'étant ni journaliste, ni boursier, ni blasé, ni soldat, il n'a aucun intérêt à voir les scènes dramatiques et sanglantes qui sûrement vont se dérouler. Il est même dans le commerce et ressentira à coup sûr dans son coffre-fort le contre-coup de la lutte. Enfin, c'est un homme intelligent et assez au fait des choses de son temps ; il sait que depuis longues années l'art militaire est bien délaissé chez nous ; que l'industrie, les fonctions civiles absorbent la majorité des intelligences ; que le métier militaire est un peu la part des « cerveaux brûlés » ; il sait encore que l'inverse a lieu chez les Allemands ; il n'ignore pas davantage que les puissances de l'Europe nous jalousent, qu'elles supportent difficilement la « hauteur » que nous déployons si souvent dans nos relations avec elles ; c'est assez dire qu'elles ne viendront pas à notre secours, si besoin en arrive dans ce terrible duel, et cependant lui aussi a le cœur léger!..... Il ne s'agit pourtant plus de guerre à distance de la mère patrie comme celles du Mexique, de Crimée ou d'Italie ; là, entre un revers et une invasion, on avait le temps de se réorganiser, de prendre un parti, de se retourner ; ici, c'est corps à corps qu'il faut lutter ; *væ victis !* les vaincus seront repoussés sur leur propre territoire ; dans l'acharnement, la violence et les efforts de luttes journalières, le sol sera ravagé comme par le passage d'une trombe immense ; les moissons, les forêts, les villages eux-mêmes, disparaîtront au milieu des larmes des faibles, des cris de vengeance et de la rage des forts. — Ainsi pensais-je en fendant péniblement la foule, lorsque j'arrivai à la hauteur du boulevard Montmartre qu'il me fallait traverser ; là, mes réflexions intimes durent être suspendues, car il ne fallait pas de préoccupations pour franchir cet amas compacte d'êtres humains, de chevaux et de voitures ; tous étaient si bien emboîtés les uns dans les autres que le moindre mouvement relatif était devenu impossible, et ce fut en sautant d'une voiture dans une autre qu'il me devint seulement possible de traverser cette foule, la plus condensée que j'eusse vue de ma vie.

Le lendemain et les jours suivants passaient sans interruption sous mes fenêtres nos braves soldats chantant la *Marseillaise;* les caissons, les fourgons, entraînés à fond de train, ébranlaient le sol et nos lourdes maisons de pierre ; les estafettes, un pli à la main, se croisaient, se suivaient au galop ; à chaque instant passaient d'un pas alerte des officiers à l'air joyeux ; leur mâle figure faisait plaisir à voir et relevait le cœur.

Le soleil de juillet inondait de lumière ces scènes si animées, si vivantes ; la nuit et le jour l'air était rempli des notes guerrières de nos belles chansons patriotiques. — Cette allégresse, vraie chez quelques-uns, fausse chez beaucoup d'autres, excitait cependant le courage de tous ; c'est que rien n'est contagieux comme la *folie* de la guerre ; on dirait un ouragan qui se déchaîne, enveloppe et emporte avec lui ceux mêmes qui se croyaient les plus inébranlables. Nos musiques militaires soulevaient les cœurs dans les poitrines, et l'on enviait ces braves gens qui répondaient par les cris anticipés du triomphe à nos encouragements, à nos vivat. Prêcher la paix aux hommes, et surtout aux Français, c'est écrire sur le sable. La guerre est venue — quelle qu'en soit la cause — le prédicateur lui-même tirera l'épée et voudra s'enivrer aussi de cette joie, de ces émotions des batailles. Nous aimons la guerre comme le Chinois aime l'opium ; elle nous ruine, elle nous tue, mais nous la faisons avec bonheur. Trop souvent nos gouvernants ont abusé de cette passion malheureuse pour détourner l'attention des masses, ou s'attirer leur faveur. Un souverain victorieux est un souverain inébranlable ; aussi la guerre est-elle le dernier coup de dé du chef d'un État. C'est évidemment cette maxime que Napoléon III voulut mettre en pratique ; c'était d'autant plus maladroit qu'il n'en était pas encore réduit à cette extrémité. Craignit-il encore de se faire un jour répéter la phrase célèbre : « Il est trop tard ! » Ou bien, fidèle à la devise qu'on lui prête : « *Panem et circenses* », voulait-il s'attirer le peuple en élevant le jeu des cirques à une hauteur imprévue ! « Vive l'Empereur ! » criaient encore nos phalanges héroïques ; et leurs voix arrivant jusqu'à l'oreille du maître auraient dû lui rappeler le lugubre « *Ave, Cæsar ! morituri te salutant.* » Mais qu'importe ! « la guerre, plaisir de roi »... Plaisir de peuple aussi, et nous l'avons bien vu alors et depuis ; seulement les plaisirs sont différents : l'un regarde, les autres agissent ; ce sont même les derniers qui semblent avoir en partage la plus âcre volupté, ce plaisir sauvage des combats qui fait comprendre ces vers — tant incompris — où le Roi Soleil « se plaint de sa grandeur qui l'attache au rivage ». Oui, ce regret devait exister, il n'est point faux, et ce ne fut point une vulgaire flatterie. Mais quel revers à cette médaille, et que de scènes poignantes à côté de ces élans sublimes !... L'amour, l'amitié, c'est l'égoïsme, dira-t-on ; et nos grands mots de « patrie, honneur » sont vides pour eux : qu'importe, en effet, à cette vieille femme ridée, que je suivais de l'œil, que M. de Hohenzollern ne veuille pas renoncer au trône d'Espagne ? Pour elle l'horizon, la frontière, ce sont les murs de sa mansarde ; sa joie, son triomphe, son orgueil, c'est ce fils laborieux, fort et bon, qui la caresse et la nourrit ; on le lui prend, on prend tout, et on ne lui laisse que la vie qu'elle voudrait voir s'éteindre, car elle ne lui donne désormais que douleur.

Mais parmi ces tristes épisodes où les mères, les sœurs, les amantes nous émouvaient tous par leurs cris de douleur, il en était d'autres où la vertu spartiate se montrait avec éclat : « J'accompagne mon fils, me disait un bonhomme à barbe blanche, mais encore robuste, et que je m'étonnai de voir armé d'un chassepot et chargé d'un sac de fantassin ; je connais le métier et ferais bien de le suivre ; en tout cas, s'il est besoin que je reprenne l'*outil*, je suis prêt. »

Braves gens ! et comme ceux qui vous ont précipités dans cette lutte inégale et inopportune doivent avoir de remords !

Mais les événements se succédaient avec cette furie à laquelle on devait s'attendre dans notre siècle de chemins de fer et de télégraphe ; les quarante millions d'âmes qui parlent allemand et se sont fédérés s'agitaient avec une rapidité qui ne s'accordait guère avec la réputation de lourdeur que nous leur faisions à si bon marché ; c'est que pour la première fois, ce peuple, si décousu que l'on ne pouvait arriver à savoir le nom de tous ses membres différents, de ses duchés, principautés, électorats, pour la première fois, dis-je, cette nation s'unissait dans un même but, se pliait sous une même volonté ; ce but était la fusion des peuples qui parlent la même langue ; cette volonté, c'était celle du prince de Bismarck-Schœnhausen. Jamais homme d'État ne fut la personnification plus exacte de la nation qu'il était appelé à conduire ; aussi son peuple de soldats le comprenait-il à demi-mot et courait à l'exécution des ordres avec cette intelligence et cette ardeur que l'on apporte à faire ce qui plaît et ce que l'on comprend. Être mathématique, fatal, c'est-à-dire ne possédant rien de ce qu'on appelle le cœur, tel est Bismarck ;

tels sont les juifs, avides brocanteurs, qui suivaient ses armées de pillards; tels sont les corbeaux qui croassaient joyeux sur nos champs de bataille ! — Nous avions déjà vu ce dont ce peuple était capable sous l'énergique impulsion de cet homme : le Danemark démembré; l'Autriche brisée et mise à la quarantaine comme un enfant qui s'est mal conduit; la Confédération germanique resserrée ; le Luxembourg sur le point d'être germanisé à son tour. Ah ! ce peuple bégayait-il vraiment, depuis le commencement de ce siècle, la langue de l'avenir ? serait-il arrivé à la parler, et a-t-il cru qu'il lui fallait pour l'imposer au monde anéantir notre vieille réputation, nos vieilles gloires ? Pour l'Allemand, l'Europe a assez admiré notre littérature, notre courage militaire, notre philosophie ; place maintenant aux nuageuses rêveries de ses poëtes, à ses armées où l'on cherche à utiliser avec soin tout ce que la science donne chaque jour de terribles nouveautés ; place à sa philosophie mathématique, matérialiste, hélas ! trop souvent logique, et qui déchire tout ce qu'il y a de poétique dans nos systèmes.

Et pouvions-nous lutter en effet ? Un peuple qui sanctionna le Deux-Décembre et qui fit le plébiscite; qui laissait la politique aux mains des aventuriers, des intrigants et d'avocats ignorants de la pratique des choses; qui ne lisait plus que des journaux où l'écrivain cherchait soit à plaire au gouvernement pour en avoir des récompenses, soit à se faire craindre de lui pour en avoir encore. On a dit avec raison : « Si vous ne vous occupez pas de la politique, n'oubliez pas que la politique s'occupe de vous. » Mais comment le simple citoyen se fût-il occupé de la politique, alors que les gens mêmes chargés de nos affaires ne s'en occupaient point ? Nous ne marchions que par la vitesse acquise. Le pays, semblable à un vaisseau sans boussole et sans direction, ne pouvait manquer de se jeter tôt ou tard sur un écueil.... Le naufrage fut terrible. — Que faisait l'Allemagne pendant que nous lui prêtions ainsi tous les moyens de satisfaire sa vieille haine ? Pendant que notre armée était seulement suffisante pour maintenir l'ordre intérieur, dont répondait avec raison Napoléon III, l'Allemagne, suivant avec joie nos défaites au Mexique et l'abaissement progressif de notre organisation militaire, s'élançait avec ardeur dans une voie inverse : du jour au lendemain, elle pouvait avoir un million d'hommes sur ses frontières, un matériel de guerre formidable et des mieux étudiés. Pendant le temps que nous faisions quelques chassepots, sous le prétexte que l'Allemagne n'avait vaincu à Sadowa que par le fusil à aiguille, nos ennemis nous répondaient par un progrès nouveau : utilisant l'industrie privée et ses immenses ressources pratiques, ils fondaient des milliers de canons d'une supériorité incontestable. Et c'est alors que, bien

prévenus cependant par quelques hommes de bon
sens, mais qui pour cela même, sans doute, n'étaient
pas bien en cour, notre souverain commet la lourde
faute de tomber dans un piège grossier et de décla-
rer la guerre. Où était-il donc à ce moment le génie
de celui à qui on en avait parfois accordé? Un ancien
dirait : « *Quem vult perdere Jupiter dementat* »;
mais nous ne pouvons nous contenter d'une phrase
de fataliste pour excuser Napoléon III; la fatalité
n'est-elle pas d'ailleurs trop souvent l'excuse de
l'incapacité, de l'ignorance, de la paresse? C'est
l'homme qu'il faut que la nation frappe de sa vin-
dicte; c'est son nom fatal que la grande voix de
l'histoire doit porter au loin dans les temps à venir
avec le récit de cette faute immense qui précipita
une grande nation dans un abîme de malheurs.

Cependant, en présence des formidables événements qui se préparaient, j'étudiai chaque jour ce
grand peuple parisien dont, quoi qu'elle en dise, la
province dépend; semblable au médecin soigneux,
inquiet, dévoué, j'auscultai sa large poitrine ou bien
arrêtai ma main sur ce pouls qui battait à rompre.
Quels sentiments sublimes répondaient ! Pour le
peuple surtout, rien n'est difficile comme d'énoncer
ses sensations; car elles précèdent la pensée, de
même que celle-ci précède l'action; mais combien
ces sensations étaient vives! L'indécision, l'impéritie,
régnaient dans nos camps; le temps s'écoulait en

marches fatigantes, sans but ni utilité. Nous perdions notre seul avantage, qui consistait à posséder au jour même de la déclaration de la guerre une armée, peu nombreuse sans doute, mais à laquelle l'Allemagne n'était pas encore préparée à se mesurer. Nous attendîmes, dans ces conditions si défavorables à notre nature, que l'ennemi ayant terminé ses préparatifs nous écrasât à Wissembourg : on sait que les avis n'avaient pas manqué au chef de cette colonne héroïque qui sut tomber si glorieusement ; et ce premier échec aurait dû arracher le bandeau qui nous voilait encore les yeux ; il n'en fut rien, au contraire même, d'aveugles applaudissements retentirent. Mais un bruit effrayant commençait à circuler et devenait un présage sinistre : notre armée était loin de contenir les cadres annoncés, et l'on accusait de concussions les plus hautes têtes. Il fallait voir alors tous ces groupes inquiets, attendant les bulletins de la guerre et perdant à chacun d'eux une nouvelle illusion. — Un soir, c'est Mac-Mahon qui est repoussé à Wœrth !... Cette défaite cependant est encore glorieuse ; elle aurait pu devenir une victoire si de Failly fût arrivé à temps. C'est ici que se place pour la première fois le nom fatal de « de Failly », ce nom qui s'associa si souvent depuis à nos revers et n'eut un semblant d'éclat que par une retraite ; celle que ce général fit le long des Vosges.

A Wœrth, Mac-Mahon n'avait que cinquante mille

hommes; le Prince Royal en avait près de trois fois plus; notre résistance fut néanmoins si terrible, que l'ennemi, longtemps après, se refusait à croire à notre petit nombre. Cependant Mac-Mahon n'aurait-il pu opérer une retraite plus honorable, alors que l'ennemi, opérant la manœuvre qui devait l'écraser, lui en laissait le temps ? N'aurait-il pu abandonner en un bon ordre relatif les collines de Wœrth, Frœschwiller et Reichshofen, se retirer sur les formidables positions des Vosges qui avoisinent Saverne? Là, ce général couvrait Nancy et la France entière ; là, il réunissait les débris du corps de Frossard qui, dans la même journée fatale du 6 août, cédait notre centre à l'ennemi. Mais Mac-Mahon n'eut point cette inspiration, et il attendit sur place et bravement un ennemi trois fois plus nombreux. Quelle lamentable histoire que celle de cette brillante armée qui, après avoir perdu vingt mille hommes dans la journée, s'enfuyait affolée, éperdue, ne consultant aucun avis que ceux de la frayeur, pendant que pour les sauvegarder deux régiments entiers de notre plus belle cavalerie se faisaient abattre sous la pluie de la mitraille et des balles prussiennes!

J'ai dit que le même jour, près du centre de nos lignes, à Spickeren et à Forbach, le 2ᵉ corps était battu, et que son chef, le général Frossard, ne fut dans la journée aperçu nulle part; on a peine à croire à ce fait; mais, en tout cas, un général en chef, semblable à la femme de César, ne devrait même pas être soupçonné.

Les Vosges, que vingt mille hommes pouvaient défendre, étaient perdues ; quelques jours plus tard quatre uhlans prenaient Nancy ; Mac-Mahon ne put arrêter les fuyards qu'à Châlons, où il les réorganisait pendant que Metz servait de refuge à celles de nos troupes que les défaites du 6 n'avaient pas entamées : c'est dans cette place forte, sans provisions de bouche suffisantes et qu'un petit nombre d'hommes pouvait d'ailleurs défendre, que vint s'ensevelir une force imposante, alors qu'elle aurait dû s'empresser de marcher sur Châlons et de s'y concentrer avec ce qui restait des troupes de Mac-Mahon, de de Failly et de Douai.

Chose étrange, ce fut l'inverse qui eut lieu ! Mac-Mahon, à peine réorganisé, essaya d'opérer une jonction avec l'armée de Metz ; il prit l'offensive avec une troupe neuve, découragée, dont la défaite augmentait l'indiscipline ; c'est dans ces conditions que ce général vint se placer entre *les marteaux et l'enclume ;* chaque pas qu'il faisait en avant le rapprochait d'un désastre évident. Les Prussiens, de leur côté, perdirent alors un avantage énorme, car, s'ils eussent pris le chemin de Paris à la suite de nos fuyards, par une de ces marches forcées dont ils se sont montrés capables, il est à présumer que, dans l'état de découragement et de désorganisation où ils auraient trouvé la capitale, ils y seraient entrés sans coup férir. Mais cette faute immense des généraux prussiens fut en quelque sorte réparée par le plan qu'adoptait Mac-Mahon d'opérer sa jonction avec Bazaine. Le chef de l'armée de Châlons devait savoir que le Prince Royal marchait sur lui avec des forces imposantes; qu'il n'était, en outre, que l'immense avant-garde d'une série de colonnes qui s'échelonnaient jusqu'aux chaînes des Vosges, occupant les routes principales; enfin, un général de l'expérience de Mac-Mahon pouvait-il supposer qu'une armée improvisée comme l'était la sienne fût jamais capable d'exécuter les marches extraordinaires que la nécessité de son plan exigeait impérieusement? Ce projet parut tellement insensé de la part d'un homme de guerre réputé, qu'on a supposé, avec raison peut-être, qu'il avait été imposé par Napoléon III, qui, sans doute, préférait tous les désastres à l'idée de se replier sur Paris, où il lui faudrait montrer son humiliation aux Parisiens, qu'il paraissait craindre plus alors que les troupes du Prince Royal. S'il en est ainsi, à quel degré de bassesse était tombé ce souverain, qui de la sorte semblait se suicider dans la personne de son armée [1]!

Cependant, je l'ai dit, la fatale situation qui nous était faite par la séparation de nos deux armées

[1] L'influence de la politique sur cette marche du général Mac-Mahon semble aujourd'hui démontrée.

provenait surtout du temps perdu devant Metz par nos généraux. Le 12 août, Bazaine avait pris le commandement général de ces troupes, mais ce tacticien, habile jusque-là, ne semble point cependant ajouter grande importance à une concentration avec Mac-Mahon ; on le voit, au contraire, laisser les Allemands former autour de lui un réseau dont les mailles se serrent de plus en plus ; le 14, à Borny, il infligeait, il est vrai, une rude leçon à l'ennemi qu'il sut attirer sous les canons mêmes de Metz ; mais il s'était vu obligé de battre en retraite ! N'aurait-il pu prévoir ce qui l'attendait et échapper tout d'abord par une marche rapide à ces lignes immenses qui s'apprêtaient à l'enlacer ? Serait-il vrai que, pour ménager l'amour-propre de son souverain, il ne battit point en retraite dans la journée du 15 août ? Ce mouvement devenu indispensable ne commença que le 16, il était déjà trop tard. Pendant que les longues lignes de l'armée de Bazaine se profilaient sur la route de Verdun, la cavalerie prussienne les chargea impétueusement et réussit à mettre en déroute notre colonne de tête. Celle-ci communiqua sa panique aux troupes qui la suivaient, et c'est alors que l'infanterie prussienne arrivant à son tour[1], put entrer en ligne contre un ennemi déjà en déroute. Prises en écharpe et démoralisées, nos troupes durent malheureusement céder et se

___

[1] Bataille de *Mars-la-Tour* et *Rezonville*.

replier dans la direction de Metz. Ce triomphe coûtait cher aux Allemands, et l'on comprend, jusqu'à un certain point, que Bazaine ait pu le revendiquer comme une victoire.

Le 18 août, c'est *Gravelotte*, l'action la plus honorable pour nos armées de toute cette funeste campagne, et qui montre bien que nos soldats n'étaient point inférieurs à leurs pères lorsqu'ils avaient à leur tête un capitaine habile et prudent. Mais il fallut encore ici céder au nombre, avouons-le, au courage infatigable des Allemands, qui, abîmés par notre feu, ne renoncèrent pourtant point à enlever nos redoutables positions. On peut dire cependant qu'ils n'y seraient jamais parvenus si, grâce au nombre considérable d'hommes dont ils disposaient, ils n'avaient pu entreprendre de tourner notre aile droite, ce qui fut le signal d'une nouvelle retraite forcée de nos colonnes, qui revinrent s'abriter de nouveau sous les murs de Metz. Les Allemands avaient perdu trois fois plus de monde que nous ; aussi est-il permis de penser que si Bazaine eût continué avec la même habileté et la même bravoure, non-seulement à inquiéter l'ennemi, mais à prendre l'offensive, les troupes aguerries dont il disposait l'auraient secondé avec enthousiasme et valeur, pendant que les Allemands, qui avaient eu le temps de compter le nombre formidable de leurs morts, auraient certainement senti leur courage s'amoindrir en face de cette légion de héros[1]. Les cent vingt mille hommes dont disposait Bazaine auraient peut-être alors traversé leurs lignes et repris la route de Paris. Mais le 20 l'opération était déjà devenue plus difficile, car des troupes fraîches avaient comblé les vides des Allemands, qui, ne se préoccupant plus que de Mac-Mahon, commençaient de grands mouvements de troupes sur Châlons. — On dit que la joie de de Moltke fut seulement égalée par sa surprise, lorsqu'il connut la marche vers le nord de la nouvelle armée de Châlons. Celle-ci ne pouvait gagner Metz par Montmédy, ainsi qu'elle en avait le projet, qu'en cachant *absolument* sa marche aux forces ennemies, ce qui était évidemment impossible ; mais, d'autre part, le projet du général français découvert, il devenait aussi de toute impossibilité qu'il pût aboutir, puisque notre armée avait à contourner toutes les forces des envahisseurs, qui formaient alors une ligne dont Metz était un des points, pendant que les autres s'échelonnaient dans la direction de Châlons. Le plan de Mac-Mahon percé à jour, la conduite des Allemands était non-seulement toute tracée, mais des plus faciles : remonter au nord *par la ligne droite*, c'est-à-dire la plus courte, arriver avant les Français qui suivaient une courbe, et interposer entre Bazaine et Mac-Mahon les formida-

[1] On verra plus tard qu'un retour offensif de Bazaine, dans la journée suivante, aurait trouvé les Allemands prêts à la retraite,

bles masses armées dont ils disposaient. Les Allemands exaltèrent encore cette manœuvre, favorisée
par la négligence de quelques-uns de nos généraux
qu'il fut encore facile de surprendre, et aussi par le
défaut de cohésion qui signalait forcément notre
jeune armée; c'est ainsi que de Failly, surpris à
Beaumont, fut mis en déroute. Il est probable même
que les Allemands ne prirent ainsi l'offensive que
parce qu'ils étaient bien certains de toutes ces infé-
riorités; ils n'auraient point osé, en face de vieilles
troupes bien conduites, s'éloigner autant de leurs
bases d'opération, se diviser, ainsi qu'ils l'ont fait,
en deux corps que la Meuse elle-même séparait; l'un
de ces corps, plus faible que l'armée française, venait au contraire de se masser en face de nous, derrière la Chiers, et nous avions le temps de l'écraser
avant que le second corps allemand pût venir à son
secours[1]. C'était là le défaut de la cuirasse de nos
envahisseurs; défaut tel que le vainqueur, emporté
par le triomphe, en montre habituellement. Mac-
Mahon ne le vit pas, ou ne crut pas le moment assez
favorable. Pourtant nos ennemis avaient fait une
grande faute, qui pouvait rendre, une fois de plus,
nos désastres si glorieux qu'ils eussent fait regretter

---

[1] Ces deux corps allemands étaient : l'armée du Prince Royal
de Saxe avec 80 000 hommes en face de Mac-Mahon, sur la *rive
droite de la Meuse*, et celle du Prince Royal de Prusse, sur la *rive
gauche* de la Meuse et à une certaine distance de la première.

aux Allemands leurs victoires. Mais, loin de là, l'heure des grandes hontes pour notre nation si glorieuse, si fière, allait sonner.

Mac-Mahon se contenta de fortifier les positions qu'il occupait sur les terrains mouvementés et boisés qui s'étendent du nord-est au sud-ouest, de Givonne à Sedan. C'est ainsi que notre général en chef finissait — loin de tout secours, sur les frontières d'un pays étranger — par où il aurait dû commencer, à Châlons. Et l'on ne comprend vraiment pas qu'il ait ainsi subitement changé l'allure qu'il prenait dès le début de l'entreprise, c'est-à-dire celle d'une offensive audacieuse au plus haut point. — Je ne retracerai pas les phases si douloureuses de cette journée pour un cœur français ! Mac-Mahon eut le bonheur d'être mis hors de combat dès le matin par un éclat d'obus ; sa blessure était guérie quelques semaines plus tard, mais il avait ainsi échappé à la honte de signer la capitulation du 2 septembre, par laquelle 83,000 soldats armés se rendaient, y compris 400 pièces d'artillerie de campagne, 150 pièces de forteresse et 10,000 chevaux. Certains hommes sont vraiment favorisés par le sort, et Mac-Mahon trouvait bientôt après l'occasion de relever sa réputation en arrachant Paris aux mains de l'insurrection.

C'est ici que se place la première tache à la gloire allemande et la première date que ne doit jamais oublier tout cœur français qui aspire au jour béni

de la vengeance! Nous étions vaincus, anéantis;
l'envahisseur osa donner carrière à sa sauvagerie et
à sa barbarie naturelle. Sous l'œil de ses chefs et par
leurs ordres, il livra aux flammes le malheureux village de Bazeille; ceux des habitants qui ne purent
s'évader périrent dans le feu. Rappelons-nous cette
première atrocité, et qu'elle se présente à nos yeux
dans toute son horreur pour réveiller la vengeance et
la haine, le jour où nous recommencerons la lutte.

II.

Les Allemands avaient leur chemin libre jusqu'à
Paris. Ils se montraient déjà dans la Marne et dans
l'Aube ; on les attendait d'un moment à l'autre dans
la capitale, où régnait la plus grande agitation : mais
celle-ci n'était malheureusement pas dirigée comme
elle aurait dû l'être ; les hommes connus et influents
s'occupaient généralement moins de la patrie en
danger que de leurs intérêts personnels. Nous sommes ainsi faits que, la plupart du temps, nous cou-
ronnons l'intrigant incapable et délaissons l'homme
de valeur et d'expérience qui ne perdit jamais son
temps à acquérir simplement la popularité.

En présence de ces compétitions qui faisaient mal
augurer de la défense, j'avais quitté Paris, pensant
devoir être plus utile en province, où, d'ailleurs, des
devoirs m'appelaient ; de plus, un de mes meilleurs
amis, M. A. Evrard, ingénieur, qui, pendant des
années, avait parcouru les Vosges en chasseur, en

touriste et en géologue, et connaissait les défilés, les pics et jusqu'aux secrets passages de ces montagnes, se préparait à s'y rendre pour organiser un corps franc; j'avais d'autant plus de confiance dans les projets de mon ami, que bien souvent, avant la guerre, il me faisait part du plan de campagne qu'il adopterait contre les gens d'outre-Rhin si une fois de plus, comme en 1815, ils essayaient de franchir notre frontière naturelle de l'Est. Nous ne pensions guère alors être sitôt appelés à revoir ces humiliantes journées! Quoi qu'il en soit, je me serais enrôlé de grand cœur sous la bannière de mon ami, mais la rapidité des marches prussiennes ne lui laissa pas le temps de se mettre en mesure, et il dut rester à Paris, où il rendit, d'ailleurs, de véritables services comme capitaine d'artillerie.

Ainsi que j'ai eu occasion de le dire, j'avais étudié l'esprit parisien et j'étais convaincu que ce peuple opposerait une résistance héroïque; les provinciaux, au contraire, pensaient avec les généraux prussiens que la ville superbe ouvrirait ses portes aussitôt qu'il lui faudrait endurer même un commencement de privations. Les Parisiens commirent cependant, dès le début, de grandes fautes; ce fut d'abord de conserver au milieu d'eux un trop grand nombre de bouches inutiles, à qui il fallut d'ailleurs bientôt octroyer gratuitement la ration. Pourquoi encore empêcher quelques hommes de quitter Paris, en frappant ceux qui s'en allaient d'une sorte de flétrissure morale? En agissant ainsi, les Parisiens me rappelaient ce brave qui s'écriait pendant la guerre qu'il ne demandait pas mieux que de prendre les armes, mais qu'il voulait auparavant que tout le monde fût aux camps. N'aurait-on pas dû, au contraire, encourager le départ de ceux qui ne se sentaient pas le courage de combattre? Ne serait-on pas toujours assez nombreux, et pour tenter une sortie et pour défendre la ville? D'ailleurs, ainsi que les événements l'ont montré, mais contrairement à ce qu'il était permis de prévoir, le général en chef attendait tout de la province et, avec la ténacité naturelle aux hommes de son pays, faisait de véritables efforts pour arrêter l'ardeur belliqueuse des Parisiens, dans lesquels il n'avait aucune confiance comme soldats. La France était décidément alors dans une période néfaste, puisque, pour commander à Paris, elle ne rencontra qu'un général capable sans doute de soutenir un siège ordinaire suivant toutes les règles de l'art, mais du plus pauvre esprit comme improvisateur dans cette grande lutte sans précédent, où tout devait provenir du génie individuel. Le général Trochu était surtout impuissant à diriger, utiliser et comprendre cette masse qu'on appelle le peuple de Paris, enthousiaste ou sceptique, lâche ou héroïque, stoïque ou efféminée, suivant la main qui la conduit ou la voix qui l'entraîne.

On prête au général en chef de l'armée de Paris ce raisonnement, que, reconnaissant l'impossibilité d'une sortie ou même d'une lutte avantageuse avec les troupes dont il disposait, il était plus humain d'attendre que de sacrifier inutilement des hommes : on ajoute cependant que les yeux du général commencèrent à se dessiller sur le parti qu'on pouvait tirer des Parisiens, alors qu'il suivait de sa longue-vue une charge à la baïonnette que faisaient des gardes nationaux ; mais ce jour-là c'était le 19 janvier, c'est-à-dire le jour même de la dernière sortie et la veille de la capitulation ; il était encore trop tard. Il ne m'appartient pas sans doute de critiquer un général qui avait montré des preuves de capacité, mais il est permis de dire que, dans ces circonstances, il ne fut point animé de cette flamme patriotique qui dévore tous les obstacles, et place l'esprit au-dessus de toutes les difficultés ; sa devise ne fut point ce qu'elle devait être : « sauver le pays ou la mort. » Ah ! s'il avait eu au service de cette noble cause l'énergie sauvage de certains chefs de la Commune elle-même !

Mais, pendant ces tristes événements, où avons-nous trouvé, pour nous être vraiment utile, un des anciens dignitaires de l'Empire ? et cette pénurie d'hommes d'action au moment voulu ne ferait-elle pas croire que pendant la paix ce sont trop souvent les incapables qui réussissent ? car ils ont employé leur temps à l'intrigue au lieu de le dépenser à l'étude.

Revenons à la province. Là, on ne se *sent pas les coudes* comme à Paris, et l'on y était dans une torpeur, due à la crainte, dont rien ne saurait donner l'idée. La délégation du gouvernement de la défense nationale de Paris n'était, d'ailleurs, point faite pour remonter le moral, et ces trois vieillards, dont deux avaient passé leur vie à critiquer le pouvoir, s'en trouvaient eux-mêmes fort embarrassés; on eût dit, à voir leurs actions, qu'ils ne savaient par quel côté s'y prendre. Il fallait, en effet, une énergie réelle et une vigueur peu commune pour arracher, ainsi qu'ils avaient entrepris de le faire, du jour au lendemain, toute une nation à son repos, à sa stupeur, et la jeter dans la guerre. Un peuple a son inertie, et nous avons vu que si l'on eut beaucoup de peine à le mettre en mouvement pour le combat, on en eut peut-être plus ensuite pour arrêter sa *vitesse acquise;* car la Commune n'était que le feu allumé, et qui continuait à brûler.

Cependant le souvenir des services rendus par les francs-tireurs dans les montagnes du Doubs et du Jura, lors de l'invasion de 1815, avait conduit à former quelques nouvelles compagnies semblables, dont les chefs aspiraient à suivre les traces de ces braves capitaines de corps francs, les *Jacquin*, les *Courbet*, les *Deschamps;* c'est alors que je conçus l'idée, avec quelques amis, de construire des engins de guerre spéciaux qui me permettraient d'inquiéter l'ennemi sur les voies ferrées dont il s'était emparé et qu'il utilisait. J'avais déjà fait construire à Lyon [1] une mitrailleuse à vapeur qui pouvait rendre quelques services pour défendre un rempart. La seconde ville de France était, en effet, menacée, mais on s'y exagérait beaucoup la rapidité avec laquelle une armée ennemie pouvait s'y rendre ; la panique était d'ailleurs si grande alors, qu'il n'était pas de ville, et cela jusqu'au littoral de la Méditerranée, qui ne demandât chassepots, canons et mitrailleuses ; mais le gouvernement de Tours lui-même était loin d'en avoir suffisamment pour armer les jeunes gens, et l'on s'étonnait avec raison de le voir si peu préoccupé de la question capitale. C'est ainsi que, du

---

[1] C'est pendant mon séjour à Lyon que le trop célèbre Cluseret essaya d'y fomenter la guerre civile sous prétexte de commune. J'eus l'occasion de voir cet agitateur, et lui exprimai mon étonnement sur sa manière de faire, alors que l'ennemi était si proche ; bien loin de soutenir vis-à-vis de moi ses proclamations incendiaires, Cluseret alla jusqu'à les renier et à dire qu'on avait *abusé de son nom*. Le surlendemain il arrêtait le maire et la partie du conseil municipal qui ne s'était pas ralliée à lui, proclamait la commune, appelait à l'aide les gardes nationaux des faubourgs de la Croix-Rousse, qui, heureusement, ne vinrent pas : en un mot, il déchaînait la guerre civile, alors que l'ennemi était le plus près de Lyon ; aussi a-t-on quelque peine à ne pas croire que c'était là un salarié de la Prusse. Son évasion mystérieuse à la suite de la chute de la Commune confirmerait encore ce soupçon.

4 septembre, date de la proclamation de la République, jusqu'au 9 octobre, date de la proclamation de
M. Gambetta aux Français, rien ou presque rien
n'avait été fait pour l'organisation de la résistance
en province. Le 17 septembre seulement, les membres de la commission d'armement pour la province
avaient quitté Paris, se rendant à Tours, mais il ne
semble pas que cette commission, qui devait plus
tard s'occuper avec tant d'ardeur, ait rapidement
agi dès le début. L'impulsion manquait, M. Gambetta
vint la donner avec tout le souffle d'une nature jeune
et ardente : au nom des sentiments les plus purs de
la république et du patriotisme, il fit appel à tous
les courages, à toutes les capacités. Faut-il l'avouer?
on ne répondit que lentement et avec tiédeur, ainsi
que j'ai pu en juger. Devons-nous attribuer ce résultat à la pénurie des courages et des capacités?
Non, mais bien plutôt à ce manque d'initiative in-
dividuelle, qui faisait qu'on restait indécis, étonné
en face de cet homme, la veille simple avocat, aujourd'hui deux fois ministre et qui osait ainsi, sans
passé administratif, crier à ses concitoyens : « Au
secours, à l'aide, je veux avec vous sauver notre
patrie! » Pour ma part, je m'empressai d'y répondre; le temps de faire établir des modèles gros-
siers de mes nouveaux engins de guerre, et j'étais
à Tours.

C'est le 19 octobre que j'arrivai dans la gra-

cieuse capitale du jardin de la France; mais je ne
reconnus point la ville aristocratique ou bourgeoise
par excellence; ses hôtes habituels s'étaient enfuis
comme une nuée d'oiseaux qu'on effarouche, les
autres se tapissaient au fond de leurs obscures mais
seigneuriales demeures. Les boutiquiers, les hôte-
liers surtout, paraissaient seuls au comble de la joie,
et, de leur comptoir, suivaient complaisamment de
l'œil les innombrables officiers et soldats de toutes
armes qui se pressaient dans les rues, attendant leurs
ordres de départ. C'était là le premier noyau de la
première armée de la Loire dont, depuis le 15 octobre, le général d'Aurelle de Paladines avait pris le
commandement. Ils venaient s'ajouter aux quelques
milliers d'hommes dont nous disposions dans ces
parages au commencement d'octobre, et qui, battus
par Von der Than, les 10 et 11, à Artenay et à
Orléans, s'étaient forcément repliés devant les Bavarois et ne s'arrêtèrent qu'à Salbris, où, derrière la
Mauldre, ils trouvaient une position naturelle d'une
certaine importance; c'est là que s'opérait la concentration des troupes, pendant que les différents services des ministères s'étaient répartis à Tours dans
les divers monuments publics de la ville, où ils se
trouvaient assez à l'aise. Dès mon arrivée, je me
rendis auprès de M. de Freycinet, délégué du ministre de la guerre, qui me reçut aussitôt et me
donna, séance tenante, les moyens d'être entendu

par les chefs de service de l'artillerie et du génie. Afin de montrer l'activité, on pourrait dire l'ardeur fiévreuse, qui animait à ce moment le gouvernement de la défense nationale de Tours, il me suffira simplement de rapporter la célérité avec laquelle j'obtins la réalisation de mes projets; je ne doute même pas que tous ceux qui, comme moi, avaient antérieurement servi l'État ne soient extrêmement surpris de la rapidité d'action de ce gouvernement improvisé. Par l'intermédiaire du général, chef du service du génie, je me présentai à la commission qui venait précisément d'être créée dans le but d'étudier les propositions nouvelles; là, dans une séance qui dura environ deux heures, j'exposai mes plans. Il serait inutile et peut-être imprudent d'entrer ici dans des détails sur les engins que je proposais; toujours est-il que la commission, qui m'avait entendu le 20 octobre, remit au ministre, le 22 suivant, un rapport favorable dans lequel on approuvait non-seulement mes projets, mais on demandait la fabrication immédiate d'un grand nombre d'engins de cette espèce. Le même jour et sur ce premier rapport, la commission d'armement votait les fonds nécessaires à ces travaux, pendant que, par ailleurs, le ministre de la guerre me conférait le grade de chef de bataillon du génie au titre auxiliaire, avec autorisation de lever un certain nombre de compagnies volontaires du génie. Ainsi, arrivé à Tours le 19, le 22 toutes

les formalités administratives étaient terminées! Je
courus à Saint-Étienne apportant des commissions
d'officier, en blanc; j'en investis quelques hommes
dévoués et capables, qui se mirent aussitôt à l'œuvre
du recrutement dans ce pays d'ouvriers robustes et
habitués aux fatigues et aux dangers de la vie de
mineur. Je fis aussi commencer la fabrication de
mes torpilles. MM. Revollier, Biétrix et Cie voulurent
bien se charger de ce travail très-dangereux et peu
rémunérateur à cause de sa faible importance; mais,
et je suis heureux de pouvoir le dire publiquement
ici, c'était là une des grandes usines qui devaient
montrer le mieux ce dont l'industrie privée est capable quand elle est animée d'une bonne volonté [1].

Paris étant fermé, il nous fallut aller chercher en
Angleterre une foule d'objets qui nous étaient indispensables. Ne voulant confier à personne le soin de
ce voyage, dont pouvait dépendre tout le succès de nos
projets, je l'entrepris moi-même. Les relations avec
l'Angleterre n'étaient déjà plus faciles; il ne fallait

---

[1] Pendant la durée de la guerre, la commission de l'armement
national, dont le siége était à Saint-Étienne, a exécuté dans le
pays, outre une énorme quantité de fusils :

Six cents pièces d'artillerie de 7, en acier, avec tout le
matériel de guerre accessoire; et de plus un atelier complet de
pyrotechnie qui, par prudence, fut établi à Cette. On pouvait
y faire 2 000 gargousses par jour. (Rapport fait à la commission d'armement national par M. Toussaint, ingénieur, chargé
de la direction des travaux.)

2.

pas songer à s'embarquer à Calais sans s'exposer à tomber dans les mains de l'ennemi ; je devais donc me rendre dans un port du nord-ouest en contournant Paris.

Jusqu'ici, en France, nos lignes principales convergent sur Paris, ce qui m'obligeait à recouper chaque grande artère en prenant l'un après l'autre les tronçons qui les réunissent deux à deux ; de cette façon nous dûmes suivre une ligne des plus brisées ; mais, ce qui mettait le comble aux retards, c'est que l'on n'avait pas fait de combinaisons nouvelles des heures du passage des trains, et que, changeant souvent de ligne, nous avions chaque fois de longs arrêts. Naturellement la guerre était la seule conversation des voyageurs ; on parlait souvent de l'armée de Metz, et tous la considéraient comme notre branche de salut. En dépit du Mexique, et tant l'homme est porté à croire ce qu'il désire, on voyait dans Bazaine un type chevaleresque, aimant sa patrie avant tout et décidé aux plus grands sacrifices, à lutter contre la fortune la plus adverse plutôt que d'abandonner Metz *la forte ;* on allait même jusqu'à dire que s'il ne s'était pas dégagé, c'est qu'il ne le voulait pas, et qu'il préférait arrêter loin de Paris une armée allemande forte de 250,000 hommes que de la voir venir renforcer celle de Paris et s'opposer aux opérations de notre prochaine armée de la Loire sur la capitale.

Manquant de nouvelles précises sur Bazaine et

ignorant qu'il se contentait à Metz d'une situation purement défensive, les journaux ne reculaient pas devant le récit de victoires imaginaires qui relevaient, il est vrai, le courage public, mais devaient rendre plus pénible encore la connaissance définitive de la vérité. Tel était, disais-je, le sentiment de mes compagnons de voyage; l'un d'eux cependant, placé dans un des angles du wagon, ne pouvait s'empêcher de tressaillir et de s'agiter sur son coussin, chaque fois qu'un nouvel éloge de Bazaine se faisait entendre; j'observais ce manége, et me demandais naïvement si je n'avais pas devant moi un de ces espions prussiens qu'on voyait alors si volontiers partout; notre homme avait d'ailleurs une allure étrangère : enfin, à un éloge plus enthousiaste que les autres du commandant de Metz, il s'écria : « Ne vantez plus ce général, car il a rendu la place et son armée. » Ce fut un coup de foudre! Un silence de mort suivit cette déclaration; mais, bientôt on voulut avoir plus de détails; les soupçons parurent même prendre plus de consistance contre ce personnage muet jusqu'alors et qui jetait tout à coup cette sinistre nouvelle au milieu de nos espérances, qu'il détruisait en un instant; pressé de questions, il se contenta de nous dire : « Messieurs, j'arrive de Tours, j'y ai vu les ministres, et je puis vous affirmer la vérité de mon dire, sans pouvoir cependant vous en donner une preuve matérielle. » — A ce moment le train s'arrêtait dans une petite station, notre homme prit sa valise et changea brusquement de voiture.

Nous étions au 28 octobre, et la nouvelle n'était que trop vraie.

Le lendemain j'arrivai à Honfleur, où je pensais trouver un paquebot pour l'Angleterre ; mais je jouais de malheur, ce navire était parti depuis le matin ; il n'y avait pas d'autre départ, soit de ce port, soit du Havre, avant trois jours. Très-désappointé de ce contre-temps, je suivais les quais en rêvant à ma malechance, et m'arrêtai devant une barque de caboteur dont on achevait le chargement de beurre, d'œufs et de provisions de toute sorte que notre grasse Normandie a l'habitude d'expédier chez nos voisins ; une pensée soudaine me traversa l'esprit : « When do you start for England, my boy ? » dis-je aussitôt à un homme de l'équipage de la *Mary-Ann*, dont je voyais le nom à l'arrière, en lettres d'or ternies.

« We set sail for Southampton with the tide, at midnight, sir », me répondit le matelot.

Je jetai un coup d'œil sur les pavillons qui flottaient au gré d'une belle brise ; celle-ci venait du sud-ouest, elle pouvait, il est vrai, suivant son habitude, nous amener la pluie, l'orage, la grosse mer, mais elle était favorable pour se rendre vent arrière à Southampton, et je n'hésitai plus ; on m'informait encore que le patron était précisément dans sa cabine. Je me laissai aussitôt glisser le long de l'échelle qui pendait du

quai sur le pont du petit brick, et quelques secondes
après j'étais en présence du capitaine. Je le trouvai
étendu dans l'étroite couchette d'une cabine petite
et sombre. Lorsque mes yeux, s'habituant peu à peu
à cette obscurité, me permirent de l'apercevoir, je
lui expliquai que, très-pressé d'aller en Angleterre, je
venais lui demander passage; je croyais la chose toute
simple; il n'en était rien cependant, et mon homme
refusa absolument de me prendre sur sa barque.

Il était arrêté par diverses considérations qu'il ne
me fut enfin possible de lever que grâce à l'interven-
tion du maire de la ville lui-même, auquel je me
fis reconnaître et qui usa de son influence pour obtenir du capitaine de la *Mary-Ann* le passage que je
sollicitais. — Ainsi que le matelot anglais me l'avait
dit, ce « coaster » appareillait à minuit avec la marée.

Honfleur était alors le refuge de nombre de gens;
je reconnus parmi la société masculine, confortable-
ment installée dans le meilleur hôtel, n'ayant d'autres
soucis que le regret des plaisirs de Paris et la peur
des Prussiens, un grand nombre de représentants
de cette classe d'hommes qui n'ont pour dieu que leur
égoïsme; race inutile et véritable gangrène sociale,
qui s'était si fort développée depuis quelques années.
Un certain nombre de ceux que le bruit du canon
avait ainsi poussés sur ces rivages retirés, présentaient
cependant un intérêt plus vif; c'étaient des jeunes
femmes, momentanément veuves, car leurs maris

défendaient le pays et avaient voulu envoyer en lieu sûr, loin du danger, ces êtres chers.

Le vent de sud-ouest ne manquait point à ses habitudes, et une pluie violente inondait l'atmosphère, lorsque, à onze heures du soir, je quittai l'hôtel pour me rendre à bord. Le capitaine, complétement protégé par ses habits imperméables, était sur le pont, où il faisait arrimer plus solidement d'innombrables cages à poulets. Je n'avais d'abri contre le mauvais temps qu'un étroit espace réservé sous le pont à l'arrière, mais l'air y était si impur que je préférai rester en plein air. — J'allumai, non sans peine, un cigare, moins par goût à ce moment que pour indiquer par sa lueur ma présence aux matelots qui *paraient les manœuvres*, qu'ils trouvaient seulement par l'instinct de l'habitude, tant la nuit était sombre.

A minuit et demi, nous levâmes l'ancre.

Notre brick était loin d'être un bon marcheur, de plus, la mer était trop grosse et la brise trop forte pour qu'il pût déployer beaucoup de toile ; cependant nous arrivâmes à Southampton le 31 octobre à trois heures du matin, après une traversée de 27 heures, pendant laquelle je n'avais pas dormi, et presque pas mangé. Au milieu de la nuit, j'eus beaucoup de peine à trouver dans la ville un hôtel qui voulût bien se déranger pour me permettre de rompre mon jeûne, ce dont j'avais cependant absolument besoin. Le train pour Londres partait vers les quatre heures du matin, et j'étais au point du jour dans la grande cité. Les divers achats que j'avais à faire me conduisirent dans plusieurs points du Royaume-Uni, et partout je pus constater que la grande préoccupation des insulaires était l'observation attentive du terrible duel engagé entre les deux grands peuples du continent. Je me serais attendu à trouver plus de sympathie pour le vaincu, si malheureux alors ; mais il paraît qu'elle ne vint que plus tard, lorsqu'une série de malheurs sans exemple dans les traditions humaines eut fait juger aux Anglais que nous devions décidément *avoir cuvé* cet orgueil qu'ils nous reprochaient toujours. Déjà, cependant, la « satisfaction » de nous voir humiliés commençait à s'affaiblir, lorsqu'ils songeaient que ce n'était qu'aux dépens de la grandeur de l'Allemagne, bien plus redoutable pour eux que la nôtre, puisqu'elle élevait un peuple qui ne se contenterait pas, comme nous, de vaines satisfactions d'amour-propre, mais voudrait sa place au soleil des colonies, ou de ces grandes contrées dont l'industrie et le commerce anglais ont seuls jusqu'ici gardé le monopole. D'autre part, l'admiration que suscitait chez eux le spectacle de notre résistance désespérée allait en augmentant à mesure que celle-ci se prolongeait ; Londres ne pouvait comprendre comment Paris tenait encore, et nous jugeant d'après lui-même, ce peuple nous voyait prosternés aux pieds du vainqueur après chacune des dépêches qui vinrent successivement lui annoncer Sedan, l'investissement de Paris, Metz… Mais, alors qu'ils nous croyaient démoralisés et perdus, de nouvelles armées surgissaient, qu'il fallait écraser à leur tour : la France était l'Hydre de Lerne. Au reste, les Anglais n'étaient point en mesure de juger la situation, et l'on comprend leur erreur : les feuilles principales nous étaient hostiles et ne rendaient justice à nos efforts que lorsqu'ils avaient été suivis du succès; de plus, quelques organes français paraissant à Londres sous les auspices du gouvernement déchu, ou de ses maladroits amis s'il en fut, répandaient la calomnie sur ceux qui essayaient de relever la France ou de rendre ses dernières convulsions terribles à l'ennemi. Quelques Français en outre, faut-il avouer cette honte? jeunes, riches, non-seulement avaient fui leur devoir le plus sacré, mais s'affichaient chaque soir dans les théâtres à la mode; c'est ainsi que je pus lire dans le *Figaro Journal* une annonce invitant le public à se rendre au théâtre Déjazet, où *se pressaient chaque soir* les jeunes Français du meilleur monde de Paris.

En lisant cette réclame, qui concordait avec la nouvelle de la reddition de Bazaine, j'eus honte. Mais on raconte bien que la veille de Sedan, à Douzy, l'état-major d'un de nos corps d'armée parut à un bal ! un de mes amis, le soir de la capitulation de

Paris, a bien vu tout un groupe d'officiers supérieurs entrer dans un de nos *théâtres de genre !*

Une des raisons qui nous enlevaient encore en Angleterre le plus de sympathie, c'était notre régime républicain ; sans parler de l'aristocratie, qui rejette naturellement la république, le reste de la nation, semblable à nombre de nos badauds ou impudents politiques, ne voit dans cette forme de gouvernement que le *règne de la violence et de l'arbitraire.*

Malgré la plus grande activité, je perdis plusieurs jours en Angleterre et faillis même échouer dans mes plans, qui ne réussirent aussi facilement que grâce à diverses circonstances favorables. J'avais besoin de poudres spéciales, mais, à l'usine où elles se fabriquaient, on ne faisait ces expéditions sur Londres que tous les mois et par un train spécial. Pour tourner la difficulté, je plaçai une partie de ces substances explosives dans des malles de voyage, pensant bien que l'on ne me tourmenterait pas, car il n'est pas d'usage à l'entrée de la ville de Londres que la douane visite les bagages des voyageurs. Tout était pour le mieux, lorsqu'en arrivant à Londres, un douanier qui flairait la chose me dit brusquement : « Avez-vous des munitions, monsieur ? » « Non », répondis-je. — C'était grave ; s'il eût ouvert les malles, j'avais une très-forte amende et peut-être de la prison. Je n'hésitai pas, et voyant mon douanier continuer à tourner autour de mon bagage, je lui mis une livre

dans la main et lui dis : « C'est pour la France. »
« *All right, sir* », répondit-il froidement, en levant
sa casquette et faisant disparaître la pièce d'or dans
sa poche. Je ne fus cependant à mon aise qu'au
moment où je mis le pied sur le steamer *Fairy-
Queen*, qui m'attendait sur la Tamise, un peu en
dessous de Gravesend. Ce navire, qui partait fort à
propos, était frété pour le Havre au compte du Gouvernement de la défense nationale, et il est probable
que si je ne l'eusse pas rencontré, je n'aurais trouvé
que très-difficilement à embarquer les trois mille kilogrammes de poudres spéciales que j'avais pu me
procurer à Londres même, ainsi que les substances
explosives que renfermaient les malles dont j'ai parlé.

La *Fairy-Queen* était un joli steamer de huit cents
tonneaux environ ; il emportait en France cinq cents
barils de poudre, plusieurs milliers de fusils et revolvers, des millions de cartouches, des munitions d'artillerie, etc. J'étais, comme on voit, en belle compagnie.
Je me rendis à bord en compagnie de l'armateur,
M. Merton, qui, pour m'éviter des pertes de temps,
avait bien voulu se charger du règlement de mes divers achats. Le chargement de la *Fairy-Queen*
n'était pas encore terminé, que nous appareillâmes
avec la marée descendante ; néanmoins des chalands,
contenant chacun une cinquantaine de barils de poudre, continuaient à nous aborder successivement ; on
leur jetait une amarre, et aussitôt qu'ils s'étaient fixés

solidement le long du bord, on embarquait leur dangereuse cargaison avec une rapidité merveilleuse. Ce que le public français ne savait pas, c'est qu'à ce moment la poudre de guerre faisait défaut chez nous et qu'on attendait ce navire avec anxiété. Ainsi s'expliquaient notre départ précipité et ce chargement qui s'effectuait pendant la marche du vapeur. Rien de plus dangereux cependant, et je vis là, encore une fois, toute l'insouciance que l'homme apporte à jouer avec sa vie, alors qu'il s'agit de gagner ce qu'il désire, que cela s'appelle argent ou gloire. La *Fairy-Queen* venait à peine de lever l'ancre, qu'un premier chaland, couvert de barils de poudre, nous accosta. Il venait sur nous en louvoyant; notre steamer manœuvra de façon à le *ranger* et lui jeta des amarres; puis, sans que notre marche se ralentît, les cinquante barils de poudre du chaland furent hissés sur notre pont et de là lancés dans les soutes. Cette manœuvre s'effectua avec si peu de soin, que, dans les chocs qu'ils recevaient, les barils laissaient échapper entre leurs douelles de la poudre tamisée qui recouvrait le pont, pendant que notre machine marchait à *full speed* et que sa cheminée lançait des gerbes d'étincelles; celles-ci étaient, il est vrai, rapidement emportées à l'arrière par la brise qui était debout, mais une seule d'entre elles arrivant sur le pont eût provoqué la plus épouvantable explosion que l'on puisse imaginer. J'ajouterai même qu'à l'arrière et pendant ce temps-là, les officiers et l'armateur lui-même fumaient leur cigare avec autant de tranquillité que s'ils eussent été dans une taverne du Strand. — En quelques heures, nous embarquâmes ainsi la cargaison de quatre ou cinq chalands ; le pavillon rouge hissé au sommet du grand mât indiquait à la multitude de navires qui sillonnaient la Tamise que notre voisinage était dangereux, mais je n'en vis pas un seul qui fît mine de s'en préoccuper et de chercher à nous éviter.

Jusque-là tout était bien, et nous descendions rapidement le large fleuve, lorsque l'atmosphère s'épaissit de plus en plus ; force nous fut bientôt de stopper ; le brouillard, le *fog*, était si intense qu'on ne voyait même plus les feux de position qu'on s'était empressé de placer. Pour parer au sens de la vue devenu inutile, l'homme de quart ne cessait d'agiter le battant d'une cloche, annonçant ainsi notre présence à quelques navires qui se hasardaient encore à se laisser descendre au fil de l'eau, et dont on ne constatait d'ailleurs la présence que par la voix monotone de la cloche de leur bord répondant à la nôtre.

C'était une marée de perdue, peut-être davantage, car le *fog* peut durer plusieurs jours ; j'étais très-contrarié de perdre ainsi des heures que je m'imaginais pouvoir être utiles, et dont, en tout cas, j'étais fort avare, car depuis les quinze jours où je m'étais lancé dans cette entreprise, c'est à peine si j'avais passé trois nuits ailleurs qu'en chemin de fer ou en bateau. Cependant j'avais plus de confortable ici que sur le caboteur qui m'avait amené, et, soit que le capitaine eût été prévenu de mon passage par M. Merton, soit qu'il eût l'habitude de bien vivre, nous faisions une excellente chère en attendant la disparition du *fog*. Il est bon d'ajouter aussi que le capitaine, bien que naviguant depuis quarante ans, n'avait jamais sillonné que la mer du Nord, l'Atlantique et la Méditerranée ; lorsqu'il vit en moi un homme qui avait fait *the round of the world*, et doublé le célèbre cap Horn, il eut à mon égard une considération réelle, que le marin a toujours pour ceux qui ont vu les grandes lames de l'océan Indien.

Le lendemain cependant, vers le milieu du jour, le brouillard s'éclaircit assez pour nous permettre de reprendre notre route, mais non sans que nous fussions obligés d'aller à une faible vitesse. Rien ne produit, en mer, des effets d'optique plus surprenants que le brouillard ; les navires que l'on aperçoit semblent flotter au sein d'une vapeur aérienne ; se montrant tout à coup à une faible distance, ils paraissent énormes ; leur blanche voilure, leur sombre carène, à la forme encore indécise, leur donnent un aspect fantastique. Cependant, arrivés à l'embouchure du fleuve, le *fog* s'arrête tout à coup et, comme par enchantement, nous sortons d'une atmosphère épaisse, sombre et désagréable, et la *Fairy-Queen*, libre maintenant de son allure, s'élance à toute vitesse sur cette mer étincelante des rayons d'un brillant soleil d'automne : nous nous ressentons du voisinage du beau ciel de la France.

La *Fairy-Queen* suit la côte d'Angleterre d'assez près et quitte ses eaux le moins possible, car des croiseurs allemands lui sont signalés : ce serait, en effet, pour eux une belle prise et une grande perte pour notre patrie. C'est qu'il y a lieu de s'inquiéter; avec leur armée d'espions, le départ de la *Fairy-Queen* et sa destination ont pu être signalés télégraphiquement jusqu'à la côte anglaise, d'où un signal, un feu sur un rocher convenu, avertit un croiseur, qui s'empresse d'aller nous attendre et aura d'autant plus le loisir de tout disposer pour notre capture que nous avons été plus longtemps retenu par le *fog*. Aussi nos lunettes interrogent à l'horizon l'allure de tous les navires, et à la moindre alerte nous sommes prêts à regagner à pleine vapeur les eaux protectrices de l'Angleterre. Nous étions favorisés non-seulement par la brise, mais encore par la mer; aussi, vers minuit, les phares nous annoncèrent que nous étions au cap le plus méridional de la côte anglaise; il fallut se décider à traverser le détroit, ce qui s'effectua sans rencontre fâcheuse, et le lendemain, à sept heures du matin, nous jetions l'ancre dans le port du Havre.

Pour éviter tout retard, je m'étais muni au ministère de la guerre de lettres de créance auprès des autorités, et une simple démarche auprès du sous-préfet me permit de passer rapidement sur les formalités d'usage en ce qui concerne les marchandises et surtout les munitions de guerre; aussi, dans la journée même de mon arrivée (5 octobre), je pus repartir, ayant dans le train un wagon spécial qui emportait avec moi soixante caisses dont cinquante-quatre de matières explosives.

III.

Les évadés de Metz. — Solde et armement de nos volontaires.
— Les tentatives de paix. — Mon personnel d'officiers. — Départ pour l'armée de la Loire. — La sortie de Ducrot et nos
mouvements sur Paris. — Désastre du 3 décembre. — Le
général d'Aurelle à Vierzon. — Épisodes et pages d'histoire.
— Victoire de Neuville-aux-Bois. — Le général Minot.

Le trajet de retour ne s'opéra pas non plus avec
rapidité; partis le 5 octobre, nous n'arrivâmes à
Tours que le 7. Les trains étaient garnis d'officiers qui s'évadaient de Metz et se dirigeaient vers le
ministère de la guerre. Leur histoire était peu variée;
aussitôt que la reddition de la place leur fut connue,
ils laissèrent leur bagage en dépôt chez un habitant,
se munirent de vêtements d'ouvriers ou de paysans
et s'éloignèrent de la ville. Il paraît que dès le premier jour l'ennemi ne tenta rien pour arrêter ces
évasions; sans doute, ils jugeaient la chose inutile,
la guerre devant être finie; les chirurgiens, qui, eux,
partaient officiellement, avaient même l'autorisation
d'emmener leur ordonnance, et, sous ce titre, nombre
d'officiers purent ou auraient pu fuir. Mais bientôt,
sur l'arrivée sans doute d'un avis du quartier général
prussien, tout changea; les ordres les plus sévères

furent donnés pour s'opposer à l'évasion des prisonniers, et plusieurs de nos malheureux soldats
qui essayèrent de s'enfuir furent arrêtés par les
balles prussiennes ! Les élèves des écoles d'application de Metz furent renvoyés tout d'abord ; mais quelques-uns d'entre eux, retrouvés par les Prussiens
avant qu'ils eussent eu le temps de sortir des lignes,
furent repris. « Vous n'êtes que des *cadets* et non
des prisonniers de guerre », leur avait cependant dit
le général allemand qui leur fit délivrer des feuilles
de route. Mais c'est encore là un trait de la conscience
prussienne, qui change de manière de voir suivant
les circonstances et surtout suivant ses intérêts. Il
est remarquable que, parmi la quantité d'officiers
fugitifs qui emplissaient ainsi notre train, je ne me
souviens pas d'avoir vu un seul officier supérieur et
encore moins d'officiers généraux. Mais quelle triste
harmonie de paroles amères contre celui qui venait
de signer la reddition d'une place réputée imprena-
ble, de cent cinquante-trois mille hommes de troupe,
quatorze cents canons, dont six cents de campagne,
quatre-vingts mitrailleuses, trois cent mille fusils !
C'est au milieu de ces fugitifs à la figure martiale,
mais à l'air morne, que j'aurais voulu renvoyer, pour
l'éclairer, la commission d'enquête chargée de juger
le maréchal Bazaine.

Je fis une bonne partie du voyage en compagnie
d'officiers de toutes armes, d'un aumônier, que j'ai

soupçonné depuis être l'auteur du *Drame de Metz* (tant ses rapports correspondaient avec ce qu'on trouve dans ce livre), et de jeunes gens de l'École d'application du génie; chacun d'eux me raconta quelque trait regrettable pour le général en chef, et non-seulement jamais une seule voix ne s'éleva pour dire : « Cela n'est pas », mais, au contraire, toujours les assistants ajoutaient : « Cela était. »

Je restai à Tours le temps nécessaire pour prendre les armes dont j'allai munir nos volontaires du génie. Je choisis la petite carabine américaine, système Spencer, que j'avais déjà étudiée en Angleterre; elle n'était pas gênante pour des hommes chargés de divers autres instruments; son centre de gravité, très-voisin de la culasse, devait influer beaucoup sur la précision du tir, surtout avec de jeunes soldats; enfin, elle pouvait envoyer dans la première minute une véritable pluie de balles à l'ennemi. Ce n'était pas une arme ayant de la justesse dans les longues portées, mais je ne considérais pas ce point comme très-important pour nous, qui ne devions attaquer que fort rarement par surprise et corps à corps, et qui, réciproquement, éviterions de rencontrer l'ennemi en rase campagne. Je choisis en outre, et dans le même but, d'excellents revolvers *Colt* grand modèle : c'était encore là une arme excellente, et je pus juger plus tard que sa précision était telle qu'un tireur un peu exercé ne pouvait guère manquer son

homme à quatre-vingts pas, à la condition cependant
qu'il se servît des deux mains pour mieux immo-
biliser, au moment du tir, cette arme un peu lourde.

Parmi les reproches passionnés qui ont été et sont
encore adressés à M. Gambetta, il en est un qui
a plus que les autres sa raison d'être; cependant si
les généraux eussent été aussi tenaces que nous
l'avons été en cette occasion, ils auraient sans doute
aussi bien réussi qu'un simple commandant de volontaires. Le Gouvernement de la défense nationale
avait décidé que les corps francs, les mobiles et les
mobilisés auraient une solde d'un franc par jour
sans les vivres, excepté lorsqu'ils seraient en campagne. Qu'arrivait-il trop souvent? C'est que dans
les villes où le soldat n'avait que sa paye, avec
l'imprévoyance et le manque de savoir-faire de
jeunes gens qui sortaient de leurs ateliers ou de
leurs chaumières, la solde s'en allait dès le matin en
eau-de-vie, et que le reste de la journée était occupé
à mendier un morceau de pain, si ce n'est à chercher à le dérober. En campagne, c'était bien pis;
comme les services des vivres ne pouvaient guère
fonctionner, le soldat qui n'avait pas les vivres
trouvait encore moins à se nourrir chez l'habitant
avec sa paye. Il fallait donc de deux choses l'une :
ou assurer les vivres, ou fournir une *solde réelle*
qui permît de se les procurer. Ministre, généraux
et chefs de corps semblèrent trop oublier à ce

moment qu'un soldat se bat mal quand il a faim, et que la discipline est surtout fille d'une bonne organisation des moyens de subsistance. Il faut, quand le soldat souffre, qu'il comprenne que c'est moins la faute des chefs que celle de l'infortune et des événements : l'homme ne s'attaque jamais aux êtres impersonnels, et c'est à peine s'il blasphème dans ses plus grandes misères, pendant qu'il écharperait à coup sûr l'homme qui lui en enverrait seulement la moitié. Convaincu, comme tous ceux qui ont mené des hommes, qu'il fallait, pour qu'on pût exiger d'eux beaucoup, qu'ils eussent le nécessaire, je demandai pour mes volontaires une solde supérieure: un franc cinquante centimes, y compris les vivres. Je n'obtins néanmoins pas cette faveur sans de nombreuses discussions et sans que je fusse obligé d'en faire une question de *sine quâ non.*

Vers cette époque, j'aperçus à Tours l'illustre écrivain de nos gloires militaires du Consulat et de l'Empire. Il était triste et fatigué par quarante jours de voyage pendant lesquels il avait vainement sollicité l'alliance des autres nations de l'Europe ; c'est alors qu'il eut le courage de se rendre chez le général ennemi pour lui demander un armistice ou la paix ; mais les exigences du vainqueur ne permirent pas à M. Thiers de l'entendre. Il fallait donc lutter encore...

Le désastre de Metz, en détruisant bien des espérances, n'avait donc rien changé à la résolution ou à l'obligation des Français de se défendre encore. C'est vers cette date, cependant, que se place une victoire qui aurait pu être le prélude d'une succession de triomphes éclatants, si le général en chef de la première armée de la Loire eût songé non-seulement à se faire appuyer par toutes ses forces[1], mais encore à lancer vers Paris ses troupes enivrées du succès d'une première victoire. La nouvelle de la reprise d'Orléans le 9 novembre, que j'apportai à mes compagnons à Saint-Étienne, aiguillonna vivement notre ardeur. J'avais comme second M. Arnaud Vital, un ami d'enfance, qui, ingénieur en Grèce depuis quelques années, s'empressa de venir se mettre au service de son pays aussitôt qu'il connut ses désastres. Grâce à lui, l'organisation avait marché rapidement; nous ne prenions d'ailleurs que des ouvriers jeunes, robustes, d'aspect résolu et munis de bons certificats; c'étaient principalement des mineurs ou charpentiers de mines, tous gens (surtout ces derniers) alertes, vigoureux, décidés, habitués à voir souvent la mort de face et à lutter avec elle. Dans le cours de ma vie, j'ai vu beaucoup ces deux classes d'hommes qu'on appelle mineurs et marins, et l'on peut dire qu'elles sont liées par de nombreux traits de ressemblance : même bravoure, même naïveté, même

[1] Le général Martin des Pallières, dans son livre, se plaint avec raison de n'avoir pas été attendu pour cette grave opération contre Orléans.

dévouement; quant aux qualités physiques, même tempérament sobre, sachant braver les fatigues des climats ou des travaux.

Je devais d'abord créer quatre compagnies, mais comme les événements se précipitaient, je décidai que nous entrerions en campagne aussitôt que deux compagnies seulement seraient formées. Outre mon second dont j'ai parlé, mes autres officiers étaient tous aussi des ingénieurs *habitués à conduire* les hommes des mines et des usines. Quant à mes sous-officiers, c'étaient encore des sous-ingénieurs ou contre-maîtres de travaux. C'est là une classe que l'on n'a pas assez mise en évidence et à profit pendant la guerre; ces jeunes gens formaient cependant le meilleur cadre d'officiers que l'on pût trouver alors dans l'élément civil, soit pour les armes spéciales, soit pour montrer à leurs collègues comment on parle aux hommes pour les faire obéir et obéir de bonne humeur. Malheureusement, hélas! on a, au contraire, trop souvent préféré à ces sujets déjà formés, des gens de bureau, de plume ou des oisifs, qui, choisis dans les rangs de la classe bourgeoise, avaient encore tous les défauts de l'éducation bourgeoise: amour et habitude du bien-être physique, dédain des honneurs militaires, et, ce qui est pis encore, indifférence ou scepticisme pour les sentiments patriotiques.

J'ai dit qu'à Tours j'avais trouvé un empresse-

ment extraordinaire pour me faciliter tous les
moyens; mais il n'en était pas de même en province,
où je fus loin de rencontrer, malgré les ordres
dont j'étais porteur, la bonne volonté que j'avais
lieu d'attendre. Certains intendants, par incurie ou
mauvais vouloir, me causèrent plus d'un retard. Un
général même résista à des ordres formels de Tours
qui lui enjoignaient de me céder quelques mobiles
qui, ayant fait leurs études d'ingénieurs, pouvaient
m'être fort utiles comme sous-officiers, tandis qu'ils
n'utilisaient en rien leur science dans les rangs d'une
troupe de ligne. Je tiens à faire ressortir ces faits,
car l'histoire future et définitive de cette guerre en
tirera sans doute parti pour montrer que nos généraux n'ont pas toujours obéi en aveugles à des ordres
émanés du Gouvernement de la défense nationale,
ainsi qu'on l'a assuré bien souvent.

Quoi qu'il en soit, je dus plusieurs fois me rendre
à Tours, afin de faire disparaître les difficultés qu'on
me soulevait. C'est dans un de ces voyages que je
rencontrai ce malheureux capitaine du génie Rossel,
qui devait plus tard jouer sa tête sur un coup de
fortune et la perdre. C'était cependant un homme
calme et réservé; je me souviens parfaitement de la
longue conversation que nous eûmes, et je fus loin
d'y trouver l'exagération que l'on aurait attendue du
« délégué à la guerre » de la Commune. En tout
cas, il était exaspéré contre les Prussiens, qu'il avait

vus fusillant de malheureux soldats qui tentaient de s'enfuir, et il se berçait de l'espoir d'une éclatante revanche.

Dans mon dernier voyage à Tours, qui eut lieu le 17 novembre, je demandai des ordres et des instructions précises sur les points où nous allions avoir à agir tout d'abord. Mais les avis furent partagés à cet égard; les uns voulaient m'envoyer dans l'Est (où l'on se promettait de renforcer l'armée de Garibaldi, qui, par ses premières opérations, semblait devoir présenter un concours sérieux); les autres pensaient que je serais plus utile si j'essayais de me glisser directement vers le nord-est, sur la grande ligne de Strasbourg à Paris, pour y détruire soit les voies ferrées, soit les viaducs, soit les tunnels. Rien ne fut conclu ce jour-là, et je dus revenir à Saint-Étienne donner les derniers soins à notre organisation et attendre des ordres. On sait d'ailleurs qu'à cette date le gouvernement se décidait, non sans hésitation, à évacuer Chagny — où nos troupes couvraient Lyon et le Midi — pour les concentrer à Orléans.

Cependant mes nouvelles recrues montraient la meilleure volonté; elles faisaient chaque jour avec leurs officiers et sous-officiers de longues courses à pied, ou bien l'exercice de l'arme et du tir. On les avait divisées en escouades ayant chacune sa tâche spéciale; les unes, composées des plus agiles, s'exer-

çaient à monter le long des poteaux télégraphiques,
et le faisaient en moins d'une minute. Pour cela
l'un d'eux embrassait le poteau à sa partie inférieure,
le second montait sur ses épaules et ainsi de suite.
Les charpentiers de mine acquirent bientôt une
grande habileté dans cet exercice. Celui qui arrivait
jusqu'au sommet était muni de cisailles dans le cas
où il s'agissait de couper les fils, ou bien d'appareils
spéciaux qui lui permettaient d'interrompre en quelques minutes toute communication par ces fils, sans
que, du pied du poteau, l'œil pût découvrir l'artifice. Une seconde escouade s'exerçait à placer nos
torpilles sous les rails; là elles étaient invisibles et
ne devaient détonner qu'à l'instant du passage des
trains. D'autres, munis d'instruments imaginés et
fabriqués pour la circonstance, s'exerçaient à enlever à une voie toute sa stabilité, rendant le déraille-
ment inévitable, pendant qu'un observateur non prévenu n'aurait rien remarqué qui fût anormal. Enfin
on apprenait encore la manœuvre de nos machines
électriques spéciales, dont on aurait pu tirer pendant cette guerre les plus grands résultats, si elles
avaient été plus connues ou plus répandues.

Malgré tous nos efforts, ce ne fut cependant que
le 30 novembre, c'est-à-dire un mois environ
après le commencement de notre organisation, que
je jugeai l'effectif de mes deux premières compagnies
suffisamment complet et préparé pour entrer en

campagne. D'ailleurs le séjour de ces hommes dans leur propre pays était des plus mauvais pour le maintien de la discipline, et il me tardait qu'ils fussent éloignés des parents, des amis qui renouvelaient chaque jour avec eux les libations des adieux; mais comme je n'avais pas encore reçu la décision du ministre sur la direction que nous aurions à prendre, j'envoyai à Tours plusieurs télégrammes auxquels on répondit en me laissant à ma propre initiative. A ce moment la grande partie engagée depuis si longtemps entre l'armée de la Loire et les envahisseurs allait enfin se jouer. Les premières journées de la lutte nous étaient favorables à Landon, Maizières et Beaune-la-Rolande, et la France, qui sentait que son honneur et sa liberté étaient en jeu, suivait, anxieuse, cette dernière partie, d'où la délivrance des Parisiens pouvait encore sortir.

Nous jugeâmes que nous pouvions être utiles dans cette lutte suprême, et nous prîmes, le 3 décembre, la direction des champs de bataille. Nous devions passer à Tours, où, d'ailleurs, nous avions à compléter une partie de notre équipement.

La neige qui tombait à flots, une brise du nord qui avait fait descendre le thermomètre à plusieurs degrés au-dessous de zéro, étaient les préludes du rigoureux hiver que nous allions affronter; cependant mes volontaires chantaient, suivant une coutume qu'on ne saurait faire disparaître chez nous, pendant qu'ils suivaient le chemin qui mène à la gare. A cause du mauvais temps et de la nuit déjà venue, nous ne rencontrâmes dans notre passage au travers des rues, si populeuses d'ordinaire, de l'industrielle cité, qu'un très-petit nombre de passants qui regardaient curieusement défiler au travers des flocons épais d'une neige serrée, les volontaires du génie de la Loire. L'ordre du départ n'avait été donné qu'à deux heures et il en était six; de sorte que peu de parents et d'amis avaient été prévenus et encore moins les habitants; nous évitâmes ainsi ces escortes tumultueuses, que je trouvais peu de saison au milieu des revers que nous venions d'éprouver; moins de chansons patriotiques aux lèvres et plus de résolution au cœur! La plupart de mes volontaires regrettaient moins pourtant les derniers serrements de main des leurs que la joyeuse fête du lendemain, la « Sainte Barbe » : c'est que, dans les pays de mines, c'est là le jour le plus sacré de l'année, et chaque mineur, bon ou mauvais, jeune ou vieux, ne manque jamais de le fêter; pour ma part, je n'étais pas fâché d'éviter ces deux ou trois jours de libations exagérées qui auraient sûrement fatigué mes hommes, les auraient rendus moins décidés et plus indisciplinés.

C'est pendant cette même journée du 3 décembre où nous commencions notre entrée en campagne, que se déroulait le long de la Loire la plus triste, la plus inattendue et la plus douloureuse des défaites. Le 30 novembre, les Parisiens sortaient, décidés à marcher en avant, à briser le cercle des ennemis et à opérer leur jonction avec l'armée de la Loire. Une dépêche portée par un ballon avait prévenu de cette sortie le gouvernement de Tours; mais, par malheur, les vents portèrent le ballon jusqu'en Norvége, de sorte que la nouvelle de cette tentative extrême des Parisiens n'arriva à Tours que six jours après son départ de Paris, c'est-à-dire le 30 novembre lui-même, ne laissant donc aux généraux.de la Loire aucun instant pour se préparer, de leur côté, à une marche désespérée sur Paris. C'est ainsi que les éléments eux-mêmes, que nous avions dû prendre comme auxiliaires, semblèrent se liguer encore contre nous.

Bien que la nouvelle de la sortie, connue sous le nom de « sortie de Ducrot », ne fût arrivée à Tours qu'au jour où elle était déjà commencée, il n'y avait point à hésiter, et nos généraux furent tous d'accord sur ce point; d'ailleurs une heureuse nouvelle datée du 30 novembre arrivait de Paris et venait augmenter la confiance; cette dépêche, qui n'avait mis que vingt-quatre heures pour se rendre à Tours — autre ironie du sort — annonçait une victoire complète sous les murs de Paris. A cette nouvelle, l'enthousiasme fut à son comble dans les rangs de notre armée de la Loire, qui, pendant les journées du 1er et du 2 décembre, se porta en avant avec ce courage et cette ardeur qui ont attiré à leurs pères le glorieux surnom de « premiers soldats du monde ».

Mais c'est ici que l'on ressentit bien l'influence des mouvements stratégiques accomplis de part et d'autre par les commandants en chef des deux armées ennemies et desquels on a conclu avec raison les causes de la victoire d'un côté, celles de la défaite de l'autre. Le prince Charles, agissant suivant la tactique familière aux Prussiens chaque fois qu'ils se sont trouvés en face de forces redoutables, concentra toutes ses troupes de façon à frapper un coup irrésistible et subit sur nos lignes trop étendues ou disjointes ; devant ce choc formidable, la plus grande bravoure pouvait devenir impuissante à éviter une trouée, d'où la défaite devait évidemment sortir.

Pendant ce mouvement de l'ennemi, et pour le neutraliser, nous n'opérâmes aucune concentration qui aurait permis d'opposer des masses profondes aux rangs épais qui tentaient de nous traverser ; le 15ᵉ corps eut donc à supporter seul ce formidable choc de toute l'armée du prince Charles. Le résultat était facile à prévoir, et nous dûmes abandonner le terrain après une lutte qu'on dit désastreuse pour les assaillants. J'ai visité depuis le champ de bataille d'Artenay, où nous reçûmes le choc de l'ennemi ; au dire des habitants, la bataille fut plutôt une retraite, lente, il est vrai, qu'une véritable lutte.

La nouvelle de ce désastre arriva à Tours dans la

nuit du 3 au 4, et c'est alors que s'engagea entre le Gouvernement de la défense nationale et le général commandant en chef l'armée de la Loire ce conflit qui restera célèbre et servira toujours de thèse à de nouvelles discussions. Pour nous, il est évident que la plus grande faute était alors commise, celle qui laissa *un seul corps sur cinq recevoir le choc de toute l'armée ennemie que l'on avait laissée se concentrer*. Dès lors, on conçoit que le général en chef, n'ayant plus que les débris épars et découragés du 15e corps, le 16e et le 17e corps vivement éprouvés par deux journées de luttes gigantesques, ne craignit pas de battre en retraite devant une armée enthousiasmée par le triomphe et à laquelle il n'avait à opposer que deux corps non entamés, le 18e et le 20e. Mais on comprend aussi que le Gouvernement de la défense nationale, voyant s'écrouler les dernières espérances de sauver le pays, puisque, loin de continuer à marcher en avant vers Paris, on cédait au contraire le terrain; on comprend, dis-je, les excitations du gouvernement à une résistance sur place désespérée, dans laquelle les deux corps qui étaient jusqu'alors restés inactifs seraient venus s'ajouter à ceux que la lutte avait déjà éprouvés. D'ailleurs, avec les troupes françaises surtout, il ne faut jamais oublier de tenir compte de l'influence morale : la seule opération de retraite est d'un effet désastreux sur leur esprit; de plus, en dehors même de ces considérations, on pouvait raisonnablement penser que l'armée ennemie était tout aussi épuisée que la nôtre et que, suivant son habitude, elle avait vaincu surtout grâce au nombre ; l'arrivée de deux corps entièrement frais rétablissait largement l'équilibre ; cette nouvelle lutte aurait été terrible, mais, de notre côté, il ne pouvait pas en sortir un désastre plus grand que celui qui eut lieu, tandis que si l'ennemi eût lâché pied, sa défaite entraînait peut-être une marche victorieuse jusqu'aux murs de Paris.

Nous arrivions à Vierzon le 4 décembre, en même temps que les fatales nouvelles de ce dernier et irréparable désastre ; les trains entre cette ville et Tours étaient déjà interrompus, car cette déplorable panique qui a toujours décuplé dans notre esprit les conséquences de nos défaites, faisait déjà craindre que l'ennemi ne s'emparât de la ligne de Vierzon à Tours, alors qu'il n'était pas à Orléans, où il n'entrait que le 4 décembre à minuit.

Vierzon, que je connaissais bien pour l'avoir habité et dont j'avais parcouru en chasseur tout le territoire, me semblait alors destiné à servir de nouvelle base d'opération après la prise d'Orléans. Tête de chemin de fer, assise sur une pente douce qui domine le Cher, appuyée sur une vaste forêt domaniale, protégée au sud-ouest par la marécageuse rivière d'Yèvre qui longe le canal du Centre, la ville de Vierzon était dans la meilleure situation naturelle pour arrêter avec peu de monde la marche en avant des vainqueurs. Les habitants l'avaient compris, et des travaux défensifs avaient été organisés sous la direction d'hommes du métier ; ces ouvrages s'étendaient en demi-cercle depuis le plateau du village de Méry jusqu'à Bourges, par la forêt d'Allogny, protégeant les routes de Tours, d'Orléans et de Gien, en avant de Vierzon. Comme il était, en outre, facile d'inonder les vallées du Cher et de Barangeon, quelques milliers d'hommes devenaient suffisants pour tenir en échec les assaillants et permettre, la panique étant passée, de reconstituer des forces plus sérieuses.

Mais l'inexprimable désordre qui suivit notre défaite du 3 décembre ne permit pas de mettre à exécution ce projet simple et facile ; les 5 et 6 décembre, dix mille hommes de toutes armes, démoralisés, désordonnés, s'abattaient sur cette petite ville ; ils ne voulaient que des vivres et du repos ; il fut impossible de les décider à faire volte-face pour tenir tête à la cavalerie peu nombreuse qui les poursuivait. Les chefs eux-mêmes, s'ils ne se refusaient à la lutte, étaient devenus indifférents ou sans autorité. L'ennemi perdit heureusement quelque temps à se concentrer près de la ville, qu'il n'osa attaquer tout d'abord en si petit nombre, et permit ainsi à nos fuyards de reprendre haleine et de régulariser leur retraite sur Bourges. « Quel triste spectacle ! me disait plus tard un habitant ; pendant trente-six heures les rues furent encombrées d'hommes et de chevaux, et comme elles étaient glacées et glissantes, à chaque instant hommes et chevaux tombaient, souvent pour ne plus se relever, pendant que leurs cadavres retardaient encore la marche ! »

— Le canon prussien qui tonnait sur les derrières de notre malheureuse armée lui annonçait encore que le temps pressait, d'autant plus que toute résistance avait cessé.

Parmi les nombreux officiers de tout grade qui se succédèrent pêle-mêle au milieu de ce lamentable défilé, on reconnaît le général d'Aurelle lui-même ; sa capitulation est connue aussi, et la population irritée s'apprête à se venger sur lui des désastres dont elle le croit la principale cause. Heureusement le général peut gagner l'hôtel de ville ; là, avec beaucoup de netteté, sans la moindre hésitation, il expose tous ses actes aux autorités locales, rejetant toute la faute sur le directeur du département de la guerre et sur la débilité de ses troupes ; enfin, le général montre un télégramme du Gouvernement de la défense, daté de une heure après-midi, qui le relève de ses fonctions et le laisse libre de se retirer où bon lui semblera. En présence de cette pièce, non-seulement on laissa aller le général d'Aurelle, mais on l'escorta jusqu'à son hôtel.

Le défilé continuait toujours péniblement à travers la ville, lorsque vers minuit un télégramme daté

4

d'Aubigny et signé : « Général Martin des Pallières », arrive à Vierzon ; il est ainsi conçu :

« Au général, à Vierzon. Tenez à Vierzon le plus longtemps que vous pourrez. »

Sur les ordres du maire, on s'empresse de chercher un général ; il en est un, en effet, dans la ville ; on lui remet le télégramme, qu'il renvoie par son ordonnance en ajoutant que ce n'est point pour lui. Le maire, qui pense que, grâce aux travaux installés autour de la ville, on peut résister, insiste auprès du général, mais celui-ci fait répondre par son planton « qu'il est à table et va partir aussitôt après son souper ». — Ce général était, m'a-t-on dit, M. Minot.

Cependant, au reçu de la dépêche de Martin des Pallières, un certain espoir était revenu au cœur des braves habitants de la ville ; la garde nationale avait pris les armes et n'attendait qu'un retour offensif de nos colonnes pour se joindre à elles. Mais dès l'instant qu'un général montrait lui-même si peu de patriotisme, que pouvait-on attendre des autres [1] ?

Bientôt après l'ennemi entrait dans la ville, où il s'installait et se reposait pendant que les débris de notre armée gagnaient la ville de Bourges, harassés, mourant de faim et semant de leurs cadavres les

---

[1] Lire à cet égard le rapport au général des Pallières du commandant Laurent, envoyé à Vierzon pour arrêter les fuyards et leur faire rejoindre Salbris, lieu de ralliement du 15e corps. On y verra jusqu'où la défaite peut faire descendre une armée.

longues plaines glacées du Berry. On sait que les Prussiens ne quittèrent Vierzon que le 13 décembre, lors du retour offensif de nos troupes.

Quant au général qui, à Vierzon, répondit si cavalièrement aux instances du maire, nous allons le retrouver dans le récit qui me fut fait par l'habitant d'une des régions où se déroulèrent un grand nombre des actes de ce drame qui venait de se dénouer le 3 décembre d'une façon si lugubre. Je me laisse surtout entraîner à raconter ces faits, parce que je les crois généralement inédits[1], et par suite intéressants pour la constitution future de l'histoire de cette grande lutte.

Neuville-aux-Bois (c'est là qu'on me raconta ce qui va suivre) est un bourg de près de trois mille âmes, du département du Loiret; il est placé sur la lisière nord de la forêt d'Orléans, entouré d'un grand nombre de vergers qui, d'après les présomptions, devaient effrayer les Prussiens par la facilité qu'ils prêtaient aux embuscades. Cependant, dès le 24 septembre, les uhlans firent leur apparition dans la plaine environnante; ils n'étaient qu'en petit nombre et n'attaquaient que les fermes isolées, où ils faisaient main basse sur tout le bétail qu'on n'avait pas eu le temps d'emmener. Craignant pour eux-

---

[1] Ces pages étaient écrites lorsque parut le livre du général Martin des Pallières, qui donne les rapports officiels relatifs aux événements dont je vais parler.

mêmes, les habitants de Neuville s'empressèrent de se rendre auprès du commandant des troupes françaises campées à Loury[1] et le prièrent de leur envoyer quelques soldats pour les préserver du pillage.

Neuville a été une place forte, et il existe encore autour de la ville un fossé rempli d'eau ; il faut peu de chose pour abriter des tirailleurs ou arrêter un ennemi, et cet obstacle d'un autre âge avait encore toute son importance dès l'instant qu'il ne s'agissait que de cavaliers isolés, ou de fantassins sans artillerie ; aussi, pendant les premiers jours, une centaine d'hommes détachés du village de Loury suffirent complétement à protéger le bourg. Cependant les éclaireurs prussiens poussèrent la hardiesse jusqu'à entrer à quatre ou cinq dans la ville ; les soldats cachés dans les maisons, dédaignant une victoire si facile, laissèrent le champ libre à ces audacieux ; ils espéraient que, reprenant confiance et attirés par l'appât d'un butin plus riche, un plus grand nombre d'ennemis reviendraient, et qu'un véritable triomphe pourrait en résulter. Le 1er octobre, cette espérance semblait devoir se réaliser ; les éclaireurs ou *pillards* prussiens battaient en plus grand nombre la plaine environnante, où même ils assassinèrent plusieurs personnes, qui n'avaient pu se résigner à se

---

1 Village situé à huit kilomètres, sur la lisière de la forêt d'Orléans. — A ce moment nos troupes occupaient aussi Chilleurs et Saint-Lyé.

laisser dépouiller sans protestation de tout ce qu'elles possédaient ; çà et là encore, des habitations étaient incendiées, dans le seul but, peut-être, d'exaspérer les habitants de Neuville, de les pousser à sortir, afin d'avoir un prétexte pour les décimer et les piller ensuite à leur tour. Voyant cependant la petite ville conserver une immobilité complète, les uhlans se hasardèrent à s'approcher ; les rues étaient désertes, les maisons closes, et un silence absolu aurait pu faire croire que la ville était abandonnée. Ces pillards devinèrent sans doute le piége, car, au lieu d'entrer tous dans la ville, ils y envoyèrent seulement de nouveau quelques cavaliers, qui la parcoururent dans tous les sens, pendant que le reste de la bande se tenait sur le qui-vive aux portes du bourg. Encore une fois le coup était manqué pour nos soldats qui se tenaient à l'affût, car, dès que leurs éclaireurs reparurent, les uhlans reprirent au galop le chemin de la plaine, où un triomphe facile et la barbare joie du pillage, du meurtre et de l'incendie les attendaient.

Le 11 octobre, Orléans était pris par les Prussiens. Jetons en passant une parole sympathique à cette poignée de Français qui, abandonnée sans ordre devant Orléans, alors que le général de Lamotterouge s'éloignait avec le gros de son armée, lutta tout un jour contre des forces cinq fois plus considérables et réussit même, sur quelques points, à repousser l'ennemi.

4.

C'est là que s'illustrèrent le 5e bataillon de la légion étrangère, le 39e de ligne, le 5e chasseurs (compagnies du 4e et du 16e), le 27e de ligne. Quelle lutte acharnée, héroïque, soutinrent tous ces braves! Ils se battaient sans espoir que celui d'une mort glorieuse, et chacun de ceux qui tombaient pouvait mourir content, car, si nous perdîmes deux mille hommes, nos ennemis en laissèrent trois fois plus sur le champ de bataille. Le lendemain même Von der Tann disait : « Si les Français s'étaient battus à Sedan comme ici, nous ne serions pas à Orléans [1]. »

Mais revenons à Neuville-aux-Bois. Dans la période du 9 novembre au 3 décembre, Orléans étant repris, ce bourg devint un avant-poste français, se composant d'un escadron du 3e chasseurs et d'un autre du 5e hussards, enfin du 2e bataillon du 29e de marche. Deux barricades avaient été faites aux portes nord de la ville, car les postes avancés des Prussiens étaient à quelques kilomètres, à Aschères, Teillay et Montigny, pendant que les nôtres se trouvaient à Saint-Germain, c'est-à-dire à moins d'une heure de Neuville. Ces barricades devaient être fort utiles, car le 24 novembre, à sept heures du matin, une colonne prussienne, forte de quatre mille hommes et de vingt-quatre canons, vint brusquement attaquer

---

[1] Lire la description de cette lutte acharnée dans les « Récits de l'invasion, ou Journal d'un Bourgeois d'Orléans, par Auguste Boucher. »

l'avant-garde française de Saint-Germain ; celle-ci, ne pouvant résister au choc, n'eut que le temps d'accourir à Neuville, où elle entra en même temps que l'ennemi se présentait. L'alarme donnée, en un instant nos soldats étaient aux barricades et déchargeaient à bout portant leurs armes sur les assaillants. Cet accueil, que ces derniers ne prévoyaient peut-être pas, les fit reculer tout d'abord, pendant que leur artillerie, reprenant la parole, fit pleuvoir sur cette petite ville ouverte une grêle d'obus ; les cheminées tombaient, les toits s'écroulaient sur les habitants réfugiés dans leurs caves, mais aucun d'eux ne songeait à se rendre ; bien loin de là, ils encourageaient encore notre poignée d'hommes à tenir bon. La conduite de ces braves gens fut aussi digne d'éloges que celle de la petite garnison elle-même ; cependant ce trait d'héroïsme s'est perdu comme tant d'autres au milieu des luttes gigantesques qui ne cessèrent de se succéder à cette époque ; mais il est probable que si un général influent eût dirigé cette affaire, elle eût peut-être été célébrée à l'égal de celle de Châteaudun ; avec cette différence cependant, qu'ici la place ne put être enlevée, et que l'on évita les conséquences désastreuses qui en auraient résulté pour notre armée ; en effet, Neuville capturé, c'était pour les Prussiens l'occupation de la forêt d'Orléans et la séparation de notre aile droite de la gauche. Aussi, à cause de l'importance de la position de Neuville, on ne s'explique pas qu'un corps français de trente mille hommes, campé à Saint-Lyé (à cinq kilomètres environ, et par une route en plaine), n'ait pas donné signe de vie, malgré l'intensité de la canonnade[1]. En tout cas, les premiers coups de canon tirés sur la ville réveillèrent et appelèrent ceux de nos officiers et soldats qui dormaient encore dans quelques maisons particulières; déjà un monceau de cadavres d'ennemis s'élevait devant la barricade et témoignait d'un premier succès. — J'ai dit que Neuville est entouré de fossés; ceux-ci sont remplis de l'eau de ruisselets qui viennent de la forêt d'Orléans; l'ennemi était donc arrêté par cet obstacle, et il persista à concentrer son attaque sur les deux barricades qui défendaient seules l'entrée de la ville.

Aussitôt que les Prussiens eurent repris haleine et qu'ils pensèrent que l'*effet psychologique* de leurs obus avait suffisamment agi sur l'esprit des habitants et sur celui de la petite garnison, ils redonnèrent l'assaut; mais le courage n'était pas éteint de notre côté, et les plus hardis assaillants, sous la direction de leurs chefs, venaient tomber successivement au pied

[1] C'est l'avis des habitants. Le général des Pallières nous apprend qu'aussitôt qu'il eut connaissance de cette attaque, il envoya sa cavalerie avec le général de Longuerue, mais que ce renfort n'arriva pas à temps (p. 120). — Néanmoins, sur la fin du combat, on aperçut, dans la direction de Saint-Lyé, la tête de la colonne de secours, et cette apparition accéléra encore la fuite des Bavarois.

de la barricade, tués par les balles ou la baïonnette elle-même, augmentant de plus en plus l'amas de cadavres qui existait déjà en avant de la barricade. Cette boucherie dura plus de deux heures; l'acharnement des ennemis était si grand, qu'on les voyait se servir des cadavres de leurs compagnons tombés pour s'approcher de plus en plus de la place et tâcher enfin d'y pénétrer; mais, d'un autre côté, l'animation de nos soldats était telle, que les Bavarois n'auraient jamais réussi à prendre la ville d'assaut; leur persistance n'aurait eu pour but que d'accroître leurs pertes; aussi est-il regrettable que le commandant français ait eu l'idée de se servir de quatre petites pièces de campagne qui se trouvaient à Neuville. Il est vrai que le premier coup pointé contre une des batteries qui foudroyaient la ville à faible distance, lui démonta une pièce et blessa plusieurs hommes, dont un capitaine qui eut la jambe emportée.

Les Bavarois entendant le canon crurent sans doute à l'arrivée de renforts et faiblirent rapidement, pendant que notre garnison, faisant une sortie, se déployait en tirailleurs, débordait la gauche de l'ennemi, qu'elle repoussait, sous un feu meurtrier, jusqu'à plus de deux kilomètres. Le combat dura près de trois heures; l'ennemi perdit environ huit cents hommes, tant tués que blessés, pendant que nos pertes ne s'élevaient qu'à une trentaine d'hommes.

On m'a assuré que le commandant bavarois qui, avec des forces décuples et une nombreuse artillerie, se laissa battre aussi complétement, fut envoyé devant un conseil de guerre. Quant à nous, n'oublions pas le bataillon du 29ᵉ de marche qui obtint ce triomphe, bien qu'il allât au feu pour la première fois; rendons hommage aussi à son brave commandant, le colonel Choppin, qui déjà, le 29 novembre, à Chambon, avec deux bataillons de mobiles, avait repoussé l'attaque de la moitié d'un corps prussien. Ce colonel a d'ailleurs laissé dans le souvenir des habitants de Neuville des impressions bien glorieuses pour lui!

Je suis obligé maintenant de placer des épisodes tristes à côté de ce brillant fait d'armes.

Au 28 novembre, notre ligne de bataille s'étendait de Beaune-la-Rolande à Mareau-aux-Bois, Santeau, Chilleurs, Neuville, Artenay, Patay, et même au delà vers l'ouest; l'attaque commença sur notre aile droite, qui à Beaune-la-Rolande repoussa l'aile gauche ennemie, succès qui favorisa la manœuvre — fatale pour nous — de la jonction de l'aile gauche prussienne à son centre. Dès que l'ennemi eut opéré ce mouvement d'une manière bien complète, c'est-à-dire le 3 décembre, son centre ainsi renforcé attaqua notre centre, dans ses campements de Chilleurs et de Santeau. Cette dernière position était, sans contredit, la plus belle que nous aurions pu trouver à dix lieues à la ronde, mais les forces qu'on y avait

placées étaient trop peu nombreuses, et nous l'aban-
donnâmes après quelques heures de combat. Chilleurs ne tint pas plus longtemps; à deux heures de
l'après-midi l'ordre de battre en retraite y était déjà
donné. Venait Neuville, où le général Minot (que
nous avons vu à Vierzon) se trouvait avec trois ou
quatre mille hommes. Ce commandant n'avait pas de
cartes, même pas de lorgnette; un habitant du pays
lui en offrit une qu'il accepta; mais, aussitôt qu'il
apprit la retraite de Chilleurs, il voulut aussi se
replier, sans attendre l'attaque. Le colonel Choppin,
qui avait confiance en son infanterie, composée de
marins en majeure partie, décida le général Minot
à tenir à Neuville. L'artillerie fut aussitôt mise en
batterie sur une petite éminence au nord de Neuville
(au moulin de la Motte); l'infanterie fut déployée en
tirailleurs, et l'on attendit.

Bientôt le combat fut engagé avec l'ennemi, qui
s'avançait rapidement; cette lutte inégale dura deux
heures en rase campagne, mais, débordés par le
nombre, écrasés sous une artillerie infiniment plus
forte, ces braves gens se replièrent dans Neuville
même, où, grâce aux barricades, ils déployèrent une
nouvelle résistance des plus meurtrières pour les
assaillants, qui, malgré les forces énormes dont ils
disposaient, furent obligés de suspendre l'attaque
vers les six heures du soir, après deux nouvelles
heures de lutte. L'ennemi prit ses quartiers pour la

nuit dans les villages qu'il avait occupés dans la journée, pendant que les Français se rassemblaient et se préparaient à la retraite. Ils ne pouvaient songer à reprendre le lendemain une lutte aussi inégale; ils savaient d'ailleurs qu'ils n'étaient point soutenus et qu'ils pouvaient être cernés d'un moment à l'autre.

Le général Minot, suivi de la plus forte partie de la colonne, prit la route de Loury, qui traverse la forêt d'Orléans; mais à Loury, ayant rencontré des avant-gardes ennemies avec lesquelles ses hommes échangèrent quelques coups de fusil, il rebroussa chemin, s'engagea dans de petites voies d'exploitation forestière où son artillerie s'embourba au point qu'on fut obligé de l'abandonner; enfin cette malheureuse colonne gagna Orléans sans bagages et même sans armes, les mobiles et les turcos surtout ayant jeté çà et là leurs chassepots. Les paysans purent en ramasser deux mille. Ceux qui ne suivirent pas le général Minot battirent en retraite par la route de Saint-Lyé, au sud-ouest, sous les ordres du colonel Choppin; ils ne furent point inquiétés et gagnèrent Orléans dans un bon ordre relatif.

Quant aux pertes de la journée elles étaient grandes de part et d'autre; celles de l'ennemi furent néanmoins doubles des nôtres, le combat des barricades ayant été de nouveau très-meurtrier pour les Prussiens. — Les paysans réquisitionnés eurent beaucoup à faire le lendemain pour enterrer les morts.

Les détails qui précèdent et que nous ne devons point cacher, afin qu'ils servent d'enseignement pour l'avenir, montrent qu'en dépit des efforts des généraux en chef de l'armée de la Loire, il régnait un désordre, un défaut de prévision, de cohésion, qui ne pouvait moins faire que de conduire au désastre. Le général commandant en chef lui-même nous fait le triste aveu, dans son livre, qu'avant d'abandonner la ville d'Orléans, il fit un appel aux sentiments d'honneur, au patriotisme des officiers supérieurs, et qu'un petit nombre d'entre eux seulement répondirent; les autres s'éloignaient en disant : « Nos soldats ne tiennent plus. » Que n'imitaient-ils le général de Sonis, désormais légendaire, qui, le 2 décembre, se mettant à la tête de ses troupes faibles, hésitantes et sur le point de fuir, les entraîna en avant et faillit changer en victoire une déroute déjà commencée partout? De tels hommes sont-ils devenus si rares dans notre France?

Mais croirait-on encore que le désordre était si grand, après cette malheureuse journée du 3 décembre, que le général en chef ne put trouver 500 kilogrammes [1] de poudre pour faire sauter à Orléans

---

[1] Je crois avec le général Martin des Pallières que 500 kilogrammes de poudre n'auraient pas suffi à détruire assez complétement un pont de pierre pour arrêter plus de quelques instants l'armée ennemie; mais je m'empresse d'ajouter que le fond de la pensée du général d'Aurelle est juste, c'est-à-dire que, si l'on

un pont qui, détruit, empêchait les Prussiens de passer sur la rive gauche de la Loire, de gagner Vierzon sur nos derrières, harcelant et démoralisant les débris de ce qui avait été l'armée de la Loire; et c'est le colonel commandant le génie qui ne craignit pas d'écrire au général en chef qu'il n'avait pu se procurer les 500 kilogrammes de poudre nécessaires pour l'exécution d'un ordre dont l'importance était si évidente et si considérable!

eût suffisamment démoli le pont d'Orléans, en faisant usage des moyens énergiques exigés pour cela, on eût sauvegardé une grande partie de notre armée et de ses approvisionnements.

IV

De Vierzon à Tours, le 4 décembre 1872. — Première nuit de
bivouac. — Encombrement des lignes ferrées. — État des
esprits à Tours au 5 décembre. — Notre mission et notre
départ pour l'Est. — Relâchement de la discipline. — Nouveaux retards à Nevers. — Arrivée à Autun.

Je n'ai pas cru inutile de donner un résumé —
dont quelques points sont, je crois, inédits, — de
cette lutte suprême qui se déroulait sur les bords de
la Loire et si près de nous. Je reviendrai maintenant
à ma petite troupe, que nous avons quittée à Vierzon.
C'est là que les premières nouvelles de nos désastres
nous parvinrent ; cependant rien n'était encore certain ; aussi étions-nous plus désireux d'arriver et
de rentrer en ligne à notre tour. Un train militaire,
organisé par le chef de gare, allait partir pour Tours ;
nous y prîmes place en compagnie d'un escadron de
lanciers et de quelques soldats blessés qu'on envoyait à Tours, je ne sais trop dans quel but. Notre
train lourdement chargé n'avançait que lentement
sur l'unique voie qui relie Tours à Vierzon.

Les campagnes uniformes de la Sologne, recou-
vertes d'un blanc manteau de neige, se succédaient
à nos regards et semblaient à nos esprits attristés

encore plus désolées que de coutume. A en juger par la panique qui régnait à Vierzon, nous nous attendions à chaque instant à voir apparaître, à l'horizon des plaines, quelque parti de cavaliers ennemis ; nous avions même prévu ce cas et fait nos préparatifs de défense. Notre convoi était exclusivement militaire, de plus, le dernier qui dût partir de Vierzon ; nous avions cependant parmi nous une dame, la femme d'un général, M. d'H..., qui, munie d'un *laissez-passer*, bravait le froid et les hasards de ce voyage pour aller rejoindre son mari, dont elle n'avait pas de nouvelles depuis plusieurs jours ; je trouvai cette dame précisément installée dans le compartiment dans lequel je montai avec mon second, le capitaine Arnaud. Craignant, malgré son *laissez-passer*, que le chef de gare ne fît quelque objection à son voyage dans ce train spécial, elle avait bravement accepté le képi et le long manteau du capitaine des lanciers, un ancien compagnon d'armes de son mari, et nous la trouvâmes blottie dans un coin du wagon, le képi sur les yeux et le corps enveloppé du grand manteau traditionnel.

« Ces yeux noirs, ces longs cils (qu'on distinguait seuls entre la visière et le collet du manteau) sont bien accusateurs ! » dis-je à mon compagnon, qui, de son côté, semblait tout aussi intrigué que moi ; car les capitaines de lanciers n'ont point d'habitude ces mains délicates, finement gantées, et encore moins ces

longues touffes de cheveux noirs qui, malgré les efforts du gentil capitaine, s'échappaient de la prison
où elle voulait les maintenir. Mais à peine le con-
trôleur eut-il jeté son regard dans notre train pour
constater nos identités d'après nos uniformes, à peine
le train se fut-il ébranlé, que notre compagnon inat-
tendu jeta képi et manteau et nous apparut sous une
forme bien plus agréable, c'est-à-dire celle d'une
femme charmante. Elle nous expliqua en souriant
son histoire et nous fit anxieusement part de ses
craintes à l'égard de son mari. Quoi qu'il en soit, tant
l'esprit de l'homme est passionné pour le romanes-
que, la présence de cette dame d'un haut monde et
dans de semblables conditions, au milieu de notre
réunion de soldats, jeta un charme particulier sur la
journée et fit paraître rapides les lenteurs mêmes de
ce voyage. D'ailleurs la conversation ne languit pas
un seul instant; laissant bientôt de côté les tristes
sujets de la guerre, chacun de nous se reporta à des
souvenirs plus heureux; nous parlâmes voyages,
chasses, dangers essuyés, obstacles surmontés, et
notre compagnon aux yeux noirs, qui avait habité
l'Afrique, ne laissa pas que de prendre sa part des
récits qui furent ainsi contés.

Ordinairement on met quatre heures pour franchir
la distance qui nous séparait de Tours; partis à midi,
la plupart de nous avaient compté dîner à l'arrivée
et se trouvaient à peu près à jeun; moins confiant

dans cette bonne allure des choses, j'avais non-seulement garni mon sac de provisions, mais, profitant de notre arrêt à Vierzon, j'avais fait distribuer à mes hommes, par la mairie du lieu, une journée de vivres en pain et viande; celle-ci naturellement était crue, mais je vis de ces pauvres diables qui, n'ayant rien pris depuis la veille, l'appétit d'ailleurs aiguillonné par le froid qu'il faisait, se décidaient à la manger telle quelle; ce spectacle me fit plaisir, car je pensais que je n'aurais pas de peine à faire de bons soldats avec de pareils gaillards. Quant à nos provisions personnelles, nous les partageâmes avec nos compagnons quand vint l'heure du souper, mais nous ne trouvâmes pour étancher la soif que cette eau vaseuse et croupie de la Sologne que nous ne voyions qu'avec regret utilisée par notre compagne, qui buvait cela en fermant les yeux.

Notre convoi, dont l'allure devenait de plus en plus lente, s'arrêta décidément à neuf heures du soir; informations prises, nous avions une dizaine de trains entre nous et la gare de Tours, qui était encore à huit ou neuf kilomètres. M'étant déjà trouvé dans un cas semblable, lors de mon dernier voyage à Tours, et sachant que c'était sûrement pour nous plusieurs heures, sinon la nuit entière, à passer dans cette campagne qui devenait de plus en plus glacée, j'engageai ceux de mes compagnons qui n'étaient point retenus comme moi par le devoir à prendre

bravement à pied et le long de la voie la direction
de la ville de Tours ; c'est en agissant ainsi moi-
même, peu de jours auparavant, que j'avais pu arriver à la ville plusieurs heures avant mon train.
D'ailleurs si c'était une nuit froide, c'était une nuit
splendidement éclairée par les étoiles ; la neige, fortement gelée à la surface, offrait un bon point d'appui. Un intendant, un officier sans troupes et madame d'H. suivirent mon conseil ; je donnai à celle-ci
mon ordonnance pour porter son léger bagage jusqu'à
Tours, et cette courageuse femme se mit bravement
en route, en disant : « N'y a-t-il que dix kilomètres ?
mais j'ai pu en faire jusqu'à quinze à pied. »

Il était à ce moment neuf heures du soir. Favorisé
par une atmosphère extrêmement pure, le rayonne-
ment vers l'espace infini de la chaleur terrestre était
rapide et se traduisait par un froid de plus en plus
vif : notre première nuit de bivouac promettait d'être
rude. J'assemblai mes hommes, qui, descendus des
wagons, essayaient de se réchauffer en battant de
leurs pieds la surface glacée de la neige : « Voici le
moment de montrer que vous savez vous *débrouiller*,
leur dis-je. Au lieu de battre le sol qui n'en peut
mais, que les uns aillent chercher du bois et allu-
ment des feux ; pendant ce temps, les autres frap-
peront aux portes des maisons des paysans du voisinage et leur emprunteront des marmites pour faire
cuire la viande. » Je savais bien qu'il n'y avait qu'à

montrer le chemin à ces hommes. Les actes suivirent à l'instant mes paroles, et, comme par enchantement, des feux aux flammes claires, aux craquements joyeux, s'élevèrent de toutes parts ; quelques marmites arrivèrent à leur tour ; les bidons mêmes avaient trouvé à se remplir d'un vin aigrelet, dont je ne refusai point de faire la connaissance. Mais la faim est impatiente et ingénieuse : bien avant l'arrivée des marmites, la viande, découpée en tranches aussi minces que possible, rissolait sur les charbons rouges, ou bien, enfilée à l'extrémité d'une baguette de saule flexible, crépitait aux flammes ardentes d'un feu de bois sec. L'habileté et l'activité déployées par mes volontaires m'enchantaient, car elles étaient pleines de promesses ; ce n'étaient décidément point des conscrits lourdauds, et j'avais eu la main heureuse. Les officiers et moi nous mangeâmes quelques grillades que nos ordonnances nous tendaient à mesure qu'ils les avaient noircies sur la braise. L'« ordonnance » en campagne est l'ange gardien ou la damnation de son officier, suivant qu'il est bon ou mauvais ; je savais trop cela par expérience, et dès le jour du départ j'avais jeté mes vues sur une de ces bonnes têtes, un peu naïves, mais au regard exprimant à la fois, s'il est permis de dire ainsi, la franchise et le dévouement. Il se trouvait que l'homme de mon choix était un brave mineur, de vingt-sept ans environ, qui avait nom Jacquemet et répondit pleinement jusqu'au bout de la campagne à la bonne opinion que, du premier coup d'œil, je m'étais formée de lui. Pendant ce premier essai de mes volontaires dans la vie du soldat en campagne, les malheureux lanciers, dont les chefs eux-mêmes n'avaient rien prévu, tournaient affamés autour de nous ; ils n'avaient pas mangé depuis la veille, leurs chevaux encore moins ; je crois même que les chefs, sans s'occuper davantage de ces pauvres diables, avaient pris tranquillement le chemin de la ville ; ils devaient y avoir déjà trouvé « bon souper, bon gîte et le reste ». Ce sont de tels actes que j'ai vus trop souvent se répéter sous mille formes diverses, qui sont la perte de la discipline. Le soldat qui sent que ses chefs partagent sa bonne et sa mauvaise fortune, lutte héroïquement, non-seulement contre l'ennemi, mais contre les misères et les fatigues, ce qui vaut mieux encore.

Quoi qu'il en soit, nos volontaires ne tardèrent pas à s'apercevoir de la mine piteuse des lanciers, qui furent aussitôt conviés à partager le menu, ce qu'ils s'empressèrent d'accepter.

Un vent glacial s'était élevé (le thermomètre tomba à 15 degrés pendant cette nuit) ; je rentrai dans un wagon, m'y enveloppai dans mes couvertures, cherchant le sommeil et un peu de chaleur. J'étais installé ainsi depuis quelques instants, lorsqu'on frappa à la porte du wagon ; c'était le brigadier

Magand qui m'apportait ma part du bouillon qu'ils étaient arrivés à faire ; je bus avec bonheur ce liquide chaud et hygiénique, et remerciai vivement le brave garçon qui avait ainsi pensé à moi. Je reparlerai peut-être de ce jeune homme, qui ne devait plus revoir son pays. Il était bègue et avait été réformé pour cette raison ; cependant il avait un cœur patriotique et souffrait de ne pouvoir concourir à la défense ; c'est alors qu'il vint me trouver et me proposa ses services, que j'agréai aussitôt que je vis cette honnête figure. « Vous n'êtes que bègue, lui dis-je, et je ne voudrais avoir que des muets, à part les chefs ! » Je m'aperçus bientôt que non-seulement il connaissait parfaitement la manœuvre, mais encore qu'il ne bégayait pas lorsqu'il commandait : « Je com... mande sec, » me disait-il. J'en fis alors un brigadier.

Un peu avant le jour, notre train se décida à se mettre en marche, mais avec tant de lenteur que nous n'arrivâmes en gare qu'à huit heures du matin. Lorsqu'on entra dans les compartiments qui renfermaient les blessés, on en trouva plusieurs qui n'étaient plus que des cadavres.

A ce sujet, je me permettrai encore une observation sur nos modes de transport pendant ce rigoureux hiver. Nos voies étaient encombrées, par suite les trains militaires ne faisaient souvent pas plus de trente lieues en un jour ; les troupes qu'ils contenaient souffraient horriblement, pendant des trajets de deux et trois fois vingt-quatre heures, de la faim et du froid, du froid surtout. Lorsque ces hommes arrivaient à destination, ils étaient non-seulement affaiblis, mais les uns avaient les pieds gelés, d'autres — et ceux-là en grand nombre — ressentaient les symptômes de maladies plus graves, telles surtout que la petite vérole et la dyssenterie ; c'étaient des soldats perdus pour la France, car, s'ils ne mouraient pas, leur maladie et leur convalescence devaient encore les retenir plusieurs mois dans les hôpitaux, qu'ils encombraient au détriment des blessés. Au lieu de cela, pourquoi n'avoir pas dirigé à pied, par petits groupes, par diverses routes et à mesure qu'elles étaient prêtes, les différentes parties de nos corps d'armée ? Les dernières fractions seules auraient pris les lignes ferrées, au moment de la concentration, et seraient arrivées rapidement ; non-seulement nos chemins de fer auraient été ainsi dégagés de la tâche, au-dessus de leurs forces peut-être, qu'on leur imposait, mais le reste du service, c'est-à-dire le transport des munitions, armes, engins de guerre, etc., aurait pu s'effectuer, pendant qu'il devint bientôt impossible. Outre la santé, le soldat trouvait, par ce moyen, la possibilité de s'exercer aux marches avec armes et bagages ; il aurait appris à connaître, à distinguer ses chefs et réciproquement. Nos ennemis avaient si bien compris ces avantages, qu'ils ne se servaient de nos propres lignes ferrées que pour le transport des « matières inertes »; nous avons déjà vu les deux cent mille hommes qui investissaient Metz se rendre *à pied, par petits groupes et par diverses routes,* jusque sur les bords de la Loire.

Nous eûmes, à notre arrivée à Tours, un triste exemple de cet encombrement excessif de nos voies ferrées; toutes les halles et magasins de la gare étaient transformés en un amas indescriptible de caisses d'armes superposées jusqu'aux « fermes », de bagages, de canons, d'affûts, de gargousses, cartouches, tentes, sacs, équipements, etc., et lorsque nous fîmes réclamer nos propres bagages militaires, il fut impossible de les retrouver. S'il n'eût été question que de nos effets personnels, j'aurais été bien peu sensible à cette perte, mais il s'agissait des caisses qui renfermaient nos instruments de guerre; je fis donc fouiller avec le plus grand soin toute la gare : rien ne fut retrouvé. Il était arrivé pour nous ce qui se passait habituellement, sur une plus vaste échelle, pour les autres corps d'armée, c'est que les agents des compagnies, voyant leurs voies encombrées par les trains, et ceux-ci trop chargés pour les locomotives, mettaient de côté, çà et là dans les stations, des caisses, colis ou autres objets qui ne *pouvaient* se plaindre des retards, et ne s'occupaient que de faire arriver les troupes, qui, elles, pouvaient maugréer et ne s'en privaient pas. Pour un soldat ordinaire

qui porte tout avec lui, ses armes et son sac, la chose
a moins d'importance (sauf en ce qui regarde les vivres), mais pour les corps spéciaux il n'en est plus
de même ; séparés des engins qu'ils sont destinés
à employer, ils manquent le but et deviennent à peu
près inutiles.

Pendant que mes seconds faisaient le nécessaire
pour l'installation de nos hommes et la recherche
de nos bagages, je me dirigeai vers le ministère de
la guerre pour prévenir de notre arrivée et demander
des ordres. C'était le 5 décembre au matin ; la fou-
droyante nouvelle de l'évacuation d'Orléans et de la
retraite de nos armées, à la suite de la défaite du
15e corps, venait de se répandre : plusieurs de
ces hommes dévoués que j'avais vus s'occuper de
l'organisation de nos armées avec une activité presque surhumaine, et qui voyaient leurs espérances
s'évanouir, au moment même où elles semblaient
près de se réaliser, plusieurs, dis-je, de ces Français
généreux avaient les yeux pleins de larmes en me
communiquant les douloureuses dépêches de la nuit.
Tout l'édifice des plans conçus et poursuivis depuis
des semaines s'écroulait en un instant ; avant d'en
établir de nouveaux, il fallait se compter, se rallier
et combler les vides ; il fut donc impossible de nous
assigner immédiatement un poste d'action que, pourtant, nous brûlions d'obtenir. D'ailleurs Tours était
fortement menacé et il était question d'abandonner

cette ville : un acte semblable avait une trop grande importance morale pour qu'on n'attendît pas qu'il devînt d'une urgence absolue. C'était le général Chanzy, avec des forces à peine égales à celles de l'ennemi, qui couvrait la vallée de la Loire, c'est-à-dire la ville de Tours, et l'on ne s'attendait point, après la première défaite, à la résistance héroïque de ces jeunes troupes, qui, pendant plusieurs jours, défendirent le terrain pouce par pouce, infligeant de cruelles pertes aux Allemands. Ce beau résultat ne fait-il pas encore regretter l'abandon si précipité de nos positions autour d'Orléans, où nous étions protégés par une artillerie de siége considérable ?

La première émotion produite par les désastres inattendus de l'armée de la Loire s'étant un peu calmée, je reçus l'ordre confidentiel d'aller faire sauter le tunnel de Foug, dans la Meurthe, à trente kilomètres environ à l'ouest de Nancy et à huit kilomètres à l'ouest de Toul. Ce souterrain est une des clefs de la ligne de Strasbourg à Paris ; si on parvenait à le dégrader suffisamment pour empêcher les trains d'y circuler pendant un mois, c'était d'une importance capitale, puisque l'on gênait ou arrêtait l'arrivée des troupes, matériel, ravitaillement, etc., qui y passaient alors constamment, dans la direction de Paris. D'après les renseignements qui me furent donnés, ce souterrain a huit cents mètres de longueur ; il est creusé dans les marnes et bancs argileux de l'*Ox-*

ford-clay; il est revêtu intérieurement d'une maçonnerie, et les puits d'aérage sont espacés de cinquante mètres environ. Mon but était, avec la poudre puissante dont je disposais — et qui agit très-bien à l'air libre, c'est-à-dire lorsqu'elle est simplement *placée sur l'objet* à briser — de faire descendre au moyen d'un câble et le long d'un des puits du tunnel cinq cents kilogrammes de cette poudre (équivalant à près de quatre mille kilogrammes de poudre ordinaire). Cette énorme torpille, aussitôt arrivée près de la jonction de la partie inférieure du puits et de l'*intrados* du tunnel, serait enflammée électriquement et produirait à coup sûr un dégât énorme; ébranlant d'ailleurs les maçonneries à une grande distance, ce qui exigerait de longues réparations.

Pour arriver à Foug nous devions nous rendre d'abord à Nevers par voie ferrée; de là, gagner la ville de Langres, en nous glissant entre Châtillon-sur-Seine et Dijon, au travers des lignes ennemies. A Langres, nous trouvions le général Arbelot avec une garnison de vingt-cinq mille hommes environ; celui-ci nous donnerait cinq mille soldats avec lesquels nous remonterions rapidement au nord sur Neufchâteau, dont nous enlèverions par surprise les neuf cents hommes de garnison prussienne qui s'y trouvaient alors et avaient pour mission spéciale de garder le tunnel. Le commandant du génie de Pontlevoie, qui connaissait les lieux, me donna ces instructions avec plusieurs renseignements et recommandations.

Au moment où j'allais partir, ce premier projet reçut cependant un correctif qui devait, par la suite, le transformer radicalement ; en effet, n'ayant pu retrouver à la gare les poudres et instruments dont je m'étais muni, j'étais obligé d'en faire venir d'autres de Saint-Étienne à Nevers ; en second lieu, avant de m'engager vers le Nord, à travers les départements envahis, il fallait que je fisse l'achat des mulets qui devaient me servir au transport à dos de mes torpilles, dans les sentiers détournés que j'aurais à prendre. A la suite de ces considérations, le ministère de la guerre m'enjoignit de nous rendre tout d'abord à Autun, au quartier général de l'armée des Vosges ; là, Garibaldi me pourvoirait de suite des moyens de transport dont j'avais besoin et me donnerait, en attendant de Saint-Étienne l'arrivée de mes nouvelles torpilles, toutes les indications sur la position et les mouvements de l'ennemi.

Les choses ainsi convenues, on envoya, séance tenante, une dépêche à Garibaldi lui annonçant mon arrivée.

Mais si, comme on l'a vu, il n'était pas facile d'entrer à Tours, nous éprouvâmes qu'il était encore plus difficile d'en sortir. Vierzon étant au pouvoir de l'ennemi, on était obligé de passer par Poitiers pour se rendre à Nevers ; de plus, c'était le moment où les ministères se retiraient à Bordeaux ; aussi les voies étaient-elles plus encombrées que jamais. Dans la matinée du 8 décembre, à sept heures du matin, nous étions à la gare, où, d'après les avis reçus, nous devions avoir un train ; mais celui-ci, se trouvant complet par ailleurs, partit sans nous ; un second, un troisième, etc., se succédèrent, sans que nous fussions plus heureux. Le chef de gare, qui ne savait à qui répondre, promettait toujours, mais ne pouvait tenir, car à peine avait-il formé un train que celui-ci était envahi par les gens de tel ou tel ministère, qui, attendu qu'ils commandaient en première ligne, étaient servis. Les pieds dans la neige et par un froid intense, nous attendions encore à minuit ; de malheureux blessés râlaient dans tous les coins des gares, où, au milieu de l'excitation générale, on faisait à peine attention à eux. Combien de temps attendirent-ils des secours ? Nous patientions cependant, car le chef de la gare m'avait assuré qu'à minuit nous aurions des wagons ; mais, comme ses devanciers, ce train fut envahi par la foule des ministères et s'enfuit rapidement hors de la gare. Ma résolution était prise et j'en fis part de la façon suivante au chef de gare : « Monsieur, mes hommes attendent depuis dix-sept heures, je vous préviens qu'ils ne peuvent attendre davantage et qu'ils partiront par le train prochain, dussent-ils le prendre d'assaut. »

Ce qui fut dit fut fait ; nos hommes furent rangés

sur deux files le long du quai de la gare ; on leur recommanda de monter à dix dans chaque compartiment et de n'en descendre que sur mon ordre seul. A ce moment un nouveau train vide s'avançait ; au moment où il passait devant mes hommes , sur un signal, les portières furent ouvertes et quinze compartiments remplis en moins de temps qu'il n'en faut pour le dire. Cette prise de possession fut accomplie avec tant d'habileté que même les employés ministériels dont nous prenions les places ne purent s'empêcher d'en rire ; quelques-uns cependant, qui avaient avec eux femme, enfants, cages à serins garnies (*sic*) et tout un matériel de famille, poussaient des exclamations formidables. Le pauvre chef de gare était le plus à plaindre ; il essayait vainement de parlementer avec tous ; les fonctionnaires ne lui permettaient pas d'observations ; quant à mes hommes, qui ne connaissaient déjà que la consigne, ils ne daignaient même pas répondre. Je pus enfin fendre la foule et arriver à l'aide du chef de la gare : « Monsieur, lui dis-je, il est un moyen bien simple de tout arranger ; veuillez faire mettre trois wagons de plus à ce train qui n'est pas trop chargé pour une locomotive ; il ira un peu moins vite, mais vous tiendrez enfin votre promesse de nous faire partir, et ces messieurs rendront service à mes pauvres soldats demi-morts de froid et de faim ; ce n'est d'ailleurs qu'à cette condition que mes hommes descendront. »

Le chef de gare voyant qu'il n'y avait qu'à prendre ce parti, me donna sur-le-champ sa parole d'ajouter les wagons nécessaires ; l'ordre fut aussitôt donné à mes soldats de descendre, et une demi-heure après, empilés dans de nouveaux wagons, nous quittions enfin cette malheureuse gare.

Je dois dire, à la louange de mes volontaires, que, malgré les souffrances du froid et les privations qu'ils avaient déjà endurées, ils étaient pleins d'ardeur ; je n'entendais jamais de plaintes. Chaque jour leurs officiers les rompaient à la marche ou au pas gymnastique, pendant huit ou dix heures. A voir l'ardeur qui animait leurs propres chefs, ces jeunes gens commençaient à sentir l'importance de leur mission, qu'ils prenaient tout à fait au sérieux. Je dois dire qu'à Tours je reçus pour eux, de la part d'hommes du métier, de nombreux compliments. Comme nous avions été équipés par le département de la guerre, j'avais choisi l'uniforme très-commode en campagne du fantassin de ligne ; le képi du génie et une double bande noire sur le pantalon rouge les différenciaient seuls de ce dernier. Ils portaient, en outre, suspendue autour du cou par un lacet de cuir, une pelle d'acier d'un millimètre et demi d'épais-seur, qui pesait environ une livre et se trouvait à l'épreuve de la balle. Le manche de cette pelle était fixé sur le sac et servait de piquet de tente. Ils pou-vaient en un instant enlever cette pelle, l'emmancher et s'en servir ; je les avais exercés, ainsi que cela fut pratiqué avec succès par les guerrillas américaines, à faire rapidement pour s'abriter un trou dans le sol, la terre qui en provenait étant encore placée du côté de l'ennemi, de manière à former un épaulement sur lequel s'appuyait le fusil pour tirer. On verra que cette manœuvre nous fut utile.

Mais si, grâce à l'énergie, à l'intelligence et au dévouement de mes seconds, nous étions arrivés non-seulement à imposer la discipline la plus stricte à nos hommes, mais encore à la leur faire aimer et à s'en faire gloire, nous avions à chaque instant sous les yeux, pour d'autres corps, des exemples du contraire, et cela, le plus souvent, parmi les soldats de la ligne. Il est incroyable combien le relâchement de la discipline était grand alors ; nos défaites ne peuvent avoir été les seules causes de cette démoralisation, il faut encore l'attribuer à la conduite trop coupable de bien des officiers qui affectaient en présence de leurs hommes de critiquer et de dénigrer sans mesure les actes du gouvernement de l'époque : quoi de plus pernicieux ? Ces propos ne tardaient pas à se répandre et décourageaient non-seulement ceux qui étaient enclins à partager les sentiments de leurs chefs, mais encore ceux qui, d'un avis contraire, ne voyaient dès lors dans leurs officiers que des « traîtres ». En un mot la politique se mêlait au rouage militaire, ce qui est pour la discipline le plus grand dissolvant. Un seul fait entre mille : à la gare de Saint-Sulpice, un soldat de la ligne s'écrie en passant auprès d'un groupe d'officiers d'infanterie : « Voilà encore de ceux qui nous ont perdus. » A ma stupéfaction, aucun de ces messieurs ne *releva l'injure;* c'est alors que passant devant moi, qui causais avec mon second le capitaine Arnaud, il renouvela cette grossière apostrophe, mais il n'acheva pas sa phrase, car, sur un signe, quatre de nos hommes s'emparèrent de l'insolent, qui fut livré à Moulins à l'autorité militaire. Pourtant nous nous serions fatigués à relever ainsi toutes les fautes graves contre la discipline et l'ordre que nous constations chaque jour. C'est ainsi encore que, dans ce voyage, des hommes qui portaient le costume de francs-tireurs, voyageaient sans chefs, et que j'avais remarqués pour leur insolence, volèrent le revolver d'un de nos hommes et le sac de cuir d'un de nos officiers.

Aussitôt que notre plan d'action eut été définitivement arrêté à Tours, je m'empressai de télégraphier à Saint-Étienne à un jeune ingénieur, habile chimiste, M. Letourneau, qui avait bien voulu se charger du dangereux métier de préparer mes torpilles et mes amorces, et le priai de m'apporter tout ce qui serait prêt à une date que je lui indiquai et à laquelle je devais être à Nevers. Aussi, le jour même de notre arrivée dans cette ville, nous vîmes arriver notre préparateur; mais, à en juger par la triste

mine qu'il faisait, il devait avoir eu quelque mésa-
venture. En effet, bien que pendant le voyage il
eût visité plusieurs fois le wagon qui portait les
caisses de poudre et les torpilles, il était arrivé qu'à
la gare de Nevers celui-ci avait complétement disparu. C'était à croire qu'il y avait une fatalité atta-
chée à nos pas! Une caisse seulement put être retrou-
vée, et, fort heureusement, elle contenait une certaine
provision de torpilles qui nous permettrait peut-être
quelques opérations en attendant de plus amples provisions. Quant à notre préparateur, il reprit le chemin de Saint-Étienne, visitant toutes les gares et
tous les wagons des bifurcations; mais nous n'entendîmes jamais plus parler de ces produits.

Que l'on juge, par les retards qu'une troupe aussi
peu nombreuse que la mienne éprouvait à cause de
l'insuffisance de nos voies ferrées, de tous les mé-
comptes qui devaient arriver à un corps d'armée!

Aussitôt que nous fûmes convaincus de l'inutilité
qu'il y avait à attendre plus longtemps à Nevers
nos munitions, nous prîmes le chemin du quartier général de l'armée des Vosges, que le manque
de nos approvisionnements nous rendait plus précieux. Garibaldi était encore à Autun, et nous arrivâmes le 15 décembre au soir dans cette ville.
Mes hommes furent casernés dans un bâtiment
nommé « les Écuries du roi »; ils y succédaient à des
mobiles; aucune description ne saurait dépeindre

l'état de malpropreté dans lequel nos prédécesseurs avaient laissé leur logement; mais l'on se demandait, cependant, qui il fallait le plus blâmer, ou de ces jeunes gens qui se résignaient à vivre dans un tel milieu, ou des chefs qui le permettaient. Je ne reviendrai plus sur ce détail, que nous avions déjà constaté et que nous devions encore retrouver, mais qui, à lui seul, suffit à indiquer combien l'entrain manquait à tous dans cette fatale guerre. Nos volontaires en eurent pour une bonne journée à laver, gratter et désinfecter leur logement temporaire.

On sait que Garibaldi, arrivé à Tours le 8 octobre pour prêter son appui à la France, avait été nommé général en chef, commandant la zone des Vosges, dans laquelle se trouvaient alors quelques corps de volontaires et de mobilisés. Depuis cette époque, le célèbre partisan s'était surtout occupé d'organiser son armée, et nous allons, d'après les renseignements qui me furent fournis, donner le résumé de ses opérations à cette date.

V.

Premières opérations de Garibaldi. — Combats heureux. —
Défaite de Dijon. — La retraite sur Autun. — Attaque de
cette ville. — Combat de Châteauneuf. — Le colonel Chenet.

Dans la nuit du 9 au 10 novembre, l'armée de
Garibaldi fit son entrée dans la ville d'Autun; dix-
huit trains de chemin de fer amenaient de Dôle cette
troupe déjà nombreuse; elle arrivait en suivant la
ligne ferrée qui contourne l'armée prussienne, dont
l'aile gauche était à Saint-Jean-de-Losne. La ville,
prévenue trop tard de l'arrivée de cette armée, fut
toute la nuit sur pied pour lui procurer des logements
et des vivres; les élèves du petit séminaire durent
partir au milieu de la nuit et céder leur place aux
nouveaux venus, qui furent encore obligés de se
loger dans les églises et à l'archevêché. Quant aux
officiers, ils trouvèrent place chez l'habitant; le
quartier général de Garibaldi était à la sous-préfec-
ture. Dès le lendemain, le général en chef partait
en voiture pour reconnaître le pays, pendant que les
troupes italiennes des légions Tanara et Ravelli s'en
allaient en avant-postes, l'une à Turgy, la seconde
à Saint-Symphorien. Diverses patrouilles, circu-

lant dans la campagne et les bois, ramenèrent une vingtaine de soldats prussiens déserteurs ou débandés.

La position d'Autun se prête merveilleusement à la défense; le général l'avait senti. Grâce à quelques travaux de défense, il eut bientôt fait une excellente base d'opération de cette ville, qui s'étage sur les flancs très-inclinés d'une rangée de hautes montagnes que de grandes forêts recouvrent encore.

Dès les premiers jours de l'arrivée de Garibaldi, certaines difficultés s'élevèrent entre ce représentant de principes à un si haut point révolutionnaires et ceux qui y sont le plus directement en jeu. Sur des dénonciations de radicaux autunois, des légions (Égalité de Marseille et guerrilla marseillaise) se permirent des perquisitions ultra-légales; le prétexte était la recherche de caisses d'armes, le résultat fut le vol de quelques objets d'or. L'état-major en apprenant ces faits ordonna l'évacuation complète de l'évêché, mais ne dirigea aucune instruction contre ces soldats qui venaient de violer toutes les lois du devoir et de l'honneur : grande faute que celle-là, qui, laissant l'indiscipline et le crime impunis, semblait, au contraire, les encourager par le silence.

Cependant l'armée des Vosges recevait tous les jours de nouveaux renforts en hommes et en artillerie ; aussi se décida-t-on, le 18 novembre, à com-

mencer une marche en avant; l'aile gauche se dirigeant sur Saulieu, le centre vers Arnay-le-Duc et la
droite sur Épinac; le grand quartier général s'éta-
blissant à Bligny-sur-Ouche. Dans cette position
nouvelle, l'armée de Garibaldi se signala par plusieurs petits succès à Pont-de-Pany et à Pont-d'Ouche,
pendant que le colonel Riccioti Garibaldi, par une
pointe audacieuse vers le nord, s'emparait brusquement de Châtillon-sur-Seine, où il fit un véritable
massacre de la garnison prussienne; mais son heureux coup de main terminé, Riccioti dut se replier:
l'ennemi occupa de nouveau la ville et se vengea
cruellement de sa défaite sur les habitants, en les
accablant de réquisitions et faisant le plus de dégâts
possible.

Les 25 et 26 novembre, Garibaldi, par une conversion à droite de son armée, reprit vivement
l'offensive; sa gauche se portait en avant par Pouilly
et Sombernon, délogeant l'ennemi de Saint-Seine,
Saint-Martin-du-Mont, etc., pendant que le centre
rejetait les Prussiens sur Dijon, les chassant de leurs
positions de Pâques, Prenois et Lanthenay. Le samedi
soir, toute l'armée garibaldienne était réunie devant
la capitale de la Bourgogne, menaçant le quartier
général des Allemands. Encouragé, excité par ces
premiers succès et profitant de l'obscurité de la nuit,
Garibaldi n'hésita pas à lancer ses soldats sur Dijon,
pensant enlever la place, pour ainsi dire à l'impro-

viste. Les avant-postes furent, en effet, enlevés à la baïonnette ; mais bientôt des batteries en nombre formidable, que les Prussiens, en prévision sans doute d'une attaque de ce genre, avaient braquées pendant le jour de façon à balayer toutes les routes qui menaient à Dijon, ces batteries, dis-je, ouvrirent un feu tellement nourri et si bien dirigé qu'il devint très-dangereux de s'avancer en suivant les routes ; aussi l'ordre fut donné de ne marcher désormais qu'au travers des champs ou le long des fossés ; de cette façon l'attaque se poursuivit, et nos avant-gardes purent arriver jusque sous Dijon même sans perdre trop de monde. Tout allait bien, lorsque la panique s'empara subitement de nos hommes, qui, perdus au milieu de l'obscurité, effrayés par la pluie des projectiles ennemis, prirent la fuite ; on m'assura même que, par erreur, ils tirèrent quelques instants les uns sur les autres. Quoi qu'il en soit, une indescriptible déroute suivit, et ce mouvement, commencé sous de si heureux auspices, se termina par une lamentable défaite. Les fuyards ne commencèrent à s'arrêter qu'à vingt-huit kilomètres de là, sur les hauteurs de Sombernon, où les habitants les virent arriver mourant de faim, de fatigue, de sommeil.

Garibaldi est blâmable d'avoir entrepris ce coup de main avec des troupes aussi peu aguerries que l'étaient les siennes ; cependant, hâtons-nous d'ajouter, pour être juste, que cette audacieuse tentative était de celles qui déroutaient le plus les méthodes classiques des Allemands; qu'elle faillit, en outre, réussir, et même qu'elle eût sûrement abouti dans le cas où le général Cremer serait arrivé de Nuits par la route et le chemin de fer de Lyon, la vallée de la Saône, ainsi qu'il aurait dû le faire, s'il avait accédé aux demandes du général Garibaldi.

Le résultat de cette fausse attaque fut que l'ennemi, reprenant aussitôt l'offensive, regagnait en un instant les positions et les hauteurs qu'on lui avait enlevées; de là, il dirigeait des colonnes qui surprenaient et battaient nos arrière-gardes. C'est ainsi qu'un corps composé des guerrillas de Marseille et d'Oran, de l'Égalité et des mobiles de l'Aveyron, était surpris à Pâques le lendemain matin à neuf heures, au moment de la distribution des vivres; il fut mis dans une déroute complète. Dès ce moment la partie était perdue, et, suivant que les chefs de corps étaient plus ou moins énergiques et obéis, la défaite se changeait en débâcle ou en retraite régulière.

Le 28 novembre, les premiers fuyards arrivaient à Autun; ils avaient parcouru cent quarante kilomètres en trente heures : leur aspect était déplorable; ils n'avaient plus ni armes ni bagages.

Garibaldi n'arriva que le lendemain, à onze heures, par la voie ferrée d'Épinac; faute de mieux, le général était installé sur un wagon de charbon et le train était conduit par le directeur de la houillère lui-même. Enfin, on avait dû enterrer une grande partie du matériel de guerre, afin qu'il pût échapper à l'ennemi.

Ce triste défilé d'une armée en déroute ne se terminait que le 1er décembre à dix heures du matin; les chasseurs des Alpes en formaient l'arrière-garde; cette légion soutint vigoureusement la retraite et perdit un tiers de son effectif; elle n'abandonnait chaque position qu'après que la puissante artillerie ennemie l'obligeait à le faire.

Tous les corps étaient donc encore à cette date harassés de fatigue, mal nourris et mal équipés; au milieu de ce désordre on oublia même de placer les grand'gardes; de plus, la position de Saint-Martin, poste avancé qui commande les routes de Dijon et d'Épinac, fut évacuée à neuf heures du matin par la guerrilla d'Orient, colonel Chenet, par un motif qu'il reste peut-être encore à éclaircir et sur lequel nous reviendrons plus tard. En tout cas, il y a lieu d'être étonné qu'un vieux « condottiere » comme Garibaldi, qui devait bien supposer que l'ennemi était sur ses traces, se soit laissé surprendre aussi complétement; cette faute, dont il faut peut-être davantage accuser l'état-major de l'armée des Vosges, faillit d'un seul coup ruiner nos espérances dans l'Est; ainsi, on assure qu'il arrivait à chaque instant au colonel Bordone des rapports indiquant l'approche de l'ennemi, et que celui-ci et son entourage ne voulaient point y croire. Je raconterai même à cet égard qu'un de mes amis, propriétaire de mines et maire à Saint-Léger-du-Bois, à quinze kilomètres au nord-est d'Autun, prévenu subitement par un paysan de l'arrivée d'un corps prussien, s'assura lui-même du fait en montant à la hâte sur un sommet qui domine la route par laquelle on signalait l'arrivée de l'ennemi. A peine sur cette hauteur, mon ami aperçut une nombreuse colonne qui, suivant les replis du fond de la vallée, s'avançait rapidement; il envoya aussitôt à franc-étrier son domestique prévenir du fait l'état-major de Garibaldi à Autun; ce fut le colonel Bordone qui lut la dépêche et s'écria pour toute réponse : « Encore un de ces peureux de paysans! » Cependant, la rumeur indiquant l'approche de l'ennemi était telle, que le 1er décembre, à une heure et demie après-midi, l'inspecteur du chemin de fer à Autun crut devoir faire, de sa propre initiative, une reconnaissance en machine à vapeur; mais à cinq kilomètres d'Autun, il rencontra l'ennemi : il s'empressa de revenir pour donner l'éveil; mais, pendant qu'il faisait son rapport au quartier général, le canon se mettait à tonner contre la ville.

Il y eut alors une scène indescriptible : les habitants couraient dans les rues pour regagner leurs habitations et s'y enfermer; les soldats cherchaient leurs armes pour se défendre ou bien essayaient de gagner la campagne pour s'enfuir ; les chevaux, les bagages, les trains de munitions, de vivres, les bestiaux, étaient entraînés pêle-mêle par les hommes qui les avaient à leur charge, mais qui, n'ayant pas d'ordre et se croyant perdus, s'enfuyaient au hasard dans toutes les directions. Les officiers, surpris — au café pour la plupart — essayaient vainement de prendre un parti au milieu de cette incroyable panique ; d'ailleurs, aucun poste de combat ne leur avait été assigné, et ils ne savaient où se rendre. Enfin, les canons (trois batteries, dont une de montagne) se trouvaient au petit séminaire, au lieu d'être en batterie. Tout semblait donc perdu, lorsque les artilleurs mobiles de la Charente, auxquels appartenaient deux des batteries, courent spontanément à leurs pièces, les amènent en face de l'ennemi, les braquent et ripostent. La plupart de ces braves gens n'avaient encore jamais assisté même à un exercice à feu, et ils furent obligés, pour avoir des munitions, de défoncer à coups de hache les caissons fermés à clef ou vissés. On aura une idée de la rapidité d'action que déployèrent ces jeunes artilleurs, lorsqu'on saura qu'ils furent en mesure de répondre après le neuvième coup de canon envoyé par l'ennemi.

Cette vive riposte de notre artillerie rendit le courage et le sang-froid au plus grand nombre ; quelques minutes après, les différents corps, à peu près reformés, traversaient la ville au pas de course, allant au feu ; d'autres, tournant la ville, prenaient position sur des hauteurs. Il était alors deux heures et demie ; les feux de la mousqueterie et de l'artillerie se répondaient vivement de toute part ; on comptait vingt coups de canon par minute. L'ennemi avait trois batteries en position à cinq cents mètres les unes des autres et à environ mille huit cents mètres de la ville ; la droite des assaillants était à Saint-Martin, le centre à Saint-Symphorien, la gauche à Saint-Pierre, offrant aussi un front de bataille concave par rapport à la ville et dont le développement était de mille neuf cents mètres [1].

Quant à nos trois batteries, on les avait installées sur une esplanade qui s'étend au pied du petit séminaire ; de là, elles dominaient admirablement toute l'armée assaillante, mais leur champ de manœuvre était trop restreint ; de plus, elles étaient complétement à découvert, aussi perdirent-elles en hommes un cinquième de l'effectif : dix-huit morts et quarante blessés. Ces trois batteries envoyèrent mille trois cent soixante projectiles, répondant aux Allemands à peu près coup pour coup. Quand on connaît la position en amphithéâtre de la ville d'Autun, où il est si facile de trouver de nombreux points desquels l'on pouvait alors canonner les positions des assaillants, on regrette que l'on n'ait pas songé à ce moment à les

1 Voir la carte.

faire occuper par nos petits canons, en divisant les batteries ; les artilleurs, mieux protégés, offrant d'ailleurs une cible moins vaste, auraient non-seulement moins souffert, mais encore mieux répondu. D'ailleurs, aux distances où le tir s'exécutait, c'est la fumée seule du coup de canon qui indique sa situation exacte : pourquoi, dans ce cas, ne pas employer une ruse bien simple, consistant à faire partir çà et là des *boîtes,* dont l'explosion et la fumée auraient pour but de tromper à chaque instant l'ennemi sur la situation exacte de nos pièces ?

Pendant ce vif combat d'artillerie, la plupart des habitants s'étaient mis à l'abri des obus en se réfugiant dans les caves ; nous devons cependant ajouter, à la louange des citoyens d'Autun, que la plupart d'entre eux (bien qu'on eût oublié de faire appel à la garde nationale) vinrent spontanément se joindre aux mobilisés de la ville même, qui se firent remarquer par leur bravoure. Enfin, les blessés, transportés aussitôt dans des ambulances improvisées, y trouvaient les meilleurs soins de la part des gens de l'art et des habitants.

Les Allemands, qui ne s'attendaient sans doute point à une telle résistance, faiblirent et lâchèrent pied peu à peu ; cependant, lorsque la nuit vint interrompre la bataille, on ne les avait repoussés que de deux ou trois kilomètres. Les derniers feux de mousqueterie cessèrent avec le jour, et vers les six heures nos troupes rentrèrent dans Autun. Il est probable que la nuit seule sauva les Allemands d'un désastre absolu ; il semble même que notre triomphe eût été complet si nous avions possédé de la cavalerie ; mais celle-ci ne comprenait alors qu'une cinquantaine d'hommes du 7e chasseurs, en outre des soixante-dix éclaireurs ou « guides de Garibaldi », qui suffisaient à peine au service des dépêches.

A huit heures du soir, il y eut une nouvelle alerte ; l'ennemi lançait des obus incendiaires ; nos batteries répondirent par quelques décharges, puis tout rentra dans le silence. De notre côté, on s'attendait à une nouvelle lutte pour le lendemain, lorsqu'on apprit la retraite précipitée de l'ennemi. En cherchant pour quelles raisons les Allemands se décidèrent à se retirer, on en trouve plusieurs : en premier lieu, l'insuccès de la journée qui obligeait à livrer au moins un second combat le lendemain, alors qu'on pouvait facilement avoir la retraite coupée par l'armée de Cremer, cantonnée à Nuits. En second lieu, il faut qu'on sache que l'armée destinée à attaquer Autun s'y dirigeait sur trois colonnes ; une seule était encore au rendez-vous, celle qui était venue par Arnay ; la seconde avait pris la vallée d'Ouche, se fiant à une voie romaine indiquée sur la carte d'état-major, mais cette voie est aujourd'hui complétement impraticable ; les canons n'avaient pas tardé à s'embourber dans des fondrières, au point

que le 1ᵉʳ décembre, jour du rendez-vous devant
Autun, et à deux heures du soir cette colonne d'attaque n'était qu'à Saint-Léger-du-Bois, c'est-à-dire à
vingt kilomètres d'Autun. Enfin la troisième division ennemie, qui devait venir de Dijon par les
montagnes et défilés de Chambœuf et Ivry, avait dû
s'arrêter la veille, en face de l'armée de Cremer, qui
venait d'occuper ce territoire. C'est grâce seulement
à ce concours de circonstances que la ville d'Autun
ne fut pas enlevée, et qu'il nous fut possible, en
outre, de faire subir aux assaillants des pertes sen-
sibles (on assure que le commandant en chef fut
tué), pendant que de notre côté nous ne perdions
que cinquante-huit hommes. Quelque temps après,
un riche fermier des environs de Cordesse (onze
kilomètres d'Autun) nous racontait que le jour de la
lutte, sa maison était remplie de blessés prussiens,
qu'on lui enleva toute sa literie, ses chars et ses
bêtes de trait pour emmener ceux qui n'étaient pas
mortellement touchés.

En résumé, le résultat de la bataille d'Autun fut
très-important pour nous : la route du Creuzot, l'objectif des Allemands, leur était fermée ; de plus, on
permettait au général Cremer une victoire facile et
complète pour le cas où, agissant avec célérité après
le télégramme de Garibaldi qui lui annonçait les
événements, il arriverait avec toutes ses forces sur
les colonnes allemandes qui battaient en retraite.

J'ai dit qu'à ce moment le quartier général du général Cremer était à Nuits : en apprenant la défaite des Bavarois devant Autun, il s'empressa d'essayer de leur couper la retraite en se dirigeant à marche forcée vers la vallée d'Ouche, que suivait, en effet, la principale colonne des Bavarois sous les ordres du général Keller.

Dans la nuit du 3 au 4 décembre, Cremer était campé dans le village de Châteauneuf, lorsqu'on vint lui annoncer que l'ennemi, harassé de fatigue et démoralisé, passait la nuit dans les villages de Vandenesse et de Sainte-Sabine, c'est-à-dire à portée de nos canons. La position du général Cremer était excellente sur un faîte de cinq cent quarante-quatre mètres d'altitude maxima, qui longe le chemin que l'ennemi avait à suivre le lendemain et le domine à peu près à pic sur une hauteur verticale variant entre cent cinquante et deux cents mètres. De plus, aussitôt qu'il fut prévenu, Cremer détacha une partie de son infanterie qui avait pour mission d'effectuer un mouvement tournant et de rejeter dès le matin la colonne allemande sous les canons de Châteauneuf. Mais ce mouvement fut inutile, car le général Keller, avec ses sept mille hommes, vint de lui-même, sur la route de Vandenesse à Commarin, défiler de flanc sous le feu de nos batteries, qui seules leur firent éprouver des pertes sérieuses, car on n'en vint malheureusement pas à l'arme blanche, auquel cas l'ennemi affamé, harassé, se fût rendu sans coup férir. C'est là ce que l'on peut reprocher à Cremer, qui, par ailleurs, prit d'excellentes dispositions, et on peut absolument lui appliquer le vers célèbre :

A vaincre sans péril on triomphe sans gloire.

Un éclair de l'inspiration qui fait les grands généraux aurait dû lui enlever toute hésitation de lancer à la baïonnette ses troupes sur une colonne qui, après sa défaite de l'avant-veille sous les murs d'Autun, avait encore parcouru soixante-cinq kilomètres dans la neige. D'ailleurs, nous traversions quelques jours plus tard les villages de Commarin et de Vandenesse, et les habitants nous assuraient que la fatigue de ces fuyards était telle, que, sourds à la voix de leurs chefs, qui voulaient les soustraire au danger, ils se jetaient par douzaines sur les planchers des habitations et s'y endormaient d'un sommeil de plomb, n'ayant plus de souci de leur propre conservation. C'est, paraît-il, par la seule force de l'habitude et avec l'indifférence d'un automate, qu'ils défilèrent sous les canons de Châteauneuf, auxquels ils ripostèrent à peine. Le général Keller, suivant les principes militaires, envoya ses meilleures compagnies faire un semblant d'attaque à droite et à gauche de Châteauneuf afin d'en imposer encore à nos troupes, qui, d'un seul élan, auraient pu amener

7

à merci cette colonne harassée. Les Allemands perdirent néanmoins quelques centaines des leurs et un certain nombre de prisonniers.

On reproche au général Cremer d'avoir perdu un jour après l'arrivée de la dépêche de Garibaldi qui lui annonçait la défaite des Allemands, et, par suite, de n'avoir pu frapper que sur l'arrière-garde à Châteauneuf. Cependant on peut dire que ce combat eut le bon côté qu'amène tout succès, quelle que soit sa nature ou son origine : c'est qu'il donna la confiance aux jeunes troupes du général Cremer, et les prépara à cette honorable lutte où, neuf mille contre vingt-quatre mille, ils soutinrent à Nuits une lutte plus sérieuse.

La surprise du 1er décembre fut une forte leçon pour l'état-major de l'armée des Vosges, et à partir de ce jour on poussa activement les travaux de défense, à Saint-Martin, Saint-Jean, etc. Mais, comme il arrive ordinairement après une faute commise entre gens qui ont plus d'amour-propre que d'amour de la vérité, chacun des chefs chercha à rejeter la faute sur la tête de l'autre ; en cette occasion, l'état-major de Garibaldi accusa un colonel de corps franc, M. Chenet, d'avoir abandonné son poste et permis aux Prussiens d'entrer, comme ils l'ont fait, jusque dans la ville d'Autun.

Si cela m'est permis, je donnerai mon avis sur cette affaire grave, qui se termina par la condamnation à mort du colonel Chenet, avis qui est dicté seulement par ce que j'ai pu entendre et voir moi-même. Déjà de violentes altercations s'étaient élevées entre les chefs garibaldiens et le colonel Chenet, dont les sentiments intimes étaient tout à fait en désaccord avec les leurs. Le colonel Chenet, ancien militaire, souffrait avec peine le joug de gens auxquels il ne voulait reconnaitre aucune vertu ou capacité militaire ; la plupart des hommes qu'il commandait partageaient naturellement les sentiments de leur chef. Il résulta de cette situation que le colonel dut chercher un moyen d'échapper à cette autorité qui lui pesait, et qu'il pensa y réussir aisément, grâce à l'indépendance souvent exagérée dont jouissaient les corps de l'armée des Vosges. Il crut donc pouvoir agir ainsi qu'il le fit, c'est-à-dire quitter l'armée des Vosges et conduire ses hommes à Roanne *pour se refaire*, ainsi qu'il en informe assez cavalièrement, de cette dernière ville, son général de l'armée des Vosges [1]. Il pensait donc que sa fugue passerait sans qu'il en reçût de reproches, et qu'il n'aurait plus ensuite qu'à solliciter du ministre de la guerre une autre destination qui lui permettrait de quitter tout à fait cette armée des Vosges dont les chefs, de leur côté, se seraient probablement félicités d'être débarrassés d'un homme hostile. Malheureusement pour

[1] Voir les pièces du procès, dépêche du colonel Chenet, de Roanne à Autun, 3 décembre.

le chef des guerrillas de Marseille et d'Orient, il se trouva que les Prussiens attaquèrent précisément la ville d'Autun par le point qu'il était censé défendre. C'était une trop belle occasion pour ne pas en profiter, et le colonel Chenet fut traduit en cour martiale : il allégua principalement pour sa défense qu'il n'avait pas connaissance de l'ordre qui lui enjoignait un poste spécial dans le faubourg de Saint-Martin, et qu'il avait quitté l'armée avec ses hommes pour leur donner du repos et les pourvoir de munitions dont ils manquaient.

C'est là qu'est le point obscur et cependant capital. M. Chenet avait-il reçu l'ordre de garder le poste ? Si je me reporte à ce que j'ai vu souvent depuis dans l'armée des Vosges, il est possible ou qu'il ne l'ait pas reçu, ou plutôt qu'il en ait eu connaissance d'une façon si peu officielle qu'il ait pu se croire autorisé à agir comme s'il en avait ignoré l'existence. L'état-major de Garibaldi se donnait *rarement* la peine de transmettre des ordres écrits, et c'est presque toujours verbalement que l'on était prévenu, directement ou par intermédiaire, de ce que l'on aurait à faire. C'est du moins ainsi que l'on a toujours agi avec moi. Je laisse au lecteur le soin de conclure maintenant et de porter son jugement sur cette affaire, qui eut un retentissement si considérable.

En tout cas, le 13 décembre, le colonel Chenet

fut condamné à mort par un conseil de guerre composé de sept juges dont trois n'étaient pas Français; *son cercueil était déjà commandé*, lorsque, le lendemain, Garibaldi commua sa peine en celle des travaux forcés à perpétuité, ajoutant « que pour un soldat le déshonneur était pire que la mort ». Le colonel Chenet fut dégradé aussitôt ; mais sa peine n'eut même pas un commencement d'exécution, et, le 30 avril 1871, le jugement rendu contre lui, revisé à Lyon par un nouveau conseil de guerre, fut cassé, et le colonel Chenet acquitté à l'unanimité.

VI

L'armée des Vosges. — Le colonel Lobbia. — Départ pour le
tunnel de Blaisy-Bas. — Épinac. — Un incendie et ses conséquences. — Bataille de Nuits. — D'Ivry à Bligny. — Pont
d'Ouche. — Vandenesse.

Lorsque nous arrivâmes à Autun, nous fûmes aussi
surpris que choqués de l'aspect que nous offrit tout
d'abord « l'armée des Vosges » ; nous avions beau la
regarder à travers le prisme de nos meilleurs sentiments patriotiques, faire tous nos efforts d'imagina-
tion pour nous dire : Ce sont là de braves gens ; ils
aiment à rire entre deux batailles, c'est vrai, mais
leur grande préoccupation, c'est encore notre malheureuse patrie. Cependant, ces costumes de saltim-
banques ! Qu'importe ! ne sont-ce pas des Méridionaux, de plus, des Latins ? Ils aiment la « pourpre ».
Mais cette profusion de l'or dans les habits, ces
femmes sous tous les costumes ; la cantinière jeune,
jolie et gaillarde comme celles des opéras-comiques ;
« l'ambulancière », plus sérieuse, mais non moins
provocante ; « l'officière » enfin, dont les habits col-
lants font ressortir les charmes, qui d'habitude porte
un galon de plus que son favori et commande allé-

grement et, ma foi! se fait obéir! Je dois l'avouer,
nous ne savions trop que dire devant ces dernières
mascarades, et bien que mes officiers et mes volontaires fussent en général de sincères amis de la république, il leur semblait qu'elle était souillée par
ces troupes d'aventuriers sans discipline et sans
mœurs, qui s'en disaient cependant les plus purs
défenseurs.

Comme les gens de la Commune, leurs actes
étaient en contradiction évidente avec leurs discours ; ils voulaient supprimer les abus des monarchies et ne désiraient l'autorité que pour faire de
l'arbitraire ; ils criaient à la dissolution des mœurs
des privilégiés de l'Empire, et ne recherchaient l'or
que pour se livrer à l'orgie. Non, non, ce n'est point
ainsi que l'on prépare le succès d'une idée ; et voyez
si le révolutionnaire célèbre, un des rares qui réus-
rirent, Cromwell, renversa la monarchie en se ser-
vant du levier de la débauche! En tout cas, ceux qui
ne portaient point une chemise rouge étaient assez
mal vus dans cette armée, et mes officiers, qui ne
plaisantaient guère sur la question d'amour-propre,
me faisaient à chaque instant redouter quelque conflit regrettable, d'autant plus que mes mineurs auraient « tapé » de suite ; ils tapent dur, et ces mignons
d'Italie n'auraient pas été ménagés. C'eût été une
véritable bataille, car nombre d'habitants, choqués
comme nous de la licence de ces troupes, nous au-

raient prêté la main ; en second lieu, plusieurs corps, francs-tireurs, mobiles ou autres, n'auraient pas demandé mieux que de se joindre à nous, et ne supportaient le joug insolent de l'état-major italien qu'avec la plus grande peine ; l'exemple du colonel Chenet, condamné à mort quelques jours auparavant, avec un esprit de parti évident, avait encore accru les antipathies.

Dès mon arrivée (16 décembre), je me rendis à l'hôtel qu'habitait Garibaldi ; le général était malade, et son gendre, le colonel Canzio, avec une politesse parfaite, m'adressa au colonel Lobbia, qui remplissait les fonctions de chef d'état-major, en l'absence de M. Bordone, qui était alors à Bordeaux. Je me trouvai bientôt en face d'un homme grand, maigre, à la physionomie blafarde et fatiguée ; il jeta un coup d'œil sur moi, qui, debout, attendais respectueusement son bon plaisir, remit le nez sur son bureau et reprit le cours de ses occupations ; ce n'est qu'après avoir fait deux fois rappeler ma présence par un des officiers d'état-major qui encombraient la salle, que je parvins à entrer en conversation avec ce potentat. J'ai plusieurs fois réfléchi à cette réception singulière, et je ne puis l'attribuer qu'à la présence de la croix que je portais sur mon uniforme, signe réprouvé par ces naïfs « condottieri ».

Le colonel Lobbia, tout d'abord, me renvoya à quelques jours ; or, je tenais peu à perdre le temps et surtout à tenir mes hommes en garnison au milieu de ces bandes ; je ne le cachai point au colonel, lui rappelant que j'avais une mission spéciale du ministre et que je désirais la mettre promptement à exécution. Là-dessus M. Lobbia se mit dans une colère d'autant plus violente que je devenais moi-même plus calme ; cependant je me trouvai heureux d'avoir eu la prévoyance de me faire donner par le ministre un certificat qui me mettait mieux à l'abri que ne le fut le colonel Chenet de l'atteinte de cet homme irascible, et je le vis rentrer dans une cauteleuse bonhomie aussitôt que je lui eus fait connaître l'ordre que je donne ci-dessous et qui me rendait indépendant de lui[1].

« Eh bien ! *caro commandante,* s'écria-t-il alors, c'est parfait si vous avez cet ordre : envoyez-le-moi de suite en y joignant une lettre par laquelle vous vous engagerez à servir sous nos ordres, et, par ma

---

[1]　　　MINISTÈRE DE LA GUERRE.

Tours, 17 novembre 1870.

Monsieur Garnier (Jules), chef de bataillon du génie de l'armée auxiliaire, chargé d'une mission spéciale, doit être laissé libre de se porter sur tel point qu'il jugera convenable. Il ne fait partie d'aucun corps d'armée, ni d'aucune division territoriale, et ne peut être retenu par aucun chef militaire, pour quelque motif que ce soit.

Le ministre de la guerre,

Par son ordre,

Le lieutenant-colonel, directeur adjoint du personnel,
Signé : DESHORTIES.

foi, vous aurez tous les postes dangereux que vous semblez désirer. »

Là-dessus je saluai le colonel et revins trouver mon brave capitaine Arnaud, à qui je contai l'affaire. Il n'avait pas besoin de cela pour s'élever contre ces inactifs qui paradaient depuis trois semaines et ne devaient pas brûler une amorce avant un mois encore (Du 2 décembre jusqu'au 21 janvier, l'armée des Vosges n'eut que des engagements d'avant-postes.), et pourtant l'ennemi rançonnait tous les jours les plus petits villages de la Bourgogne, que ses cavaliers parcouraient presque impunément.

Ma résolution fut bientôt prise. D'après les renseignements, l'ennemi était concentré à Dijon avec le général de Werder ; de là il poussait des pointes journalières vers le sud pour y faire des reconnaissances et des réquisitions, et n'attendait qu'un moment favorable pour livrer bataille aux armées de Cremer et de Garibaldi, qui, l'une à Nuits, l'autre à Autun, ne pouvaient se donner assez rapidement la main. Maître de la ligne de Dijon à Paris, l'ennemi l'utiliserait encore pour recevoir des renforts, et l'on pensait même avec quelque raison qu'il n'attendait pour marcher résolûment sur Lyon que l'arrivée par cette ligne ferrée de quelques batteries de siége. C'était donc une excellente occasion pour utiliser les torpilles qui me restaient.

On n'a pas oublié que nous ne pouvions nous diriger de suite vers le tunnel de Foug, que j'avais entrepris d'aller faire sauter, puisque nous n'avions encore pu remplacer les poudres perdues qui nous étaient nécessaires ; de plus, après la triste réception qui m'avait été faite par le colonel Lobbia, nous devions renoncer à obtenir de l'armée des Vosges le concours dont nous avions besoin pour accomplir cette mission, et qui consistait principalement à recevoir d'elle quelques mulets de transport et une escouade d'éclaireurs à cheval. Dans cette situation, nous décidâmes donc une expédition immédiate dans le but de couper la ligne ferrée au nord de Dijon, espérant qu'au retour de cette entreprise nous trouverions à Autun, non-seulement une nouvelle provision de nos poudres que nous attendions, mais encore deux compagnies franches, l'une à cheval, l'autre à pied, dont j'avais vu les commandants à Tours et qui m'avaient proposé de se joindre à moi comme éclaireurs. Le concours de ces volontaires m'était surtout précieux en ce moment, et je m'empressai d'écrire à leurs chefs de se hâter. L'un d'eux, M. Souchon, était un capitaine de dragons qui s'était échappé de Metz : lorsque je le quittai, il avait beaucoup de difficultés pour se procurer non-seulement des chevaux, mais des harnachements ; il perdit même ainsi tout son temps et ne put venir me rejoindre ; quant au second, qui organisait des volontaires bretons, il n'arriva qu'au moment de l'armistice, et je le regrettai beaucoup, car c'était un homme de courage et d'énergie, si l'on en juge par ce seul fait que le capitaine Lambert en avait fait son second pour l'expédition qu'il devait entreprendre au pôle nord.

Le surlendemain de notre arrivée à Autun, tout était prêt pour le départ ; nous avions trouvé dans un paysan du pays un guide qui nous paraissait sûr ; mais comme il nous abandonna au moment où nous arrivions près des lignes ennemies, ce fut la première et la dernière fois que j'eus recours à des guides. J'avais d'excellentes cartes, celles mêmes dont se servaient les Prussiens et qui avaient été faites par eux en vue de la guerre, ainsi que l'indiquait leur titre : « Reymann's specialkarte vom Kriegsschauplatze, Glogau. » Ces cartes, dont on avait pu me donner, à Tours, une partie de la collection, étaient une réduction au $\frac{1}{200000}$ de nos cartes de l'état-major français ; outre ce premier avantage d'un format plus maniable, elles avaient encore celui, bien précieux en guerre, d'être complétement *à jour*. Je sais bien que l'échelle du $\frac{1}{80000}$ de notre état-major est nécessaire pour le cas où l'on veut tracer sur une carte un plan de bataille ou de travaux ; mais combien toute la collection n'est-elle pas embarrassante ! Les chefs de corps seuls, grâce aux moyens dont ils disposent, peuvent la transporter. Pour éviter cet inconvénient, j'avais pensé, avec un ingénieur de mes amis, qu'il serait sans doute bien plus commode à la guerre, au moyen d'appareils de photographie, de faire de suite, sur les lieux mêmes où la bataille doit s'engager, une carte du terrain à une échelle aussi agrandie qu'on le voudrait, de tirer cette carte à un certain nombre d'exemplaires et de la distribuer à tous les officiers supérieurs. Tel est le principe d'une idée qu'il ne resterait sans doute qu'à étudier un peu pour la rendre tout à fait pratique et utile. Je dois ajouter, d'ailleurs, qu'on emploie parfois ce procédé, et depuis peu, dans l'étude des tracés de chemin de fer, et qu'on s'en trouve très-bien.

Outre les premières cartes de détail dont j'ai parlé, les Prussiens en possédaient encore d'autres à l'échelle du $\frac{1}{600000}$; c'étaient, à proprement parler, des « routières »; elles donnaient toutes les voies de communication et jusqu'à l'indication des petits hameaux; les noms de lieux étaient inscrits en caractères d'autant plus gros qu'ils avaient plus d'importance. Je trouvai une de ces cartes sur un officier prussien; elle me fut très-utile pendant le reste de la campagne.

Avant de quitter Autun, j'écrivis au général Garibaldi pour le prévenir de notre départ, en lui envoyant copie des pouvoirs dont j'étais porteur. Afin d'éviter les indiscrétions, je ne lui mentionnai pas le plan que j'avais conçu, mais le lui laissai cependant entrevoir. Je fus donc désagréablement surpris lorsque, le même soir, alors que je dînais à l'hôtel, un capitaine à la chemise rouge, de l'état-major, s'approcha de moi et me dit : « Vous allez donc partir, commandant! Je crois que vous auriez mieux fait d'attendre l'arrivée de Bordone ; il vous aurait donné tout ce que vous demandiez ; Lobbia est fort mal disposé pour tous les projets qui ne viennent pas directement de lui. En tout cas, ajouta le capitaine, qui était un Français, vous allez d'un côté où il ne fait pas bon et où il n'y a que des balles à recueillir.

— Il est certain qu'il y en a plus qu'à Autun, » lui riposta en riant le capitaine Arnaud.

Ainsi nos plans étaient déjà connus !

Nos hommes avaient été consignés dans leur caserne ; nous partîmes à minuit afin d'éviter l'œil des espions, qui n'auraient pas manqué de nous signaler si nous avions quitté la ville en plein jour.

Comme nous n'avions pas les mulets de transport sur lesquels nous comptions, les hommes étaient très-chargés ; car, outre le fardeau ordinaire des fantassins, ils portaient encore la série des engins dont nous devions avoir besoin. C'était la nuit du 17 au 18 décembre ; une pluie fine qui tombait depuis le matin avait détrempé les routes, une brume épaisse augmentait encore les difficultés de la marche. Le silence le plus absolu régnait dans les rues désertes

que nous traversions, et le bruit cadencé du pas de
mes volontaires sur le pavé sonore des rues tor-
tueuses de la vieille ville, résonnait d'une façon
quelque peu lugubre à l'oreille de mes jeunes
soldats, dont c'étaient les débuts. Aussi, je dois
l'avouer, ils ne paraissaient pas tous fort à l'aise, et
plus d'un tressaillit fortement lorsque, à la première
ligne des sentinelles qui gardaient la ville, le premier « Halte là ! qui vive ? » vint frapper nos oreilles.

Le matin, à huit heures, nous arrivions à Épinac ;
nos hommes avaient besoin de repos après cette
marche de vingt-quatre kilomètres sur des routes
défoncées par les pluies ; je commandai une halte
jusqu'à midi ; ils en avaient grand besoin. On ne
trouva pour se coucher que la paille des granges,
car la ville était occupée par la division garibaldienne
du commandant Tanara, qui formait ici un des
avant-postes de l'armée des Vosges ; les autres étaient
à Nolay, à Arnay et Saulieu, positions occupées
depuis le 11 décembre.

En attendant l'heure du départ, je pris quelques
renseignements sur l'ennemi, et l'on m'annonça qu'à
Dijon, habitants et Prussiens commençaient à manquer de vivres, malgré les réquisitions effectuées
chaque jour par des escouades de cavaliers qui parcouraient tout le pays à plusieurs lieues à la ronde.
Les chevaux n'avaient plus de fourrage, et l'on en
tuait chaque jour pour en diminuer le nombre tout

en se procurant de la viande. Quelques habitants, rationnés et vexés par les soldats ennemis, avaient poignardé des sentinelles, et en avaient rejeté la faute sur des francs-tireurs qui se seraient introduits secrètement dans la ville.

Dans la direction de l'ouest, du nord-ouest et du nord, les Allemands avaient constamment des troupes en mouvement; ces brigades, dont le nombre variait depuis mille hommes jusqu'à cinq mille, avaient toujours de l'artillerie; le but des marches de ces colonnes semblait être de maintenir les populations envahies dans un état perpétuel de crainte; de plus, d'effectuer des réquisitions pour ravitailler le gros des troupes qui étaient à Dijon.

Lorsque je m'informai si les lignes ferrées étaient bien gardées, un brigadier de gendarmerie m'affirma qu'il y avait le long du chemin de fer, non-seulement des sentinelles peu espacées les unes des autres, mais encore des patrouilles constantes. « S'il en est ainsi, pensai-je, nous aurons quelque peine à venir à bout de notre dessein. »

Cependant, pour marcher plus vite que les espions (ce qui fut toujours ma tactique pendant cette guerre), nous quittâmes subitement Épinac vers le milieu du jour et suivîmes la voie ferrée qui se dirige vers la vallée de l'Ouche, répondant aux curieux que nous avions mission d'étudier ce chemin de fer, dont on voulait se servir pour transporter des canons. Notre nouvelle route était caillouteuse, moins embourbée et surtout moins accidentée que celle que nous avions suivie la nuit précédente; la pluie avait enfin cessé: aussi, malgré le sac garni qu'ils portaient, sans compter les torpilles, pioches, pelles, etc., les hommes marchaient allégrement. Plusieurs fois pendant la route, un roulement lointain, arrivant du nord, frappait mon oreille; je devinais bien que c'était le canon, mais je jugeai inutile d'en faire part à personne. Vers le soir, et au moment où le jour, si rapide à cette époque, commençait à s'obscurcir, nous rencontrâmes quelques francs-tireurs qui se repliaient sur Épinac; ils me confirmèrent dans mes prévisions : une bataille s'était livrée à Nuits, entre les troupes du général Cremer et celles de Werder, qui tentait une vigoureuse attaque. Ces gens ne savaient rien et ne pouvaient rien savoir, attendu que nous étions à trente kilomètres de Nuits, *à vol d'oiseau*, et à peu près au double de cette distance en suivant les routes; cependant ils nous annoncèrent, d'après le dire des paysans, non-seulement une défaite, mais encore que l'ennemi n'était pas éloigné. Nous n'étions pas très-accoutumés encore à cette série de fausses alertes et à la panique perpétuelle qu'on trouvait alors dans ces campagnes, panique évidemment entretenue par des traîtres et des peureux; aussi crûmes-nous devoir prendre les plus grandes précautions. Vers sept heures du soir, après avoir parcouru trente-six kilomètres depuis le matin à une heure, nous arrivâmes, par un plan très-fortement incliné, au pied du petit village d'Ivry, où nous devions finir cette première et rude étape. Il s'agissait de s'assurer si ce village ne renfermait pas déjà l'ennemi, ainsi que les derniers avis auraient pu le faire croire. Afin d'inspirer la confiance à mes hommes et de leur montrer l'exemple pour une première fois, je me dirigeai sur ce village silencieux et enveloppé d'une profonde obscurité, accompagné seulement de notre guide. Mon uniforme était caché sous un long caban, dont le capuchon recouvrait encore mon képi; mon revolver armé était suspendu à mon cou, je n'avais qu'un seul mouvement à faire pour tirer. En attendant, mes hommes s'étaient postés sur un talus opposé au village, de façon à occuper une excellente position au cas où l'ennemi eût été en nombre et nous eût attaqués.

Au moment où nous approchions des maisons, au lieu du « Wer da? » auquel je pouvais m'attendre, un « Halte là! qui vive? » me fut lancé par une voix française. Mais j'eus beau répondre « Ami, France », cette sentinelle d'un nouveau genre continuait à hurler son « Qui vive? », avait armé son fusil et me tenait en joue. La situation était assez ridicule; et je ne pouvais me décider à céder la place à cet entêté; je m'avançai donc lentement vers lui, en parlementant comme on le ferait avec un boule-dogue en

fureur ; m'arrêtant un instant à chaque « Qui vive ? »
de cette voix enrouée et avinée, et gagnant de nouveau quelques pas après avoir prononcé des paroles
amicales. Enfin j'arrivai à cette courte distance où
une arme à feu n'est plus à craindre, j'en saisis brusquement le canon que je relevai, et pris au collet
cet ivrogne, que je secouai fortement, car, je dois
l'avouer, j'étais furieux. Notre homme était assez
interloqué, cependant il put retrouver assez de sang-
froid pour me dire qu'il était franc-tireur, que le
village était libre d'ennemis, et qu'il se trouvait là
depuis plusieurs jours avec des camarades et pas de
chefs. Un paysan qui survint me confirma le fait, que
je communiquai à ma petite troupe, qui pénétra aussitôt dans le village.

Quant au franc-tireur ivre, qui s'était ainsi posté
sur la grande route, de son propre chef, ignorant les
mots de passe, je lui fis passer la nuit en prison, en
compagnie de trois de ses camarades, à la grande joie
des habitants, qu'ils menaçaient parfois de leurs armes
et qui, par crainte, les avaient hébergés jusque-là.
Information prise, ces hommes appartenaient aux
francs-tireurs d'Oran. Cette légion avait la singulière
habitude de semer à droite et à gauche les hommes
dont elle ne savait plus que faire à cause de leur
trop grande indiscipline ; ordinairement, on abandonnait ces intraitables après leur avoir remis une
pièce de cinq francs et les avoir désarmés. Cette ma-

nière d'agir, ainsi que j'eus l'occasion de le dire un jour à leur commandant lui-même, produisait la meilleure graine d'espions ou de coupeurs de bourses que l'on pût voir.

Le maire, M. le marquis d'Ivry, se rendit à l'auberge où j'étais installé, lorsqu'il apprit notre arrivée ; déjà l'adjoint avait désigné quelques écuries ou granges dans lesquelles les hommes pouvaient, par escouades de vingt-cinq, se coucher sur de la paille fraîche : on leur distribua quelques vivres, mais ils étaient si fatigués que la plupart se couchèrent aussitôt et sans manger. Ils ne savaient pas devoir se réveiller si vite. Faute de lits, mes officiers s'étaient étendus sur le plancher de l'auberge n'ayant que leur peau de mouton, car

Tout est au *bon soldat* couchette et matelas.

J'en aurais fait volontiers autant, moi qui, pendant des années, avais appris à dormir sur les grandes herbes des prairies ou sous le dôme élevé des forêts tropicales ; mais « position oblige », et je dus prendre le lit du maître d'école, jeune gaillard bien découplé, qui semblait regarder nos armes avec envie et ses grands tableaux noirs avec dégoût : je n'aurais eu qu'un mot à dire, et il aurait endossé la capote bleue. A peine avais-je pris la place de ce digne instituteur et fermé les yeux, que le monde s'évanouit pour moi et que je m'enfonçai dans un sommeil léthargique. J'ignore depuis combien de temps j'étais ainsi profondément endormi, lorsque le bruit retentissant d'un tambour qui bat la générale, le sinistre cri de « Au feu ! » et la voix désolée de mon hôte, frappèrent à la fois mon oreille. Ce fut un éclair dans mon esprit : je pensai à mes hommes couchés dans des granges, aux poudres, aux torpilles qu'ils avaient avec eux ; je m'élançai hors du lit ; quelques secondes après j'étais dans la rue. Mes officiers et les hommes, éveillés de toute part, accoururent, guidés comme moi par les éclatantes lueurs de l'incendie. Il n'était que trop vrai, le feu avait pris dans la paille de l'écurie où se trouvaient une quinzaine de nos soldats ; heureusement pour eux, un paysan s'aperçut du fait et les réveilla ; sans cela, ils étaient tous si profondément endormis qu'ils auraient passé du sommeil à la mort sans s'en apercevoir. Quelques-uns même furent traînés dehors, soit commencement d'asphyxie, soit qu'on ne pût les réveiller. Le sauvetage commença, et c'est dans cette circonstance que je me félicitai d'avoir de tels hommes : le foin et la paille de la grange, faute d'air, ne brûlaient encore que sourdement, une épaisse fumée sortait cependant par la porte et une lueur rougeâtre se montrait dans le fond de l'unique pièce ; mais avant que le feu éclatât avec toute son ardeur, mes braves mineurs, officiers en tête, qui tous tant de fois avaient lutté contre de semblables dangers, pénétrèrent au milieu de cette fumée chaude et intense, rejetant au dehors armes, équipements, torpilles.... torpilles surtout ; car, si la provision qui s'y trouvait eût éclaté, plus d'une maison s'écroulait dans le village et plus d'une victime aurait été à déplorer.

Ce danger écarté, l'eau fit rapidement son office, et, en résumé, le dégât ne fut grand ni pour le village ni pour nous ; mais j'avais le frisson en songeant que, dès le début de notre campagne, quinze de mes compagnons auraient pu périr dans les flammes ou par l'explosion de nos torpilles, et que leur mort aurait été non-seulement sans aucune utilité pour la patrie, mais encore lui aurait enlevé autant de défenseurs.

Après l'extinction de l'incendie et séance tenante, je fis procéder à l'inventaire de ce que les hommes avaient perdu. En m'apportant, le lendemain, la liste de nos pertes, on me fit remarquer qu'un revolver avait si bien disparu que l'on n'avait même pu en retrouver le canon ; évidemment il avait été dérobé ; ce ne pouvait être par les paysans qui nous prêtaient si cordialement leur concours. Je me souvins alors d'un garibaldien qui nous vint en aide dans le sauvetage ; je m'informai aussitôt de lui, et j'appris qu'un lieutenant des éclaireurs à cheval de Menotti Garibaldi, accompagné de deux cavaliers, se trouvait depuis la veille dans le village, et qu'il ne l'avait pas encore quitté. Voulant éclaircir la question du revolver (c'était le second de mes hommes que l'on volait ainsi), je me rendis au logis de ces cavaliers et les trouvai occupés à seller leurs montures. Je reconnus notre auxiliaire de la nuit; c'était un Italien, et comme il feignait de ne point comprendre mes questions, je les lui réitérai dans sa langue maternelle. Notre homme répondit alors, avec un air de dignité offensée parfaitement joué, que non-seulement il était incapable de l'acte, mais encore qu'il trouvait bien malheureux pour lui d'être remercié par des soupçons de vol du dévouement qu'il avait montré pendant l'incendie. Ce guide avait trop l'air d'un drôle pour que j'ajoutasse une foi entière à ses paroles; je savais d'ailleurs que le revolver ne pouvait être sur lui à ce moment, et j'attendais, en tout cas, si je me décidais à le faire fouiller, qu'il fût à cheval et prêt à partir. Au même instant parut le lieutenant; c'était un tout jeune homme, ayant même cette distinction et cette finesse de formes si fréquentes chez la jeunesse *ultramontaine*. Je lui rendis son salut et lui expliquai le but de ma visite, ne lui cachant pas que ma conviction était que son compagnon devait être le coupable. « Je réponds de lui, commandant, je connais Lorenzo depuis quelque temps, et, je le répète, je réponds de lui.

— Dans ce cas, lieutenant, je ne ferai pas l'injure à votre parole de faire fouiller ce cavalier par mes hommes, ainsi que cela était dans mon intention. »

Sur ce, je saluai cet officier et revins vers nos casernements. J'y arrivais à peine que j'entendis le galop des chevaux des éclaireurs de Menotti ; ils m'atteignirent rapidement. Au moment où ils passèrent près de moi, l'officier eut la mauvaise idée d'arrêter son cheval et de s'écrier sur un ton de hauteur : « Commandant, laissez-moi vous dire que je trouve bien extraordinaires vos soupçons.

— Ah ! vous le prenez ainsi, répliquai-je aussitôt, j'en suis content, car j'en aurai le cœur net. » Et faisant signe de la main à un petit groupe de mes hommes qui nous observaient à quelque distance et s'empressèrent d'accourir : « Faites descendre de suite ce cavalier et fouillez-le », leur dis-je en désignant celui que je soupçonnais. Sans faire la moindre résistance, l'Italien descendit de son cheval. Il n'avait rien sur lui ; mais, quand un de mes hommes, débouclant la couverture qui était en travers de sa selle, essaya de l'enlever, notre revolver, qu'elle renfermait caché, s'en échappa et tomba lourdement sur la route, où l'Italien essaya par un mouvement rapide de le reprendre, peut-être pour s'en servir contre nous, car l'arme était chargée, et ses yeux noirs lancèrent un éclair de rage. Plus prompt que lui, un de mes volontaires s'empara du revolver. « *Io sono preso* », soupira alors le guide. Quant à l'officier, il parut tout aussi atterré : « C'était un bon soldat, » murmura-t-il. Je lui laissai poursuivre sa route après qu'il m'eut donné les noms du voleur, que je gardai pour l'expédier, par la garde nationale d'Ivry, au quartier général de Menotti Garibaldi, qui se trou vait à Nolay, c'est-à-dire à une vingtaine de kilomètres vers le sud.

Notre prisonnier paraissait accablé tout d'abord; il craignait sans doute d'être jugé par des Français: mais il devint calme et tranquille aussitôt qu'il sut qu'on le dirigeait vers son général. Je n'ai jamais plus entendu parler de lui, et si je me suis étendu aussi longuement sur cette petite histoire, c'est qu'elle rend un compte assez exact de ce qui se passait trop souvent et d'une manière scandaleuse dans cette armée des Vosges où quelque temps après, à Dijon, les hommes poussaient l'impudeur jusqu'à venir à chaque instant offrir à des officiers des revolvers ou des fusils de toute nature; les chassepots, les remington..... se vendaient entre cinq et dix francs. Les officiers les plus sévères se contentaient de réprimander le vendeur, tant la démoralisation était devenue grande.

Nous étions au 19 novembre, et le canon entendu la veille était celui de la bataille de Nuits, bataille sanglante et acharnée où nos jeunes soldats, surtout ceux du Rhône et de la Gironde, se conduisirent avec une rare vaillance; où les chefs improvisés de ces phalanges si neuves ne quittèrent point la tête de leurs troupes, s'élançant toujours aux points les plus menacés, c'est-à-dire les plus dangereux. C'est une glorieuse page, parmi tant d'autres si tristes, que celle qui rend justice à ces Français, soldats à peine formés, et qui montre bien que, malgré nos premiers revers, nous aurions pu nous relever encore, si les Carayon-Latour, les Celler, etc., eussent été plus nombreux à la tête des combattants.

Mais si nous examinons les causes et les résultats de cette lutte meurtrière, nous les voyons encore à notre détriment. En vérité, cette guerre pourrait être comparée à une partie d'échecs dans laquelle un des joueurs poursuivrait son œuvre avec une habileté et un ensemble rares, pendant qu'il aurait en face de lui toute une série de joueurs qui, s'étant assigné à chacun la manœuvre d'un certain nombre de pièces, les feraient mouvoir suivant leur propre initiative ou leur fantaisie, sans se consulter les uns les autres. Le résultat pourrait-il être douteux? C'est ainsi que l'opération de Werder contre l'armée de Cremer à Nuits, quel que fût ou dût être le résultat, n'était autre qu'une manœuvre qui servait le plan général des Allemands. En effet, le 17 décembre, on apprenait au quartier général à Dijon que nous préparions une vigoureuse tentative dans l'Est, dont un des premiers objectifs était de faire lever le siége de Belfort. Aussitôt de Werder crut de son devoir de battre en retraite sur Vesoul; mais, afin de n'être point inquiété par notre armée d'avant-postes, il résolut de l'attaquer à Nuits, simulant une opération en avant, pendant que c'est l'inverse qui aurait lieu.

Le général Glümer fut chargé de cette fausse attaque, avec deux brigades d'infanterie, une de cavalerie et l'artillerie badoise. Le 17 décembre même, un premier bataillon se mit en marche; le 18, deux bataillons et un demi-escadron prirent aussi la direction de Nuits par Quemigny et Ternant, c'est-à-dire par les montagnes. Ces deux corps n'avaient d'autre but que d'éclairer les routes et de donner le change sur le plan d'ensemble lui-même, par de fausses attaques sur les flancs et même sur les derrières de l'armée de Cremer. Pour l'opération principale, Glümer donna l'aile gauche à une brigade commandée par le prince Guillaume, pendant que l'aile droite l'était par le général Degenfeld. Ces deux ailes étaient reliées seulement par un bataillon et un quart d'escadron, qui marchaient sur Nuits par la grande route de Gevrey.

L'armée des assaillants eut bientôt fait reculer nos avant-postes; Cremer, se voyant alors attaqué sur un vaste front, déploya lui-même ses forces en une ligne qui partait de Boncourt à droite, passait par le château de la Berchère et Nuits, en avant de Chaux, et se terminait à quelque distance de là sur un mamelon escarpé; enfin, des hauteurs de Chaux, notre artillerie tonnait contre les Allemands. Vers le milieu du jour, le général de Werder parut et prit le commandement; les Badois s'emparaient bientôt après de nos positions de Boncourt et de la Berchère, pendant que leur artillerie se tournait tout entière contre la tranchée du chemin de fer en avant de Nuits, qui abritait les troupes des commandants Celler et Carayon-Latour. (*Voir la Carte.*)

A trois heures, le prince Guillaume, à la tête de sa brigade, faisait l'assaut de cette tranchée; mais les Badois semèrent les champs de monceaux de cadavres avant de s'en emparer, et ils ne le purent même que grâce à la défection de la 2e légion du Rhône, qui, prise d'une panique incroyable, s'enfuit jusqu'à Lyon même. Le prince Guillaume tombait grièvement blessé dans cette action, ainsi que son successeur le colonel Renz.

C'est à quatre heures que la gare et la tranchée furent prises, et à cinq les Allemands entraient dans la ville de Nuits, pendant que nos troupes se retiraient sur le plateau de Chaux. L'aile gauche de Cremer avait eu plus de succès contre la brigade Degenfeld, qu'elle força même à battre en retraite.

Les rapports des Français et des Allemands, en ce qui regarde les pertes éprouvées, sont très-différents: Cremer accuse deux mille hommes perdus, mais il pense que nos adversaires en perdirent quatre fois plus; quant aux Allemands ils n'en avouent que mille à douze cents, dont cinquante-quatre officiers. J'ai peine à croire à ce dernier chiffre, si j'en juge par les seuls rapports des habitants de Dijon, qui nous racontaient plus tard la démoralisation et la consternation de ceux des Badois qui revinrent; d'ailleurs, à la suite de cette affaire, les hôpitaux de Dijon étaient remplis de blessés, dont nous retrouvâmes un grand nombre quelques jours plus tard dans cette ville même. Aussi je suis persuadé que la diversion que voulait seulement faire le général de Werder aurait pu lui être funeste si le général Cremer se fût décidé le lendemain à poursuivre ses avantages de la veille. Mais il arriva encore ici ce qui fut si souvent pendant cette guerre une cause de défaite : « les munitions manquaient »; et pendant que de Werder se repliait en toute hâte sur Dijon, le général Cremer, fuyant le succès, prenait au sud la route de Beaune.

J'ai eu l'occasion de causer depuis la guerre avec des officiers allemands; voici un résumé de leur opinion sur nous, que je crois intéressant de donner :

« Votre infanterie, me disaient-ils, est excellente et nous a surtout frappés de la plus grande admiration à Wœrth. Les officiers de cette arme sont trop critiqués par leurs compatriotes; ils sont braves, solides, entraînants, et suffisamment instruits pour remplir leurs fonctions; il y a là, pour l'avenir, une redoutable pépinière d'excellents généraux. Quant aux chefs de corps auxquels nous avons eu affaire, nous vous les accordons, ils n'avaient pas même l'instinct d'utiliser l'admirable et irrésistible élan de leurs troupes. Le soir de Gravelotte et le soir de Borny, nos généraux étaient déconcertés ; une attaque vigoureuse de votre part le lendemain nous aurait trouvés prêts à la retraite ; loin de là, c'est vous qui prenez ce parti.

« Quant à votre cavalerie, nous la trouvâmes peu exercée, assez mal montée, ayant des chevaux habitués à se mouvoir sur le terrain de manœuvre, mais non au milieu des obstacles des champs de bataille.

« Votre artillerie est bien menée, mais les accessoires lui font totalement défaut, et pendant qu'après une journée de combat nos caissons vidés étaient aussitôt regarnis, nous remarquions presque toujours le contraire chez vous. »

Je donne ces appréciations pour ce qu'elles peuvent valoir ; en tout cas, à Nuits, Cremer prend, en effet, pour excuse de sa retraite le manque de munitions. Les nouvelles que nous reçûmes à Ivry de cette bataille ne nous annonçaient que le mouvement en arrière de nos troupes.

En dépit de ces avis défavorables, je ne suspendis point mes projets, et, après nous être procuré un fourgon où mes hommes trop fatigués purent déposer une partie de leur charge, nous reprîmes la direction du nord, pour arriver à Bligny-sur-Ouche, position remarquable et que je m'étonnai de ne voir occupée que par une avant-garde, alors qu'elle aurait dû être une base d'opération, puisque de là on menace Dijon, soit qu'on opère directement par la vallée de l'Ouche, soit par Nuits et Gevrey, sur lesquels on peut se porter après avoir franchi le plateau qui domine Bligny et le sépare des plaines de l'est, ou bien en prenant la grande route qui conduit de Bligny à Beaune.

Nous devions parcourir rapidement ces seize kilomètres qui nous séparaient de Bligny; les hommes, dans la longue halte que nous venions de faire à Ivry, avaient retrouvé toutes leurs forces et chantaient joyeusement à la sortie de ce village, dont le maire et les habitants nous avaient si bien accueillis. Je ne tardai pas à faire cesser les chants, qui ne me semblaient pas de saison dans la triste situation de nos affaires militaires; sans compter qu'il était imprudent d'annoncer sa présence au loin, alors que d'un instant à l'autre nous pouvions nous trouver face à face avec des éclaireurs ennemis. En thèse générale, je ne pense pas avec certains officiers qu'il soit bon, même loin du danger, de permettre les chants au soldat en campagne ou en marche; si le chant prouve jusqu'à un certain point la satisfaction du soldat ou lui fait oublier les fatigues de la route, il a le défaut d'enlever aux chanteurs une partie de leurs forces, de les altérer, et quelquefois de les maintenir dans un état de surexcitation pendant lequel ils sont moins obéissants à la voix de leurs chefs. C'est, en tout cas, ce que j'ai cru remarquer.

Après avoir traversé le village de Monceau, où

nous primes un nouveau fourgon préparé par les soins d'une escouade d'avant-garde, nous gravîmes bientôt les collines de cinq cents mètres d'altitude dans lesquelles la rivière de l'Ouche prend sa source, pour se précipiter d'abord à l'état de ruisseau torrentueux dans le fond de la vallée si pittoresque qui mène à Dijon. En descendant les flancs de l'entonnoir au fond duquel se trouve Bligny, nous rencontrâmes un poste de francs-tireurs; leur sentinelle laissa passer nos premiers rangs sans rien dire et, comme la nuit était sombre, nous ne l'aperçûmes même pas sur-le-champ. Cependant une attaque des Prussiens venant de Nuits par cette route était possible. Pour donner un exemple à ces hommes, la sentinelle fut arrêtée, désarmée; le poste, qui était situé dans une petite maison le long de la route, fut cerné, et nous y pénétrâmes avant que notre présence fût même soupçonnée. La ville était donc bien gardée!

Je dois noter que le guide que nous avions pris à Autun et qui semblait assez énergique, avait jugé à propos de disparaître à Ivry; mais j'ai pensé depuis qu'il avait plutôt cédé à la fatigue qu'à la crainte, car il vint me rejoindre quelques jours plus tard à Sombernon, me rapportant un revolver que je lui avais confié. Nous étions donc réduits à nos cartes et à nos boussoles, pour nous diriger; c'était heureusement tout ce qu'il fallait à nos officiers, qui avaient la pratique de ces instruments.

Il se faisait à ce moment, par les ordres de Garibaldi, une concentration de troupes à Bligny ; et ce petit bourg était sur le point d'être réduit à la famine, si nous en pouvons juger par la difficulté que nous eûmes à nous procurer un semblant de repas, de si mauvaise qualité même que nous fûmes tous plus ou moins indisposés pendant la nuit.

Le maire de Bligny et le commandant de la place, M. Braün, que nous devions retrouver plus tard, ne purent rien nous apprendre sur la position des Prussiens ; mais comme les nouvelles du combat de Nuits n'étaient pas rassurantes, ils nous engagèrent à prendre les plus grandes précautions, pour ne pas tomber aux mains d'une des nombreuses colonnes qui battaient constamment le pays ; ils nous donnèrent même dans ce but un itinéraire particulier, pour nous rendre jusqu'à Sombernon et, de là, à notre objectif, le tunnel de Blaisy-Bas.

Le lendemain, 20 décembre, nous quittâmes Bligny par un temps pluvieux, suivant la vallée de l'Ouche ; nous rencontrâmes à Pont-d'Ouche (6 kilomètres) une compagnie de francs-tireurs installée dans deux auberges qui, occupées successivement et constamment par les Français et les Prussiens, n'avaient plus ni une croûte de pain pour les hommes ni une botte de paille pour les chevaux. Les francs-tireurs s'amusaient sans doute à chasser dans les bois, car on entendait à chaque instant des détonations dans les environs ; ne pouvant pas croire à tant d'imprudence, nous supposâmes d'abord qu'il y avait un engagement d'avant-postes ; mais un sergent de francs-tireurs, en l'absence de tout officier, nous détrompa.

La position si mal gardée de Pont-d'Ouche a cependant une importance stratégique réelle ; outre qu'on est ici dans un pays des plus accidentés et des plus faciles à défendre, on se trouve encore au point de rencontre de la vallée de l'Ouche et de celle que suit le canal de Bourgogne parallèlement à la petite rivière de Vandenesse ; on peut donc, de ce centre, rayonner au nord-est vers Dijon, au nord-ouest vers Pouilly et au sud vers Bligny. Quant aux voies de communication, elles sont plus que suffisantes ; car, outre les routes et le canal, on a encore le chemin de fer d'Épinac, qui a ici une de ses têtes de ligne. Si l'on ajoute que la vallée de l'Ouche présente des berges très-fortement inclinées, la plupart du temps couvertes de taillis, on s'étonnera que nous n'ayons pas su mieux organiser sur ce point une vive résistance au libre passage de l'ennemi.

A partir de Pont-d'Ouche il devenait plus dangereux de rencontrer les Allemands ; nous ne devions cependant abandonner cette vallée que neuf kilomètres plus loin, à Labussière ; ce village, dans lequel j'envoyai des éclaireurs, ne se trouvait pas occupé à ce moment, et nous le traversâmes sans faire de halte, pour nous jeter sur la gauche dans l'ouest.

Notre petite troupe quitta ainsi la vallée d'Ouche, si souvent infestée par l'ennemi, et dut marcher jusqu'à Vandenesse, malgré la pluie qui était devenue battante, afin de pouvoir trouver un peu de nourriture et de repos. Nous arrivâmes à l'étape à quatre heures du soir (vingt-quatre kilomètres). L'adjoint, un capitaine d'infanterie de marine en retraite, nous reçut bien et fournit aux hommes les vivres et le gîte dont ils avaient grand besoin; je leur donnai jusqu'à dix heures du soir, car je tenais à gagner Sombernon pendant la nuit et le plus promptement possible, afin de diminuer les chances d'être signalé à l'ennemi. Je reçus l'hospitalité du capitaine, à qui j'appris que j'avais navigué. J'eus le plaisir de pouvoir lui donner des nouvelles de plusieurs de ses anciens compagnons de campagne; aussi je fus le bienvenu chez lui, et j'y trouvai à mon tour la nourriture et le repos dont j'avais besoin.

Entre Labussière et Vandenesse, nous avions passé au pied du village de Châteauneuf et sur le champ même où Cremer, le 3 décembre, avait eu un combat heureux contre les Allemands, alors qu'ils se repliaient sur Dijon après leur échec devant Autun; aussi me fut-il facile de me rendre compte de la situation respective des combattants, de façon à être à même d'en parler comme je l'ai fait plus haut[1].

[1] Voir la Carte.

VII

A dix heures du soir nous quittâmes Vandenesse,
suivant la route sinueuse et aux pentes souvent rapides qui conduit à Sombernon (douze kilomètres);
une avant-garde nous éclairait et nous marchions
lentement sur deux files, l'une à droite, l'autre à
gauche de la route; les hommes étaient encore suffisamment espacés les uns des autres pour qu'une
surprise ne nous coûtât pas trop de monde dès les
premières décharges. A partir des villages de Mon-
toillot et d'Échannay surtout, la route était dominée
par des flancs abruptes et à pic, où une embuscade
pouvait facilement trouver un refuge et nous envoyer
à coup sûr une grêle de balles. Nous ne rencontrâmes cependant aucun obstacle jusqu'à Sombernon,
où nous arrivâmes à trois heures du matin. Les neuf
cents habitants de ce chef-lieu de canton étaient naturellement plongés dans un paisible sommeil, et
nous dûmes les éveiller pour obtenir des logements.

Cette opération ne se passa pas sans que plusieurs incidents se produisissent, et l'on vit même des voyageurs couchés dans une petite auberge, croyant à l'arrivée des Prussiens, sauter hors de leurs chambres dans la rue, par les fenêtres d'un premier étage, au risque de se rompre les os.

Grâce à sa position naturelle, Sombernon a rarement été visité par les Prussiens ; il est situé sur un des plateaux culminants de la ligne de partage des eaux de l'Océan et de la Méditerranée et à près de six cents mètres d'altitude ; la vallée de l'Ouche, au sud-est, s'étend à ses pieds à deux cent cinquante ou trois cents mètres de différence de niveau, Dijon n'étant qu'à vingt-huit kilomètres. Au nord-ouest, par une succession de plateaux dont l'altitude varie de cinq cents à cinq cent cinquante mètres, et qui sont partout entrecoupés de ravins, on gagne la vallée de l'Armençon. Enfin à l'est ce sont les gorges au fond desquelles circule, entre de hautes parois à pic, le chemin de fer de Paris à Lyon, qui, là, passe du bassin du Rhône dans celui de la Saône par un tunnel de quatre mille cent mètres de longueur.

Sombernon est encore sur la route importante qui va de Paris à Dijon et sur celle d'Autun, par laquelle nous arrivâmes. Quelle splendide position encore abandonnée de nos généraux pendant toute la campagne ! Les habitants eux-mêmes se rendaient compte de la valeur stratégique de ce bourg, et ne manquèrent pas d'en faire part aux autorités militaires. C'est du moins ce que fit M. Latreille-Fontette, le maire si intelligent, si patriote et si serviable de Sombernon.

Néanmoins, dès notre arrivée à Sombernon, nous dûmes faire bonne garde ; des sentinelles furent postées sur les points les plus culminants et à toutes les issues du bourg ; ainsi que j'en pris dès cette époque la prudente habitude, personne ne pouvait entrer dans un village que nous occupions, ou en sortir, sans se faire reconnaître ; notre situation exigeait plutôt un excès de surveillance, car — le maire nous en prévint d'ailleurs — notre petite troupe était environnée par l'ennemi : outre les Prussiens qui battaient la campagne au nord et à l'est depuis Dijon, on avait avis de la présence, au 21 décembre, d'une colonne de cinq mille Allemands à Semur, dans le nord-ouest, sans parler des troupes qui parcouraient constamment au sud-est la vallée de l'Ouche.

Les grandes fatigues éprouvées par mes hommes non-seulement à la suite de ces premières marches, mais encore à cause des gardes constantes qu'il fallait monter, m'obligeaient à leur laisser un peu de repos dans ce lieu relativement sûr : les Prussiens ne s'y étaient même hasardés que deux ou trois fois et toujours en nombre. Dans leur dernière visite, une compagnie de francs-tireurs, embusquée dans les bois qui longent la route par laquelle ils arrivaient, leur avait envoyé une fusillade nourrie presque à bout

portant, jetant sur le sol, en quelques instants, une
centaine d'hommes ; nous étions bien décidés à imi-
ter nos devanciers, si pendant notre séjour l'ennemi était signalé. D'ailleurs, d'après le maire, il ne
venait jamais que du côté de Dijon, c'est-à-dire de
l'est, et dans cette direction la vue s'étendait fort
loin ; de plus, elle était alors favorisée par l'état de
l'atmosphère, qui, en dépit du froid, était devenue
assez claire.

Dans la direction du nord, les plateaux sont couverts de forêts que traversent seuls des chemins
étroits où l'on ne supposait pas que l'ennemi pût
s'engager ; nous verrons cependant que cette pensée
était vaine, et que nous faillîmes précisément être
surpris par le côté où il nous semblait à peu près
impossible de l'être.

Le jour de notre arrivée (21 décembre) se passa
donc à recueillir des renseignements, à laisser reposer nos hommes, et aussi à préparer notre descente
au tunnel de Blaisy-Bas. Comme nous n'étions séparés de ce tunnel que par une distance de huit kilomètres environ, j'aurais même tenté d'y descendre
dans la nuit du 21 au 22, si je ne me fusse aperçu
que l'on avait oublié à Bligny un paquet de mèches
spéciales qui nous étaient à peu près indispensables.
Il était minuit environ lorsque je constatai ce fait ;
mes hommes étaient tous réunis et prêts à tenter le
coup de main, but principal de notre expédition.

Mon désappointement fut tel en m'apercevant de l'oubli qui avait été commis, que je donnai aussitôt l'ordre à l'officier dont c'était le tour de veiller aux munitions le jour de notre départ de Bligny, d'y retourner à l'instant avec une escouade d'une quinzaine d'hommes, et de ne s'arrêter à l'aller comme au retour que le temps nécessaire aux repas. C'étaient soixante-dix kilomètres à faire par un froid glacial, dans la neige et dans la nuit; mais je savais que mes volontaires étaient de taille à accomplir facilement ce trajet, bien que la veille ils eussent fait trente-six kilomètres. Je rappellerai un incident qui se produisit alors, et qui montrera à quel degré de bonne volonté nos volontaires étaient arrivés :

« Quels hommes faut-il prendre avec moi, commandant? me dit l'officier chargé de ce service.

— Mais les hommes qui ont mérité des punitions ou des réprimandes ces derniers jours, répondis-je.

— Il n'y en a que quatre ou cinq dans ce cas, commandant, riposta l'officier.

— Eh bien, prenez des volontaires. »

Les hommes, sur deux rangs, écoutaient en silence cette conversation, et lorsque la voix de l'officier s'éleva pour demander des volontaires, il y en eut plus de trente qui répondirent; on n'avait plus que l'embarras du choix.

A une heure du matin ces braves gens partaient; fidèles à la consigne, ils ne s'arrêtèrent sur leur

route et à Bligny que pour manger; le lendemain
soir, à sept heures, ils étaient de retour, ayant parcouru en dix-huit heures soixante-douze kilomètres :
la neige n'avait cependant pas cessé de tomber, le
froid était intense et les routes étaient verglacées.
« Décidément, pensai-je en revoyant ces volontaires,
la France ne tomberait pas si on le voulait bien. »

La journée du lendemain fut plus occupée que
nous ne le pensions; dès la veille, grâce au zélé
concours du maire et de son beau-frère, M. Fontelte,
nous avions organisé[1], d'une mairie à l'autre, de
village à village, un service d'éclaireurs en règle.
Ceux-ci étaient pour la plupart des gardes nationaux;
dans leur costume de paysan, un bâton à la main, ou
bien poussant devant eux un attelage trop misérable
pour attirer la convoitise de l'ennemi, ils s'en allaient au village ou à la ville qu'il fallait « éclairer ».
Là, ils prenaient leurs notes particulières, se faisaient
reconnaître aux autorités en leur montrant un billet
de leur maire (billet que, par prudence, on ne tim-
brait ni ne signait d'habitude); ce billet était roulé de
façon à occuper le plus petit espace possible et pouvait
se cacher aisément. Ces missions, pour lesquelles
je trouvai toujours des hommes de bonne volonté,
n'étaient pas sans danger, et une mort obscure,
presque infamante, celle de l'espion qu'on fusille

---

[1] Plutôt activé, car ce service existait déjà dans presque toute
la Bourgogne.

comme un chien contre le premier mur venu, attendait souvent ces hommes dévoués. Je donne ci-dessous la teneur des proclamations dont s'entourait le général de Werder dans tous les pays qu'il traversait; il en faisait rigoureusement observer les clauses, et c'est à Sombernon même que j'ai pu me procurer un exemplaire de cette arrogante rédaction ; je la conserve, afin que, si l'heure de la vengeance et du succès sonne un jour pour notre chère patrie, je puisse, par moi-même ou par l'intermédiaire de nos successeurs, rendre œil pour œil à ces impitoyables Germains [1].

[1]   PROCLAMATION.

Il est porté à la connaissance du public qu'à partir de ce jour est entré en vigueur, dans le département, l'état extraordinaire de justice militaire, conformément au § 18, partie 11 du Code de justice militaire prussien. Ces dispositions sont applicables :

« A ceux qui, sciemment, prépareraient un danger ou un désavantage aux troupes de l'armée allemande et qui, de propos délibéré, rendraient service à l'armée ennemie.

» Il s'ensuit que la peine de mort sera encourue par toutes personnes qui, ne faisant pas partie de l'armée ennemie :

» A. — Font de l'espionnage pour l'ennemi, ou qui accueillent et cachent des espions, ou qui leur viennent en aide.

» B. — Qui, de leur propre chef, conduisent les troupes ennemies, ou qui, en leur qualité de guides, conduisent, de propos délibéré, nos troupes par de fausses routes.

» C. — Qui, par vengeance ou dans des intentions de lucre, tuent, blessent ou dépouillent sciemment nos troupes ou les personnes appartenant à leur suite.

» D. — Qui détruisent des ponts ou des canaux, qui interrompent le service des chemins de fer ou du télégraphe, qui rendent les

Avant de m'être avancé aussi loin dans les lignes ennemies, j'avais entendu beaucoup médire du patriotisme de nos paysans; je m'attendais de leur part à des difficultés de toute sorte. Ce fut donc pour moi une agréable surprise lorsque je m'aperçus que, *presque toujours.,* loin d'être hostiles ou même indifférents, ils s'associaient à nos espérances, à nos projets, payant même de leur bourse, sinon de leur personne. Je cherchai la source de ces calomnies si souvent répétées et si souvent admises, et je crus la trouver dans les raisons suivantes : en premier lieu, je placerai la hauteur, pour ne pas dire l'insolence, de certains chefs de corps qui indisposaient tout d'abord la population civile, qu'ils traitaient en despotes et pour laquelle ils avaient autant d'exigences que l'ennemi lui-même ; en second lieu, je mettrai les désordres et délits commis par certaines bandes indisciplinées, qui, loin de trouver dans les chefs un frein à leur mauvais instinct, y rencontraient au con-

chemins impraticables, qui mettent le feu aux approvisionnements de guerre, de bouche ou autres destinés au service militaire, ou enfin aux bâtiments occupés par des troupes.

» E. — Qui portent les armes contre les soldats de l'armée allemande. »

Chacun donc qui sera pris les armes à la main sera fusillé.

Toutes les armes sont à livrer immédiatement, sous peine de punition sévère.

Le général commandant le 14e corps d'armée,

DE WERDER,

général de l'infanterie.

traire un appui ; enfin, la cause la plus puissante de ces dissensions était la paresse dans laquelle vivaient certaines troupes, qui, pendant des semaines, se faisaient bien nourrir par les municipalités, sous prétexte du besoin de repos, du manque de munitions, etc. ; troupes qui n'avaient jamais vu le feu et ne voulaient pas le voir, car elles ne manquaient jamais de se replier lorsque l'ennemi n'était plus qu'à courte distance, laissant parfois à la merci de quelques uhlans une population qui les avait bien traités dans l'espoir qu'elle serait défendue et garantie. Ce fut une erreur pour le Gouvernement de Tours de créer dans le principe un si grand nombre de compagnies dont les chefs, trop souvent sans passé, pouvaient agir à leur guise, et ce fut aussi une erreur, lorsqu'il reconnut son tort, de tomber dans l'excès contraire, c'est-à-dire, d'agglomérer toutes ces premières compagnies franches et d'en former des brigades.

Les compagnies de francs-tireurs qui ont à leur leur tête un homme d'une énergie bien reconnue peuvent faire énormément de mal à l'ennemi. Les Allemands sont bien de cet avis, et ils prononcent le mot « francs-tireurs » avec plus de terreur que nous ne pourrions le croire. Mais si, au contraire, ces corps francs sont conduits par des aventuriers qui n'ont même plus leur seule réputation à défendre, ne nous étonnons pas qu'ils profitent de la libre action dont on les a investis pour vivre dans un *far niente* aussi doux que possible et à l'abri de tout danger. Ce sont ceux-là seulement qu'il aurait fallu embrigader, et non point les seconds, dont le décret auquel je fais allusion vint paralyser les audacieuses entreprises.

Ce qui manquait trop souvent au franc-tireur, c'étaient les moyens rapides de transport ; il aurait fallu, quand on venait lui dire (ce qui arrivait à chaque instant) : « Deux cents Prussiens sont à vingt kilomètres, ils y passent la nuit, paraissent très-fatigués et mécontents, » il aurait fallu, dis-je, que, muni d'un excellent cheval, le franc-tireur franchît en une heure et demie les vingt kilomètres qui le séparaient de sa « proie », laissât sa monture cachée dans quelque point écarté, mais à faible distance du village en question, et que, redevenu alors le fantassin impétueux et silencieux qui convient aux surprises, il s'élançât sur le bourg qui abritait son ennemi. Mais, s'il arrive que les forces auxquelles il s'attaque soient secourues ou plus importantes qu'il ne le pensait, le premier coup porté, et avant que l'ennemi étonné ait pu se reconnaître, il a rejoint son cheval, qui l'emporte loin de tout danger. C'est ainsi que les Américains, dans leur grande guerre de sécession, employèrent le plus avantageusement les corps francs ; c'est ainsi que j'aurais désiré agir moi-même; mais, outre qu'en France il est difficile de se procurer les excellents cavaliers qu'il faut pour ce genre d'action, je n'aurais pu obtenir, pas plus que le capitaine Souchon dont j'ai parlé, les chevaux nécessaires et leurs harnachements. Croira-t-on même que les chevaux de selle de quelque mérite étaient tellement rares que je n'avais pu encore m'en procurer un seul? Le mal n'était pas grand, il est vrai, car la saison était devenue si froide, surtout dans les montagnes où nous devions habituellement opérer, que nous préférions de beaucoup aller à pied.

Mais revenons à Sombernon. Dans la matinée du 23 décembre, nos éclaireurs nous signalèrent une colonne de trois mille Prussiens qui, arrivée la veille à Saint-Seine par la route de Châtillon, devait naturellement avoir Dijon pour objectif; passerait-elle par Sombernon pour y faire des réquisitions? Y enverrait-elle simplement des éclaireurs, ou bien nous laisserait-elle sur sa droite sans nous inquiéter? Telles étaient les trois solutions, dont la dernière nous semblait la plus favorable à nos desseins, mais, en même temps, se trouvait la plus improbable. Quoi qu'il en fût, j'ordonnai aux grand'gardes de redoubler d'attention; j'envoyai deux de mes officiers en reconnaissance dans deux directions différentes, l'un sur la route de Dijon, l'autre sur un chemin vicinal qui mène à Saint-Seine en passant au village de Baulme-les-Roches, sur la ligne ferrée de Paris à Lyon. Ces officiers devaient encore me rapporter leurs observations sur les points des routes désignées où il conviendrait le mieux de dresser des embuscades. Je restai seul avec une cinquantaine d'hommes, qui, en prévision de tout événement, étaient retenus dans la même caserne, celle de la gendarmerie, afin que je pusse les avoir sous la main en un instant, s'il était nécessaire.

Les choses étant ainsi disposées, accompagné du maire, je sortis du village dans la direction du nord-ouest, afin d'y étudier les positions et aussi pour voir un mulet qui avait échappé aux Prussiens et que son propriétaire était disposé à nous vendre. Pendant que nous étions occupés sur la route à examiner l'animal, un paysan sortit du bois, dans lequel pénétrait la route à quelques mètres de nous. Il était monté dans sa charrette attelée d'un cheval, qu'il poussait à fond de train et à grand renfort de coups de fouet. « Les Prussiens! les Prussiens! » s'écria-t-il, affolé par la peur, au moment où il passait près de nous : Je m'empressai de sauter à la bride du cheval et de l'arrêter, pour avoir de plus amples explications sur cette importante matière.

« Où les avez-vous vus? m'écriai-je.

— A un quart d'heure d'ici, répondit notre homme.

— Combien sont-ils?

— Je n'en sais rien, mais ils sont nombreux. »

Jugeant que je n'avais pas de temps à perdre, j'envoyai au pas de course un de mes hommes, le seul qui fût avec moi à ce moment, jusqu'à notre caserne, le chargeant de prévenir l'officier de ma part et de lui dire de faire aussitôt tous les préparatifs pour un combat. Quant à moi, avant de rejoindre mes volontaires, je visitai les deux sentinelles qui veillaient de ce côté du village, et leur donnai l'ordre de se tenir effacées derrière les buissons où elles étaient postées et d'où elles dominaient le pays, leur enjoignant, si l'ennemi était très-nombreux, de regagner le village inaperçues à la faveur d'une longue ligne de haies derrière laquelle elles s'abritaient ; si, au contraire, il ne s'agissait que d'un petit groupe d'éclaireurs, elles devaient non-seulement le laisser passer, mais s'embusquer de façon à tirer à bonne portée, lorsqu'ils essayeraient de s'enfuir après nous avoir éventés.

Je perdis à peine deux minutes à donner ces instructions aux sentinelles ; mais, paraît-il, au moment même où je rentrais dans le village, suivi du maire et d'un sergent que j'avais rencontré faisant une ronde, une trentaine de uhlans sortirent du bois. Ils nous aperçurent sans doute, car ceux qui étaient en tête firent halte et prévinrent leurs camarades. Il y eut alors parmi ces cavaliers une sorte de conseil : il était évident que, entrevus à la distance de quatre cents mètres environ, enveloppés dans nos longues capotes, ces éclaireurs n'avaient encore que des soupçons sur notre identité.

Pendant ce temps, bien que j'ignorasse que l'ennemi nous suivait d'aussi près, je courus jusqu'à la caserne, où je trouvai mes hommes sur deux rangs, l'arme au pied. Par un hasard qui pouvait être heureux, au même instant une compagnie de francs-tireurs apparaissait au bas du village; je fis prévenir aussitôt des événements son capitaine, qui répondit avec le plus grand calme :

« Mes hommes viennent de faire vingt-quatre kilomètres, ils sont fatigués. »

Les deux minutes que je perdis à faire prévenir ces francs-tireurs furent fatales à notre succès, comme on va le voir. Sans plus m'occuper de ces auxiliaires inattendus et si mal disposés, je fis prendre le pas gymnastique à mes hommes, nous dirigeant vers le sommet du village. Le maire, connaissant mieux que personne les bonnes positions, se tenait bravement près de moi à la tête de notre poignée d'hommes et nous guidait. Enfin nous sortons du village et nos regards peuvent pénétrer dans la campagne; mais à peine y porté-je les yeux que j'aperçus les uhlans à cent mètres de nous. Ils nous virent au même instant et lancèrent leurs chevaux à fond de train, se tenant couchés sur la selle et poussant de grands cris. Je n'eus pas besoin de commander mes hommes; instinctivement et instantanément, ils s'étaient déployés en tirailleurs et avaient ouvert un feu des mieux nourris; grâce à leurs petites carabines à huit coups, on eût dit qu'ils étaient cinq cents. J'eus le temps aussi d'envoyer quelques balles à ces éclaireurs, et j'eus le plaisir d'en voir quelques-uns que j'ajustai chanceler sur leur monture, mais je n'eus que ce plaisir ; aucun ne tomba sur le coup. D'ailleurs, je pus expérimenter par la suite que ces enragés cavaliers ont la vie dure, et nous en verrons qui firent encore plusieurs kilomètres avec la poitrine traversée de part en part. Quoi qu'il en soit, nous perdîmes là une excellente occasion de les démonter tous, car si, dans toute cette affaire, nous avions eu deux minutes d'avance, c'était le temps suffisant pour embusquer les hommes derrière un mur qui s'élevait sur le talus dominant la route par laquelle arrivaient les uhlans ; nous aurions pu les tirer à bout portant et les réduire à merci.

Cependant, attirés par la fusillade, les francs-tireurs que j'avais vus arriver dans le village nous rejoignirent et purent assister à la fugue de l'ennemi, dont les chevaux, poussés à fond de train, disparurent bientôt dans les sinuosités de la route qu'ils suivaient. Mais au même instant, et dans cette même direction, apparut la petite troupe que j'avais envoyée éclairer le chemin de Baulme-la-Roche. Le capitaine Arnaud, qui commandait ces hommes, revenait à Sombernon, dont il était déjà tout près, lorsqu'il entendit notre fusillade ; sans perdre de temps, il s'était élancé de notre côté avec ses volontaires, prenant à travers

champs pour arriver plus tôt; peu s'en fallut même
qu'il ne coupât la retraite aux cavaliers. Je l'aperce-
vais assez confusément au milieu des taillis ou des
broussailles qui couvrent le versant incliné qui des-
cend au nord du plateau de Sombernon et se dirige
vers le village de « Mesmont ». Je pus reconnaître
aussitôt mes compagnons; mais quant aux francs-
tireurs qui arrivaient, et qui s'étaient éparpillés sur
l'arête du plateau, voyant cette petite troupe qui ne
cessait de courir, car elle avait l'espoir et le désir de
prendre encore part à l'action, ils crurent que c'é-
taient les ennemis et ouvrirent sur eux, à quatre cents
mètres, un feu des plus nourris. J'avais beau m'é-
lancer le long de la ligne des tirailleurs et lui ordon-
ner de cesser le feu, c'était inutile; à peine avais-je
passé que la fusillade recommençait avec la même
rage. En désespoir de cause, je me jetai, suivi de
quelques-uns de mes hommes, entre la troupe du
capitaine Arnaud et les francs-tireurs; ceux-ci furent
donc obligés d'interrompre leur feu sous peine de
nous atteindre, et j'attendis avec anxiété mes éclaireurs, qui venaient de recevoir à bonne portée plusieurs centaines de balles. Ils apparurent bientôt, et
par bonheur aucun d'eux n'était touché; le tir des
francs-tireurs avait été trop élevé, les branches des
arbres du taillis qu'ils parcouraient avaient été ha-
chées par les projectiles au-dessus de leur tête.

Cependant la compagnie de francs-tireurs qui avait

failli faire ce mauvais parti au capitaine Arnaud appartenait, comme nous le vîmes plus tard, à une bonne troupe, celle des volontaires de Vaucluse ; ils se trouvaient habituellement aux avant-postes, où ils s'étaient déjà plusieurs fois signalés par des traits d'audace et de courage sous les ordres du commandant Loste. D'ailleurs le seul fait de leur arrivée à Sombernon, à ce moment, indiquait bien leur valeur, car, d'une manière générale, aussitôt que l'on arrivait dans le voisinage de l'ennemi, on ne rencontrait plus comme corps francs que de bonnes troupes. Les nouveaux arrivants n'étaient qu'une avant-garde, et l'on attendait le lendemain le colonel Loste avec le reste de son monde.

« C'est une affaire presque ratée, me dit le maire en revenant au village ; et il s'en est fallu de peu que vous ne fussiez en position pour les avoir tous ; cependant, ajouta-t-il, je me demande ce qui serait arrivé si, au lieu d'avoir affaire à trente uhlans, vous aviez eu une des colonnes nombreuses qui seules jusqu'ici ont visité Sombernon.

— Ma foi, monsieur le maire, lui répondis-je, je m'y attendais, puisque nous ignorions le nombre des assaillants et pensions même qu'ils étaient en nombre, d'après les dires du paysan qui nous les a signalés. Mais nous avions pour nous les hauteurs avec leur rideau de murailles ou d'habitations, et nous aurions fait payer cher aux Allemands leur triomphe. »

Le maire ne semblait cependant pas aussi rassuré, bien qu'au moment de l'action il eût montré un sang-froid des plus louables; aussi, comme « tout est bien qui finit bien », il était enchanté, ainsi que tous les habitants, qui évitèrent, paraît-il, en cette occasion, de fortes réquisitions; car on nous apprit encore, sur le soir, que ces cavaliers ne faisaient que précéder une compagnie de fourrageurs prussiens, suivis de fourgons vides et destinés à être remplis par les produits du pillage. Ceux-ci étaient restés en arrière pendant que les uhlans venaient reconnaître le village; ils revinrent sur leurs pas lorsqu'ils apprirent la réception faite à leurs éclaireurs. Quant aux uhlans, nous pûmes suivre la direction qu'ils avaient prise à la trace sanglante qu'ils laissaient sur la neige; d'après les rapports mêmes des habitants, trois d'entre eux tombèrent morts à quelque distance, et le lendemain on vit passer sur la route de Pont-de-Pany à Dijon un groupe de cavaliers conduisant en laisse une dizaine de chevaux harnachés, mais inondés de sang; c'étaient sans doute ceux des morts et des blessés. Les habitants de Plombières, à six kilomètres de Dijon, les virent arriver, et nous racontaient plus tard que leurs rapports semèrent la crainte parmi la garnison prussienne, au point que, nous prenant pour l'avant-garde du grand mouvement dans l'Est, ils s'empressèrent de barricader les rues et de mettre leurs canons en batterie.

Ce succès facile fut d'un grand effet moral sur mes hommes; ils avaient vu fuir les Allemands, et cela seul amoindrissait énormément la haute opinion qu'ils s'étaient faite jusqu'alors de nos envahisseurs. A partir de cette époque, ils marchèrent toujours avec joie, avec bravoure; je crois qu'il eût été diffi-cile de les retenir dans l'inaction; ils considéraient même comme la plus grande punition d'être privés de faire partie de telle ou telle expédition.

VIII.

Le détachement que j'avais renvoyé à Bligny
étant revenu avec les mèches spéciales pour torpilles, oubliées à la dernière étape, je me décidai à
tenter le soir même une descente au tunnel de
Blaisy-Bas. J'avais appris que l'ennemi ne s'était
pas encore servi de ce tunnel, où on avait d'ailleurs
jeté par les puits quelques mètres cubes de terre ;
cependant des ingénieurs allemands, après avoir
examiné l'état de la voie souterraine quelques jours
auparavant, avaient fait entendre aux habitants que,
sous peu, on les chargerait de la corvée de déblayer
le tunnel, ce qui, d'ailleurs, n'était qu'un travail
insignifiant, de deux ou trois jours environ, à une
centaine d'hommes, comme je pus m'en assurer
plus tard en suivant le tunnel d'un bout à l'autre.
Ainsi on avait agi là, mais avec plus de raison, de
la même manière que pour le tunnel de Saverne,

qui, par une grande imprudence, ne fut pas rendu impraticable par une démolition partielle. C'est qu'un tunnel détruit sur une certaine longueur est un obstacle bien plus grand pour l'ennemi que celui de la destruction d'un pont. Le génie a divers moyens rapides pour franchir les rivières ou rendre praticable de nouveau un pont sauté en partie, tandis que pour franchir un tunnel il est obligé de le remettre à peu de chose près dans l'état primitif, ce qui est toujours très-long.

C'est donc le 23 décembre, à dix heures du soir, que nous prîmes la route qui mène à Baulme-la-Roche, village qui est à l'entrée sud du tunnel. Il nous fallut environ deux heures pour placer quelques torpilles sous le tunnel même; elles étaient parfaitement dissimulées; mais le premier convoi qui eût passé sur chacune d'elles l'eût assurément fait éclater. Nous ne manquâmes pas de relever exactement la position de chacune de ces torpilles, afin de pouvoir les retirer au cas où, l'ennemi évacuant ce territoire, nous aurions nous-mêmes besoin de la ligne. Baulme-la-Roche est au fond d'un entonnoir, et si, pendant que nous opérions, nous avions été surpris par des forces trop supérieures, nous n'avions d'autre chance de salut que de nous évader par le tunnel lui-même, ce qui eût été la moindre des choses pour des mineurs. Au reste, nous étions munis de petites lanternes sourdes, in-

dispensables pour nos opérations nocturnes et sou-
terraines. La crainte d'une surprise n'était point
chimérique, car nous apercevions à deux ou trois
kilomètres à peine, au nord et sur les hauteurs qui
avoisinent le village de Charmoy, des feux de bivouac nombreux et étincelants, qui indiquaient la
présence de la forte colonne signalée le matin à
Saint-Seine.

Il faisait un froid des plus vifs, dix-huit degrés au-
dessous de zéro ; aussi nous retrouvâmes les sentinelles que nous avions espacées sur la route à demi
glacées ; elles n'osaient remuer, étant si voisines de
l'ennemi, et restèrent une partie de la nuit à peu
près immobiles sous la brise glacée qu'il faisait.

Le lendemain, nous ne manquâmes pas de surveiller les allures de la colonne ennemie dont nous
avions vu les campements ; elle était accompagnée de
nombreuses voitures, qu'elle venait remplir de vivres et de fourrages ; mais ces réquisitions ne lui
fournissaient qu'une partie de ses exigences, à
cause de l'état de dénûment où se trouvaient déjà
tous ces petits villages. Tout faisait donc prévoir que
Sombernon, qui n'était qu'à huit ou dix kilomètres,
ne serait pas épargné, d'autant mieux que l'ennemi
avait à s'y venger de la réception que nous avions
faite à ses éclaireurs. Aussi, dans l'attente d'une
attaque, mes officiers étudièrent minuticusement et
rapidement les routes qui aboutissaient au bourg.

Déjà, par les soins de la municipalité, plusieurs travaux de défense avaient été élevés dans les points les plus favorables, et nous n'eûmes qu'à y donner la dernière main. Cependant nos grand'gardes ne signalant jusqu'au soir aucun mouvement de l'ennemi, j'expédiai, sous les ordres du capitaine Imbert, une de mes compagnies avec la mission d'arriver jusqu'à l'entrée nord du tunnel de Blaisy-Bas, et d'y placer, comme nous avions fait la veille à l'autre extrémité du souterrain, une série de torpilles sous les rails. Cette expédition réussit tout aussi bien que la première; notre but était atteint, et si, après avoir écarté de la voie les déblais qu'on y avait jetés, un convoi prussien essayait de passer, il était sûr de sauter.

Je laissai cependant au maire, sous le sceau du secret, un plan exact des positions où chaque torpille avait été placée, afin qu'il pût, dans l'avenir, les faire enlever si c'était nécessaire.

Je désirais repartir le lendemain pour Autun, où devaient être arrivées les munitions que j'y attendais, et qui devaient me servir à l'accomplissement de ma mission principale, c'est-à-dire la destruction partielle du tunnel de Foug; mais la présence des ennemis dans le voisinage, menaçant Sombernon, ne me permettait guère de faire une retraite, et je sentais que c'eût été payer mal les habitants du dévouement qu'ils nous avaient montré. Je me décidai donc à attendre, ne cessant de tout préparer pour tenir l'ennemi en échec un certain temps, malgré le nombre relativement formidable qu'il pourrait employer contre nous. Dans la soirée du 25 décembre, nous vîmes arriver le colonel Loste, commandant le *bataillon des compagnies réunies*. J'ai dit que cet officier avait déjà, depuis deux jours, une compagnie à Sombernon ; je m'empressai de le mettre au courant de la situation, qui devenait de plus en plus menaçante, car, d'après les rapports des éclaireurs, tout faisait présumer que nous serions attaqués dans la matinée du lendemain. Connaissant déjà fort bien les lieux, nous dressâmes avec le colonel notre plan de résistance, qui consistait principalement à utiliser la série d'embuscades que nous avions organisées, et qui se reliaient ou se défendaient les unes les autres, et devant lesquelles nos ennemis ne pouvaient éviter de passer.

Les trois compagnies des volontaires de Vaucluse avec les francs-tireurs « de la mort », de Marseille, occupaient des abris et des tranchées établis soit dans les bois qui dominent Blaisy-Bas, soit aux environs du « Puits 15 », soit enfin dans les taillis qui bordent la route de Blaisy-Haut. Je m'installai moi-même avec mes deux compagnies du génie, une compagnie de francs-tireurs de Tarn-et-Garonne, et une autre de « Guelma et Constantine », au point où la route de Blaisy à Sombernon pénètre dans les bois de Savranges. De cette façon, si l'ennemi venait par Turcey, il tombait dans les embuscades de Blaisy ; tandis que s'il arrivait par Baulme-la-Roche, c'était nous qui le recevions.

Il était huit heures du soir ; je venais de donner les dernières instructions à mes officiers, lorsqu'on nous amena un homme que l'on avait surpris interrogeant nos soldats ; il était inconnu des habitants, et son extérieur, ses allures suffisaient à eux seuls pour éveiller tous les soupçons. L'homme auquel nous avions affaire représentait bien, en effet, ce type de bandit sans foi, sans loi, insouciant, philosophe, et qui joue sa vie comme une chose qui lui serait indifférente, type que j'avais trop souvent vu de près dans les pénitenciers pour ne pas le reconnaître aussitôt en voyant paraître cet homme ; ses réponses devaient bientôt encore confirmer toutes mes présomptions. Dans l'interrogatoire que nous lui fîmes subir, je reconnus bientôt, ai-je dit, cet esprit cauteleux ou arrogant, hypocrite ou cynique, essayant successivement de faire jouer dans nos esprits toutes les gammes des sentiments humains pour s'arrêter à la note à laquelle nos cœurs pouvaient vibrer favorablement pour lui. Combien un de ces profonds scrutateurs qui avaient nom H. de Balzac ou La Bruyère eût été heureux d'assister à cet interrogatoire, où ce misérable sentait bien que sa tête était en jeu ! Un passe-port d'ancien condamné militaire, que l'on trouva sur l'*accusé*, vint bientôt corroborer nos soupçons; car il devenait évident que nous avions devant ·nous un de ces malheureux habitués à faire argent de tout, même du sang de leurs concitoyens et de l'honneur de leur pays.

Sur ces entrefaites, on vint me prévenir que cet aventurier avait été vu tout d'abord en compagnie d'une femme; je m'empressai de la faire chercher, mais on parcourut et fouilla vainement le village. La femelle avait disparu à la faveur de la nuit et de la neige, dont les flocons serrés emplissaient l'atmosphère. Le lendemain, on trouva l'empreinte de ses pas; elle avait fui à travers champs, se dérobant à la vue de nos sentinelles, mais se dirigeant du côté de l'ennemi. Il était dix heures du soir; je fis mettre notre prise en lieu sûr; mais, par malheur, je ne pus prévenir le maire de l'importance de cette capture, et celui-ci, cédant à ses belles paroles, le laissa aller dès le matin.

Quant à nous, sachant que les Prussiens, surtout quand ils sont bien reposés, ont l'habitude de se mettre en marche au milieu de la nuit pour attaquer dès l'aube, nous prîmes à minuit la direction de nos postes réciproques. La dernière neige avait couvert les chemins d'un tapis où chaque pas laissait son empreinte; aussi, vers l'abord de nos embuscades et pour nous y rendre, nous laissâmes la route et prîmes des sentiers dans les bois, de façon à ne point laisser sur la neige des traces qui n'auraient pas manqué d'éveiller l'attention des avant-gardes ennemies, que nous devions laisser passer. Le ciel s'était éclairé, et les lueurs d'une belle nuit, complétement réfléchies par la neige, nous permettaient de poursuivre nos préparatifs d'attaque ou de défense. Pour le cas où il nous faudrait quitter la place, nous disposâmes une série de torpilles *à temps*, qui, éclatant au milieu de l'unique sentier par lequel nous devions *reculer*, auraient assuré notre retraite; de plus, comme la nappe de neige récente aurait sûrement révélé la route par laquelle nous devions nous replier, je fis faire dans les bois toute une série de fausses pistes, sentiers dont l'entrée semblait large et commode, mais qui n'avaient pas d'issues.

Par ailleurs, des torpilles furent disposées dans les tas de pierres qui avoisinaient la route; des fils conducteurs venant converger à l'embuscade nous permettaient de faire éclater ces engins de destruction à l'instant même où la volonté voulait qu'ils agissent. Vraiment, connaissant la puissance de tels agents et la *merveilleuse* facilité avec laquelle on peut s'en servir, je me demande quelle effroyable destruction la guerre deviendra le jour où on voudra employer ces procédés sur une vaste échelle!

C'est ainsi que nous passâmes la nuit de Noël, les pieds dans la neige, avec une bise qui déchirait l'épiderme, et par dix-huit degrés au-dessous de zéro. Plusieurs hommes eurent le nez, les oreilles ou les pieds gelés. Cependant ils ne cessaient de se mouvoir; l'immobilité aurait sûrement amené la mort en quelques minutes. Aussi tous étaient vivement excités du désir de voir l'ennemi s'avancer; quand on arrive à cette limite de souffrance, toute diversion, la mort même, semble un palliatif. Nous eûmes sur le matin quelques fausses alertes; ainsi, deux hommes, deux paysans, deux espions, nous ne savons lequel, apparurent sur la route dont ils semblèrent scruter la surface, comme s'ils y eussent cherché des traces révélatrices; ils s'avancèrent ainsi jusqu'à deux cents mètres de nos embuscades, observèrent en causant, puis s'éloignèrent. Mais l'incident principal fut l'apparition au loin, devant nous, sur la route que nos regards ne cessaient d'interroger, d'une colonne s'avançant en ordre militaire; une bannière était déployée, et, au moyen de ma jumelle, je pus reconnaître qu'elle était de couleur noire, comme celle de la maison de Prusse. Plus de doute, c'était l'ennemi. Je parcourus encore une fois la ligne des tirailleurs; tous étaient à leur poste, l'œil ardent : ce spectacle me fit plaisir et je m'attendais à une noble lutte. Chacun se tenait caché derrière l'épaulement; à un premier coup de sifflet, on devait montrer la tête et ajuster, faire feu à un second. Je vois encore tous ces regards étincelants, fixés sur moi, qui, masqué par des branchages, suivais cependant, au travers de leurs interstices, l'arrivée de nos soi-disant ennemis et devais donner le signal.... Hélas ! plus cette colonne s'avançait et plus il me semblait reconnaître nos francs-tireurs « de la mort », avec leur oriflamme noire semée d'ossements argentés... C'étaient eux, en effet ; ils revenaient par ce chemin à Sombernon, après avoir appris d'un paysan que la colonne prussienne, à deux heures du matin, avait subitement levé le camp et pris en toute hâte le chemin de Dijon. Ah ! ils étaient bien renseignés ces Allemands !

Le lendemain, je laissai reposer mes hommes avant de rien entreprendre ; ils en avaient un extrême besoin ; les marches de jour et de nuit, les travaux, les gardes sous les froids excessifs, les avaient tous plus ou moins affaiblis ; quelques-uns même ressentaient les premières atteintes de ces deux maladies qui, se joignant au fléau de la guerre, assaillirent encore nos troupes : la petite vérole et la dyssenterie. J'avais pu enfin me procurer à Sombernon des chevaux ou des mulets, et ce ne fut pas sans peine que je trouvai ensuite leurs harnachements ; je dus même à la générosité de M. de Courtivron de Bussy une selle et une bride pour moi-même ; c'était une selle anglaise plutôt pour la promenade que pour de longues courses à cheval ; mais, à la guerre.... comme à la guerre.

C'était le 27 décembre : on vint nous prévenir que

les Prussiens avaient évacué Dijon : ce fait nous parut si surprenant que nous ne pouvions y croire; le mieux était d'aller voir, et des éclaireurs furent envoyés pour s'assurer du fait, qui fut pleinement confirmé. Nos officiers brûlaient du désir d'entrer à Dijon le plus tôt possible; cependant la prudence nous recommandait de nous informer d'abord si ce n'était point là une ruse pour nous attirer dans un guet-apens. En tout cas, s'il en eût été ainsi, la ruse aurait pleinement réussi, car nombre de compagnies isolées rallièrent Dijon à marches forcées et y pénétrèrent sans précaution. Le colonel Loste était fatigué; il me pria de prendre le commandement de son bataillon et de le conduire à Dijon, où lui-même nous suivrait en voiture. C'est ainsi que, le 28 décembre, le lendemain du départ des Allemands, nous fîmes notre entrée à Dijon, où nous fûmes reçus par les acclamations d'une foule enthousiaste et ivre de joie de revoir des soldats français, tandis que, depuis le 30 octobre, ils souffraient toutes les douleurs morales [1] du contact insolent de nos envahisseurs. Chose remarquable ! c'est le peuple surtout qui montrait le plus de chaleur; les larmes venaient aux yeux en voyant mille scènes où la nature ardente et sans déguisement des gens du peuple se montrait dans toute son expansion : là, c'était une vieille femme qui,

---

[1] Voir sur la carte la position des armées lors de la prise de Dijon au 30 octobre.

debout devant sa demeure, pendant que nous défilions, ne cessait de nous lancer des acclamations, accompagnées de gestes presque frénétiques ; plus loin c'étaient des hommes, des enfants, arrachant aux soldats leurs sacs et leurs armes et les retenant d'avance pour les repas et le logis ; derrière ces groupes, les jeunes filles, moins hardies, regardaient de leurs grands yeux, brillants des larmes de la joie, le défilé de nos troupes. Quant à nos soldats, quoique ce triomphe leur eût bien peu coûté, ils se sentaient grandis par cet accueil si chaleureux et n'auraient pas marchandé leur vie à ce moment. Il fut naturellement inutile de solliciter des billets de logement ; chacun des hommes avait son gîte, et je vis même de braves gens, accourus trop tard pour avoir pu en retenir quelques-uns, se plaindre amèrement de cette malechance.

J'ai dit qu'un retour offensif de l'ennemi pouvait être à redouter tout d'abord ; car nous n'étions que deux milliers d'hommes à Dijon, y compris les francs-tireurs de Bombonnel qui étaient sur notre droite pendant que nous étions à Sombernon, et le commandant Ordinaire. Nous pensions alors que cette retraite des trente mille hommes du général de Werder était la suite d'une résolution soudaine, et qu'ils s'étaient brusquement retirés dans l'Est, croyant que les armées de Cremer, de Garibaldi et enfin celle de Bourbaki, étaient encore plus rapprochées. Il n'en était rien cependant, et ce mouvement avait été conçu, comme je l'ai dit, depuis le 17 décembre et avait eu son commencement d'application lors de l'attaque de Cremer à Nuits. Le général français, qui ne se doutait pas du fait, ne réoccupa la ville de Nuits que le 23, pendant que Werder regagnait Dijon, où il accélérait le mouvement de recul de ses troupes; c'est ainsi que la division badoise et la plus grande partie de la division Schmeling, qui étaient cantonnées à Dijon, furent envoyées à Gray, et que la brigade Goltz quitta les environs de Langres pour se rendre à Vesoul, sur la rive droite de la Saône. Cette brigade, qui formait l'aile droite des forces de Werder, commençait à se replier dès le 22 décembre, et le 27 seulement, l'aile gauche, c'est-à-dire les Badois qui étaient à Dijon, se mettaient en route à leur tour, formant l'arrière-garde de l'armée du général de Werder.

Ce grand mouvement, dont nous n'avions pas même le soupçon, se terminait le 29, époque où Werder avait la plupart de ses forces autour de Vesoul et le reste aux environs de Gray.

Le général Cremer, qui était à Beaune, n'arriva que le 31 décembre à Dijon; Pélissier y parut le 3 janvier, à la tête de ses mobilisés, et enfin Garibaldi le 7 seulement. Le général Cremer, impatient d'entrer un des premiers dans la ville abandonnée, s'était empressé de s'y rendre, suivi seulement de son état-major; quant à Garibaldi, malade lui-même, son

quartier général était encore à Autun quand eut lieu
l'évacuation de Dijon. J'insiste sur ces faits, car chacun
de ces commandants a voulu chercher un prétexte
pour s'attirer l'honneur ou d'avoir provoqué l'évacuation ou d'être entré le premier dans une ville
abandonnée. Cremer nous dit, en effet [1], par l'intermédiaire de son chef d'état-major, qu'il entra le
31 décembre à Dijon, que de Werder avait *abandonné la veille;* or nous y étions depuis le 28, et l'on
a vu que nous aurions pu y être le 27, si nous avions
cru qu'il y eût un titre de gloire véritable à entrer
plus ou moins vite dans une ville désertée par l'ennemi.

Quant au général Bordone, avec un aplomb qui
indiquerait à lui seul sa nature méridionale, il n'insiste pas sur la date de son entrée à Dijon, qui fut
le 7 décembre seulement, mais il nous annonce qu'il
est la cause de la fugue du général de Werder, car
le colonel Lobbia, *le 27 au matin,* avait *fait sauter*
le pont de Buffon sur l'Armançon, à quatre-vingts
kilomètres au nord-ouest de Dijon. Or, comment de
Werder aurait-il eu la nouvelle que le pont de Buffon
sautait, puisque les télégraphes étaient détruits
(nous avions nous-mêmes coupé les fils à Blaisy-Bas)?
Et le général Bordone croit-il qu'une armée de trente
mille hommes avec toute son artillerie évacue un

---

[1] *Le général Cremer et ses opérations militaires,* p. 54.

territoire en quelques heures, au reçu inopiné d'une mauvaise nouvelle, et cela si bien que, le soir même, son arrière-garde est à vingt-cinq kilomètres? D'ailleurs nous verrons que le pont de Buffon ne sauta pas du tout, puisque le général Bordone lui-même, quelques jours plus tard, nous donnait *personnellement* l'ordre d'aller le faire sauter. Faut-il que l'esprit de parti se poursuive jusque dans les écrits de notre histoire? N'était-ce point assez que nos généraux improvisés eussent facilité le triomphe de l'ennemi par leur peu d'entente et leurs rivalités? Fallait-il encore qu'après avoir toujours été guidés dans la guerre par le sentiment de leur propre intérêt, ils vinssent, aux dépens de la vérité, interpréter tous les faits à leur plus grande gloire et à la plus grande honte de leurs collègues ou collaborateurs? Pendant cette campagne je n'ai eu que de très-courts rapports avec les grands événements militaires qui s'y sont déroulés, mais ils sont tellement racontés dans les livres de Bordone et de Cremer avec l'esprit que je viens de signaler, qu'il me devient difficile d'ajouter beaucoup de foi au reste de leur récit. Quant au livre de M. de Freycinet, on y voit trop encore qu'il ne parle que d'après les rapports de ces généraux et non point d'après l'exactitude des faits. Aussi peut-on hardiment conclure dès à présent que *l'histoire réelle* de cette guerre est encore à paraître.

Ainsi, à la fin de décembre, il ne restait plus de

forces sérieuses ennemies à portée de nos armées ; car je ne compte point les quelques colonnes volantes qu'il est dans la tactique allemande d'envoyer de toutes parts afin d'envelopper dans un réseau de mouvements divers, opposés ou contradictoires, la véritable ligne de conduite du gros de l'armée. Cette tactique trompa toujours nos généraux de l'Est et leur fit souvent abandonner la proie pour l'ombre ou prendre le Pirée pour un nom d'homme. C'est ainsi qu'il fut possible au colonel Lobbia d'arriver sans rencontrer personne jusqu'au pont de Buffon et que Ricciotti Garibaldi, qui l'accompagnait, put faire à cœur joie et bravement la guerre d'escarmouche avec ces colonnes volantes ennemies dont nous avons parlé, et qui seules occupaient encore les territoires qu'ils parcouraient.

IX

Le jour de notre entrée à Dijon, j'expédiai un détachement à Autun pour y prendre les munitions qui
devaient y être arrivées; et je vis ensuite M. Luce-
Villard, le préfet, pour m'entendre avec lui sur les
travaux à faire, en attendant l'arrivée des généraux.
Avant de partir, l'ennemi avait fait le plus de dégât
possible, détruisant les télégraphes, essayant de faire
sauter un viaduc du chemin de fer.... Je m'occupai
avec mes officiers, tout en constatant le mal fait par
les Prussiens et cherchant les moyens de le réparer,
à voir quels seraient les travaux à établir pour défendre la ville, et aussi quels étaient les points où il
faudrait les placer afin qu'ils fussent le plus efficaces
possible. Je dois dire ici que, bien qu'aucun de nous
ne se fût jusqu'alors occupé de travaux du génie militaire, nous avions tellement pris notre métier à
cœur, que, grâce à des études faites depuis le début

de la campagne dans des livres spéciaux, la plupart de mes officiers étaient déjà suffisamment au courant de ce genre de questions pour rendre de véritables services ; le capitaine Arnaud surtout avait un goût très-prononcé et une très-grande aptitude pour cette étude ; excellent ingénieur d'autre part, occupant avec succès depuis dix ans des postes dans des mines importantes, il avait une rapidité de coup d'œil et d'exécution remarquable. L'arrivée du général Cremer, le 31 décembre, nous surprit au milieu de toute l'ardeur de nos études ; je m'empressai de me présenter à lui pour lui faire part de ce que nous avions fait. Je trouvai un homme peu naturel dans ses manières, affectant un air préoccupé, distrait ; répondant peu ou pas ; en un mot, un homme jouant, avec le plus grand sérieux, il est vrai, au général en chef, et dépensant à ce jeu un temps et une intelligence qui auraient été mieux employés à soigner les intérêts de la France, dont le hasard avait mis une partie entre ses mains. Il y a, en effet, de quoi tourner la tête à un jeune capitaine d'état-major, de se voir tout à coup investi des hautes, dangereuses et nobles fonctions de général d'armée ; mais l'enivrement ne devait pas se prolonger au delà de vingt-quatre heures, et il aurait dû penser aussitôt à racheter ce qu'une semblable nomination avait d'extraordinaire, par un travail incessant, une tenue plus réservée, plus austère ; il devait se souvenir que c'était la pénurie d'officiers après nos désastres qui l'avait seule porté à ce faîte, et non pas un mérite militaire qu'il n'avait jamais eu jusqu'alors l'occasion de déployer. Mon jugement est sévère, je l'avoue; si je me permets de le donner, c'est que je le crois confirmé par la plupart des officiers de l'armée qu'il commandait. Quoi qu'il en soit, dans les quelques entrevues que j'eus avec Cremer à Dijon, je ne pus obtenir de lui aucune solution aux questions que je lui indiquai; cependant, on sait si le temps était précieux! Le général paraît cependant s'être souvenu de nos conversations, car dans le livre de son chef d'état-major (p. 54) on lit :

« Dès le lendemain de notre entrée dans cette ville (1er janvier), le commandant Camps avait commencé les travaux de défense qui furent *si utiles* à Garibaldi et à Pélissier, lors de l'attaque de Dijon par les Prussiens.

» Le 4 janvier Cremer couchait à Fontaine-Française; ainsi, du 1er au 3 janvier au soir, Cremer avait commencé les travaux de défense... » etc. Ceci ne se commente pas.

Mais il est non moins curieux de passer du panégyrique du général Cremer par son chef d'état-major, aux rodomontades du général Bordone sur le même sujet [1] :

«Non, il n'est pas possible que de pareils travaux

[1] *Garibaldi à l'armée des Vosges,* p. 269.

aient été ordonnés et exécutés par des hommes ayant le sens commun; nous aimons mieux croire que ce qui s'exécuta à Talant, sous la direction d'un employé subalterne des ponts et chaussées, qui déclara d'ailleurs n'être qu'un simple surveillant terrassier, avait été fait sans la coopération, et surtout sans l'approbation de MM. Pélissier et Chenot. »

Nous verrons cependant dans le cours de ce récit que Bordone avait une certaine raison de maltraiter ainsi les travaux qui furent plus tard exécutés pour la défense de Dijon. Quant à nous, complétement déroutés par l'esprit incertain, irrésolu de Cremer, nous nous voyions sur le point d'être obligés de rentrer dans l'inaction, lorsque arriva un délégué du ministre de la guerre, avec lequel avant mon départ j'avais eu, comme tous les chefs de corps, de nombreuses entrevues au siége du gouvernement de la défense nationale; c'était M. de Serres, sur lequel il a tant été dit et écrit. J'essayerai donc, à mon tour, avec l'amour de la vérité que je recherche avant tout dans mes relations, de donner mon sentiment sur cet homme, qui joua un rôle considérable pendant cette période si agitée de notre histoire.

M. de Serres est un grand jeune homme à la physionomie sympathique et distinguée; lorsque je le vis à Tours, il était l'*alter ego* de M. de Freycinet, c'est-à-dire du ministre de la guerre, et sa seule signature était toute-puissante.

M. de Serres travaillait prodigieusement, et avec une sorte de fièvre qui semblait inhérente à son tempérament ; très-maître de lui-même, cependant, très-naturel, ne parlant qu'à propos mais avec conviction, il devait savoir, malgré sa jeunesse, se faire écouter par tous ceux qui l'approchaient, quels que fussent leur position ou leur âge. Il semblait avoir par excellence le suprême défaut du gouvernement dont il était un des principaux personnages, défaut qui, dans d'autres circonstances d'organisation, de climat, et contre un autre peuple que l'Allemagne, aurait pu s'appeler génie, car ce défaut pouvait nous sauver : je veux parler de la hardiesse de conception de ses plans, dans lesquels, hélas ! il oubliait trop de tenir compte des obstacles naturels ou artificiels de toute sorte qui devaient en empêcher la réalisation. Comme ses chefs ou ses collègues, il oubliait trop encore que le feu qui l'animait n'était point généralement partagé ; les plans qu'ils concevaient, exigeant une vigueur, une énergie, une activité, un dévouement presque surhumains, ne pouvaient être réalisés.

M. de Serres arriva donc à Dijon vers le 2 janvier ; le général Bourbaki s'y rendit aussi à peu près au même moment. Je vis maintes fois ensemble ces deux hommes, qui semblaient dans les meilleurs termes et mangeaient habituellement à la même table.

L'expédition dans l'Est, qui devait commencer par la délivrance de Belfort, n'était plus un secret pour

personne; mais en voyant la terre glacée si profondément, la persistance du froid et surtout la difficulté des ravitaillements, je ne pouvais m'empêcher
d'y voir encore de mauvais présages. Le général
Bourbaki semblait cependant fort calme, et conscient
de sa force. Les opérations commencèrent le 4 janvier, par le départ de la division Cremer pour Fontaine-Française et Champlitte; mais le jour même
de son départ arriva la nouvelle qu'un nombreux
corps ennemi marchait de Montbard sur Dijon. Il fallait que les dépêches eussent une réelle consistance,
puisque M. de Serres me fit appeler, après s'être
concerté avec les généraux, et me donna l'ordre de
me transporter immédiatement dans la direction de
Sombernon et de créer sur chacune des routes qui
arrivent de Montbard tous les obstacles que je juge-
rais nécessaires. Il était alors huit heures du soir, et
le matin même, sur un ordre bien différent, j'avais
envoyé un détachement sous le tunnel de Blaisy-Bas
relever les torpilles que nous y avions disposées, car
on voulait remettre en activité la voie ferrée de Dijon
à Paris. Vers minuit nous nous mettions en route
pour accomplir cette nouvelle mission, et je me souviens qu'à ce moment même l'officier que j'avais
envoyé le matin à Blaisy-Bas revenait avec ses hommes; il avait franchi soixante kilomètres dans sa
journée, afin de pouvoir nous apporter lui-même
confirmation de l'arrivée d'une colonne ennemie.

Je pensais ne retrouver ces hommes qu'à Blaisy le lendemain ; quant à eux, voyant que nous allions repartir, ils demandèrent encore à nous suivre sur-le-champ, ce que je n'accordai que sur leurs instances, car les grandes fatigues auxquelles ils voulaient s'exposer volontairement avaient déjà été la cause de maladies nombreuses parmi mon personnel. Les malheureux qui étaient atteints, ne pouvant être admis, faute de place, dans les hôpitaux encombrés de Dijon, avaient été dirigés dans le Midi ; je n'en revis qu'un fort petit nombre. Quoi qu'il en soit, nous remontâmes jusqu'à Sombernon, où nous arrivâmes à neuf heures du matin, quelques-uns de mes hommes ayant parcouru plus de quatre-vingt-douze kilomètres (si j'ajoute les fausses marches qu'ils avaient faites) en vingt-huit heures et par un chemin tracé sur la neige, si glacé, si uni par le passage des piétons ou des voitures, que les uns ou les autres tombaient à chaque pas ; aussi, à toutes les haltes, ces malheureux s'étendaient sur la neige, à l'endroit même où ils se trouvaient. Pour augmenter nos fatigues, nous eûmes encore une alerte à Pont-de-Pany : à la pointe du jour, on vint nous signaler des uhlans. Chacun prit son poste sur les hauteurs aux points que je désignai, mais il ne s'agissait que de quelques chevaux qu'un marchand conduisait à Dijon.

Nous trouvâmes la position si importante de Sombernon complétement abandonnée, et je citerai une dépêche qui venait d'y arriver de Vitteaux, situé à vingt kilomètres environ à l'ouest-nord-ouest. Cette communication est un type de celles que nous recevions à chaque instant et montre la composition de ces hardies colonnes volantes qui s'aventuraient partout, afin de répandre la panique, de troubler et embarrasser nos mouvements; c'était, sans nul doute, la présence de cette brigade qui avait causé tant d'émoi dans la ville de Dijon. Voici le texte de la dépêche :

Les Prussiens sont arrivés à Vitteaux hier (2 janvier), à une heure de l'après-midi; ils sont restés dans la rue. On croyait même qu'ils ne coucheraient pas. On n'a pu savoir ni le nombre de canons, ni le nombre d'hommes au juste. Des personnes ordinairement bien renseignées ont dit qu'ils avaient couché à Pouillenay au nombre de 2,500, et que 500 de ceux qui étaient couchés à Semur les avaient rejoints, ce qui porterait la colonne à 3,000 à peu près. 700 à 800 sont couchés à Uncey, avec 4 canons, 3 caissons d'artillerie, beaucoup de cavalerie, et le reste en fantassins. Le reste aurait couché à Vitteaux. Point à Grosbois et point à Saffres. On entendait depuis Marcelois le canon dans la direction de Saint-Thibaud; pas une grande canonnade, seulement deux ou trois pièces. On dit qu'on s'est battu toute la journée dans cette direction et depuis le matin. Les éclaireurs sont allés jusqu'à Grosbois, l'ont traversé, et sont même venus jusqu'en face du barrage. La colonne a dépassé Uncey, mais elle a rebroussé chemin pour aller y coucher.

Aujourd'hui 3 janvier 1871, 11 heures et demie du matin.

Aucun éclaireur prussien n'est encore venu à Grosbois. Les 7 ou 800 Prussiens qui ont couché à Uncey se sont repliés sur Vitteaux.

A cette même heure.

Aucune nouvelle de Vitteaux n'est parvenue.

Le maire de Sombernon ne put que me communiquer cette dépêche, et j'envoyai aussitôt des éclaireurs pour savoir ce qu'étaient devenus ces Prussiens depuis la veille ; j'allai moi-même reconnaître, avec les hommes les moins fatigués, les deux routes (la *nouvelle* et l'*ancienne ;* celle-ci est une voie romaine) . qui conduisent à Vitteaux. J'étais accompagné par le maire, auquel j'indiquai les points où il était utile de dresser des embuscades et d'intercepter les routes, car ce travail devait principalement être fait par des hommes du pays, requis à cet effet, et je dois ajouter qu'ils répondirent à mon appel avec la meilleure volonté, apportant leurs outils, amenant leurs chevaux de trait, etc., de telle sorte que, trois jours après, les principales routes conduisant à Dijon, soit de Vitteaux par Sombernon, soit de Saint-Seine à Dijon, par Val-Suzon, ou Blaisy, étaient armées de barricades ou d'épaulements dans les bois qui dominaient les routes.

J'avais divisé mon personnel en escouades qui opéraient sur un périmètre dont Sombernon était le centre. Je me souviens que le capitaine Arnaud, qui fut chargé de se rendre jusqu'à Villeaux, y arriva au moment même où une colonne ennemie quittait le village. Il fut reçu avec grand enthousiasme par la population, et comme lui-même et sa compagnie étaient harassés de fatigue, les habitants les forcèrent pour ainsi dire à se reposer pendant la nuit qui suivit, tandis qu'ils surveillaient eux-mêmes tous les mouvements de la colonne prussienne, qui n'était qu'à une faible distance et pouvait subitement revenir. Arnaud me raconta encore que le maire, âgé de soixante-dix ans, ne voulut absolument pas se coucher de toute la nuit, qu'il passa tout entière soit à expédier de nouveaux éclaireurs, soit à écouter les rapports de ceux qui revenaient.

Je suis heureux de signaler de tels exemples, à l'honneur de la population, que les circonstances empêchaient de prendre à la lutte une part plus directe. Mais les habitants n'étaient pas toujours payés de retour par nos troupes. Ainsi, vers cette époque, passant au village de « la Chaleur » (ainsi nommé par antithèse sans doute, car il est situé à près de six cents mètres d'altitude, au sommet d'une chaîne qu'aucune autre n'abrite, et nous y éprouvions alors un froid excessif), je m'y reposai quelques instants chez un propriétaire qui voulait à toute force nous garder et nous traiter; sans nous avoir prévenus, les feux de la cuisine flambaient joyeusement et activement sous l'impulsion de la ménagère, et la bise froide et violente emportait au loin, avec la neige, les plumes des poulets qu'on nous avait sacrifiés. Ces bonnes gens parurent très-contrariés quand ils virent qu'ils ne pouvaient nous retenir, et cependant *leur grand-père avait été tué* quelques semaines auparavant par les francs-tireurs de l'Égalité de Marseille (les mêmes qui se signalèrent par leurs désordres à Autun), et voici dans quelles circonstances. Le grand-père, un vieillard de près de quatre-vingts ans, était encore très-vert, mais un peu sourd ; il avait fait une partie des campagnes du premier Empire et souffrait beaucoup de nos défaites. Un jour qu'il revenait chez lui, portant dans sa voiture la provision de pain de la maison, il fut arrêté par des francs-tireurs qui lui demandèrent son pain ; soit qu'il n'entendît pas, étant très-dur d'oreille, soit qu'il ne voulût pas se défaire de la provision de tout son monde, il fouetta son cheval et partit au galop. Il n'alla pas loin, un feu de peloton le suivit et le tua sur le coup.... Ce fait souleva l'indignation générale des habitants, mais je ne sache pas qu'aucune peine ou même un blâme aient été infligés pour cette mauvaise action, soit aux soldats, soit aux chefs qui étaient présents. Un des fils ou petit-fils de ce malheureux vieillard, dont le nom m'échappe, me raconta cette triste aventure.

Après avoir, suivant mes instructions, semé d'obstacles les deux routes de Vitteaux à Sombernon, celles de Dijon à Saint-Seine, par Val-Suzon, Pasques ou Panges, je revins seul à Dijon vers le 6 janvier, pour remettre le plan des travaux exécutés. L'armée de Bourbaki s'était déjà avancée dans les montagnes glacées de l'Est, où l'attendait la plus effroyable débâcle; les éléments et le défaut de nourriture devaient réduire et disperser en peu de jours une des plus belles armées que notre patriotisme eût créées jusqu'alors; car j'avais pu la comparer aux troupes de la première armée de la Loire, et, autant celles-ci étaient mal équipées, autant les hommes de Bourbaki étaient généralement bien vêtus et bien armés, les légions de mobilisés surtout. Sans oser remonter aux causes de cet épouvantable désastre, je dirai seulement que près de cinq cents wagons, chargés de matériel de guerre ou de vivres, restèrent inutiles en arrière; le tout était si bien enchevêtré, que pour amener un train de vivres il aurait fallu enlever plusieurs convois de munitions, et réciproquement, et il arriva qu'au moment où nos soldats mouraient faute de nourriture, des amas de vivres pourrissaient, malgré le froid, au milieu des gares.

C'est au général Pélissier, alors commandant de la place, que je remis le plan des quelques travaux que mes hommes avaient établis. Ce général me reçut avec beaucoup de courtoisie; il ne me parut pas cependant bien sûr ni de lui, ni de son armée, ni de sa situation; bien qu'il semblât avoir, par ailleurs, d'excellentes qualités, je ne pense pas qu'il eût l'*étoffe* nécessaire à la conduite d'une armée qui exigeait d'autant plus d'activité, de vigueur et de science militaire, qu'elle était elle-même plus inexpérimentée, et inaccoutumée à la vie du soldat. Bordone, qui entrait le même jour que moi à Dijon, accompagnant Garibaldi, sut bientôt saisir ce défaut de la cuirasse de son collègue (il venait d'être nommé général); aussi ne manqua-t-il pas d'essayer d'en profiter pour prendre le lieu et place du général Pélissier, ce à quoi il finit par réussir, car, dès le 25 décembre, Garibaldi était nommé au commandement général des troupes qui se trouvaient à Dijon. Mais, dans cette circonstance, Bordone, comme tous les hommes chez lesquels l'audace est plus grande que le génie, alla trop loin : après avoir à peu près annihilé les pouvoirs du général Pélissier, il le traita légèrement et s'en fit un adversaire redoutable, alors qu'il aurait pu aisément se le rendre très-utile comme auxiliaire. Rien ne peint mieux d'ailleurs les intrigues de Bordone à l'égard de Pélissier que le passage d'une lettre que lui adressait M. de Freycinet :

Guerre à général Bordone, à Dijon.

Je ne comprends pas les incessantes questions que vous me posez pour savoir qui commande, non plus que les difficultés qui surgissent toujours au moment où, dites-vous, vous allez entreprendre quelque chose.

C'est pendant le temps où le général Bordone consacrait la majeure partie de son temps à ruiner Pélissier que les forces ennemies qui devaient achever notre armée de l'Est passaient tranquillement au nord de Dijon ; tandis que d'une entente loyale entre ces deux généraux aurait pu résulter une pointe vigoureuse vers le nord, destinée à couper le passage aux Allemands.

Le 9 janvier j'étais encore à Dijon, lorsqu'un officier d'état-major vint m'inviter à me rendre à la réception que le général Garibaldi faisait de tous les corps d'officiers, dans les salons de la préfecture ; je m'y rendis. L'homme si populaire avait à sa gauche le général Bordone et à sa droite le général Pélissier ; ce dernier lui présentait successivement, et en corps, les officiers de chacune de ses légions, et chaque fois Garibaldi prononçait un nouveau discours. Le général était drapé à la *romaine* dans un long manteau gris, un foulard de soie rouge était négligemment jeté autour de son cou. La physionomie du célèbre condottiere est trop connue pour que je la retrace au lecteur ; je dois dire cependant que sa barbe fournie et abondante a les teintes claires et un peu fauves si fréquentes chez les Germains et si rares dans le midi de l'Europe. La tête de Garibaldi exprime surtout la foi, la conviction d'un apôtre ; son front, très-développé, légèrement fuyant, dénonce encore ces imaginations extrêmes que la raison ne guide pas toujours et qui s'approchent même des confins de la folie. Le nez grec a su conserver, malgré l'âge, toute la rectitude de ses lignes ; si l'on ajoute à cela une voix admirablement timbrée, une parole chaude, colorée, convaincue, sans recherche, des inflexions théâtrales, on comprendra toute l'influence de cet homme sur les masses méridionales, si amies de la forme et du mystique.

Pendant que j'examinais Garibaldi, que j'écoutais les discours successifs qu'il adressait aux divers corps d'officiers, le général Pélissier m'aperçut, me prit la main et me présenta à lui. Garibaldi me pressa la main, à son tour, me demanda quelques renseignements, et termina en me priant de rester à l'armée des Vosges, où notre spécialité pouvait surtout être utile en ce moment, puisqu'il se proposait de fortifier la ville. Le général Bordone appuya chaleureusement encore la proposition de son chef, et j'acceptai. D'ailleurs je n'avais pas encore reçu les nouvelles provisions de poudre que j'attendais ; cependant elles ne pouvaient tarder à venir, puisque j'avais envoyé à Saint-Étienne un de mes officiers avec un ordre extrêmement formel, signé du préfet de la Côte-d'Or et du général Pélissier ; dans cet ordre il était dit que l'on autoriserait le porteur à s'installer dans un compartiment de voyageurs avec tous les engins qu'il transportait pour la défense de la ville de Dijon. C'est ainsi seulement que je pus arriver à m'approvisionner de nouveau ; malgré cela, il ne fut possible à mon envoyé de revenir que vers le 15 janvier.

Après m'être entretenu avec le général Bordone, je revins aussitôt à Sombernon, pour y faire rapidement terminer les travaux commencés et ramener mon personnel à Dijon. C'est pendant ce voyage que j'eus l'occasion de voir pour la première fois le général Menotti Garibaldi, avec lequel je vécus alors, car nous étions logés ensemble chez le maire. Je trouvai en lui un homme calme, simple, peu enthousiaste, peut-être même fatigué de l'existence qu'il menait par dévouement filial ; il avait toutefois abandonné à l'appel de son père d'importants travaux qu'il dirigeait en Italie. Je sus lire, à travers sa réserve, que le général Bordone lui plaisait médiocrement : ce sentiment me paraissait assez naturel, car, on peut le dire, Bordone exploitait pour son compte, et le plus possible, l'influence et la réputation du vieux général.

A ce moment des escarmouches journalières avaient lieu, au nord de Dijon et sur notre extrême gauche, entre les compagnies clair-semées de nos francs-tireurs et les colonnes volantes ennemies, qui n'étaient autre chose que des rideaux destinés à cacher ses mouvements. Bien que ces engagements fussent sans aucune espèce d'importance au point de vue du résultat, nous n'y étions pas toujours heureux ; d'habitude nos francs-tireurs attendaient l'ennemi dans une belle position, mais bientôt ils y étaient tournés par l'infanterie, pendant que le canon les effrayait; la retraite avait lieu, et nous perdions alors tous ceux qui se laissaient attarder et surprendre par la cavalerie. C'est ainsi que la brigade de Riccioti Garibaldi, qui s'était avancée jusqu'à Montbard, dut bientôt renoncer à tenir la campagne et rentrer dans Dijon vers le 12 janvier.

C'était la fin de toute tentative d'une importance quelconque qui fut faite par l'armée des Vosges pour arrêter le courant d'ennemis qui s'écoulait devant nous, de l'ouest à l'est.

Dans un de ces combats partiels qui eut lieu au moment de mon retour à Sombernon, et dans les environs de ce bourg, le capitaine de la compagnie de Tarn-et-Garonne, qui s'était trouvé sous mes ordres, fut tué par les Prussiens dans des circonstances qui méritent quelques développements.

Le 7 janvier, les francs-tireurs de Tarn-et-Garonne et ceux de Vaucluse firent une pointe dans la direction de Saint-Seine et de Chanceaux, où on venait de nous signaler une colonne ennemie. Ils ne tardèrent pas, en effet, à rencontrer des Prussiens, mais en nombre et munis d'artillerie; il y eut néanmoins une chaude escarmouche dans laquelle nous ne perdîmes que trois ou quatre hommes, pendant que nos adversaires, fusillés à découvert, laissaient sur le terrain une cinquantaine des leurs; mais, suivant la coutume, l'artillerie mit bientôt nos francs-tireurs en débandade. C'est alors que, serrés de près par l'ennemi, ils perdirent quelques hommes, entre autres, le capitaine de Tarn-et-Garonne, qui fut cerné, pris et fusillé séance tenante; c'était leur manière d'agir avec les francs-tireurs. Ces sauvages s'acharnèrent même sur les blessés, qu'ils criblèrent de coups de baïonnette. Le cadavre du malheureux capitaine fut retrouvé dans la neige et apporté le lendemain soir à Sombernon. Nous regrettâmes d'autant plus cet événement, que, lors de notre embuscade de Savranges, nous avions tous remarqué la bonne tenue de la troupe de ce capitaine, qui avait sur ses hommes cette grande influence que les esprits supérieurs savent d'ordinaire si facilement exercer. Son lieutenant nous raconta en pleurant cette mort d'un brave. Pendant que ses hommes lâchaient pied, le capitaine ne quittait pas le premier rang; excellent tireur, il ne cessait d'abattre quelque ennemi; enhardi par son succès, il s'arrêta même derrière un abri et y resta seul pendant que ses hommes gagnaient l'épaisseur du bois. « Capitaine, lui cria de loin son lieutenant, il est temps pour vous de nous rejoindre ! — Il me reste encore quatre ou cinq cartouches, » répondit simplement ce héros, qui, comme tant d'autres, tomba obscurément dans cette guerre où les courages isolés ne firent pas défaut, mais restèrent stériles par défaut de cohésion et d'ensemble. Morts héroïques, la patrie vous salue !

La famille du capitaine avait réclamé son corps, mais avant qu'on l'envoyât, une cérémonie religieuse fut célébrée dans la petite église de Sombernon ; c'était le 10 janvier, et tous les francs-tireurs qui se trouvaient alors dans le village tinrent à honneur d'y assister ; le colonel Loste, qui présidait, improvisa un discours chaleureux et plein de cœur, dont je retins la phrase suivante, car elle devait terriblement se réaliser pour celui qui la prononçait :

« Adieu, dit le colonel, nous te suivrons bientôt peut-être, mais avant, nous te vengerons ! »

Nos travaux étant terminés à Sombernon, aussitôt après la triste cérémonie à laquelle nous venions d'assister, par un temps clair, mais extrêmement froid, nous revînmes à Dijon. Pour donner une idée des progrès faits par mon personnel dans l'habitude de la fatigue, je dirai que nous parcourûmes en cinq heures trois quarts les vingt-huit kilomètres qui nous séparaient de Dijon, sans que nous *eussions un seul traînard,* et cependant, dès le matin, la plupart des hommes avaient donné la dernière main à des travaux situés à quelques kilomètres de Sombernon, sur la route de Vitteaux.

C'était le 10 janvier.

X

Dès notre arrivée à Dijon, le général Bordone me chargea de lui faire un rapport, non-seulement sur les travaux déjà exécutés, mais encore sur ceux qu'il nous semblerait bon d'établir pour la défense; car, suivant la tactique prudente de Garibaldi, il semblait qu'on renonçât à prendre l'offensive; on ne voulait plus que s'abriter fortement dans la ville. Nous connaissions déjà le pays; aussi, le 15 janvier, je pus remettre le rapport qui nous était demandé et dont je donne ici une copie, afin que l'on puisse juger et des travaux déjà faits et de ceux qu'il restait à faire à cette date. On verra par la suite des événements que nos plans reçurent un commencement d'exécution, et que les points qui en furent laissés de côté, par manque de temps ou de sanction de la part des chefs, se trouvèrent être précisément plus tard les côtés faibles de la défense, lors des trois attaques consécutives des 21, 22 et 23 janvier. Je dois avouer que tout ce que nous vîmes d'exécuté déjà comme défense sur les sommets de Talant et de Fontaine consistait en petits murs de pierres sèches, ayant cinquante centimètres d'épaisseur; on avait naïvement laissé dans ces murs, et çà et là, des regards par lesquels on pouvait envoyer un coup de carabine. Cet ouvrage, des plus dangereux pour ceux qui auraient osé y prendre un abri contre le canon, était d'ailleurs si peu solide, qu'une simple poussée d'un homme vigoureux en jetait à terre toute une portion.

J'ai cru bon de donner ici la copie textuelle du projet de défense de la ville que nous adressâmes au général Bordone :

PROJET DE DÉFENSE DE LA PARTIE NORD DE LA VILLE DE DIJON.

La ville de Dijon peut être défendue en couvrant :

1° La route de Plombières à Dijon. Cette route est dominée par la butte de Talant et par la hauteur où est la ferme de Belair. De Talant on découvre la route jusqu'à Plombières. Cette position doit donc être fortifiée. Le sommet de Talant se compose d'un terrain rapporté, essentiellement caillouteux. Il ne faut pas songer à faire des parapets pour s'abriter avec un pareil terrain, mais bien des tranchées; celles-ci seraient creusées à cinq mètres en dedans de la ligne qui forme l'arête de la face supérieure du tronc de cône de Talant. Les fossés auraient une largeur et une profondeur proportionnées à la grandeur des canons à placer. On ferait les embrasures en coupant le terrain sur une largeur de trois mètres, faisant ensuite une construction avec des gabions remplis de bonne terre, afin de ne laisser que l'embrasure nécessaire. Les terres des fossés seraient retenues par un boisage approprié, mais disposé de façon à empêcher toute dégradation de l'ouvrage. Ce boisage aurait aussi pour but de supporter une forte toiture, faisant casemate contre les obus et les tirs plongeants. Une longueur de soixante mètres serait suffisante à cet ouvrage; pour que l'on puisse bien régler la distribution des munitions dans ce cas, on n'abriterait là qu'un petit nombre de fantassins; le reste pourrait être bien mieux utilisé dans une redoute faite à une certaine distance du sommet et en dessous de ce premier ouvrage; là, on pourrait faire une tranchée aussi longue que l'on voudrait. Ce deuxième ouvrage pourrait être fait aussi avec une tranchée d'un mètre trente centimètres de profondeur, de deux mètres de largeur, toujours sans parapet artificiel, à cause de la mauvaise nature des terres pour remplir ce but.

Quelques maisons dominent Talant; on pourrait facilement les transformer en forteresses qui domineraient au loin tout le pays. Cette position commanderait aussi tout le plateau d'Hauteville. Sur ce plateau passe la route de Saint-Seine à Dijon. Cette route peut être aussi défendue directement par une flèche placée à huit kilomètres de Dijon sur la route de Saint-Seine; les côtés de cette flèche devraient faire un angle de soixante degrés environ; son sommet ferait saillie du côté du village de Darois et pourrait être armé d'une mitrailleuse ou d'un canon de campagne. Cette flèche pourrait avoir cinquante ou soixante mètres de côté et par conséquent abriter sur deux rangs environ cinq cents hommes. Ceux-ci auraient une retraite facile en se jetant dans les bois du côté de Messigny, ou même en suivant un ravin sur la droite qui les conduirait près d'Ahuy. Des tranchées seraient facilement établies dans ce bois, sur les bords du ravin et sur les bords de la route; elles abriteraient des tirailleurs qui protégeraient la retraite et dont le feu pourrait faire beaucoup de mal à l'ennemi. — Les hauteurs de Talant commandent donc toutes les avenues de Dijon, du nord vingt degrés ouest à l'ouest.

2° La position de Fontaine aidera certainement à la défense de cette portion du territoire avoisinant Dijon. Elle commande aussi toute la portion nord vingt degrés ouest à l'est vingt degrés nord. Fontaine peut être défendu d'une façon tout à fait analogue à celle que nous venons de décrire pour Talant. Nous n'y reviendrons donc pas. Cette deuxième portion de territoire serait protégée aussi

par des fortifications établies à Saint-Apollinaire;
position dominante qui défendrait l'est de Dijon. A
Saint-Apollinaire, il faudrait installer deux ouvrages
espacés de huit cents mètres et se flanquant l'un
l'autre; l'un serait établi au sommet de la montagne
et pour la défense du nord-est, tandis que l'autre,
placé à l'est du village, défendrait le sud-est.

Dijon, 15 janvier 1871.

Le chef de bataillon, commandant le génie
auxiliaire de la Loire,

JULES GARNIER.

En remettant au général Bordone le projet qu'il
m'avait demandé, et dont il fit activement pousser
l'exécution, je lui rappelai que notre but n'étant pas
de rester stationnaires, j'allais me diriger vers le
nord, d'autant mieux que mes munitions étaient enfin
arrivées, et que j'avais pu me procurer des moyens
de transport et de nouvelles recrues qui avaient comblé les vides que notre courte mais laborieuse
campagne avait déjà produits. Le général Bordone
insista encore pour me garder auprès de lui et me
chargea même sur l'heure de me rendre à Is-sur-
Tille, en suivant la vallée qui conduit vers ce point,
et d'étudier le long de ma route les moyens propres
à arrêter les progrès de l'ennemi, s'il se présentait
de ce côté. Cette nouvelle mission n'ayant rien de
bien arrêté comme marche à suivre, j'emmenai

avec moi des munitions suffisantes pour opérer sérieusement au cas où nous pourrions pousser suffisamment au nord pour arriver jusqu'aux lignes ferrées occupées par l'ennemi.

Le 17 au matin nous quittâmes Dijon, ne pensant pas être troublés par l'ennemi, au moins jusqu'à Is-sur-Tille, qui était le but principal de notre excursion. A dix kilomètres environ de la ville, nous quittâmes la route principale pour visiter le village de Messigny, dont nous voyions les habitations s'élever sur une colline qui domine la rivière de Suzon. A peine étions-nous sur la place de ce bourg, qu'un de nos retardataires nous rejoignit tout effaré, nous apportant l'annonce que les Prussiens étaient sur la route. Il me paraissait étrange que l'ennemi *pût* s'avancer ainsi jusqu'à quelques kilomètres sans être inquiété ou sans qu'on soupçonnât même sa présence au quartier général. En tout cas, comme, d'après les dires, il ne s'agissait que d'un petit nombre de cavaliers, je pris aussitôt un parti; un détachement, sous les ordres d'un officier énergique, M. Caulry, fut envoyé directement et en *belle vue* sur la route de Dijon que nous venions de quitter, pendant que, à la faveur du bois et des clôtures qui couronnent les hauteurs de Messigny et d'un chemin creux qui y conduit, j'effectuai au pas de course avec le reste de mes hommes un mouvement qui devait me permettre de tomber tout à coup sur les derrières de l'ennemi. A peine avais-je dépassé les dernières maisons du village, que ma lorgnette me montra distinctement une trentaine de cavaliers prussiens ; ils suivaient au pas la route qui mène à Dijon et sur laquelle nous nous serions vus face à face, si nous ne l'avions quittée pour visiter Messigny.

Comme ce détachement approchait de la ville, il ne le faisait qu'avec la plus grande prudence ; quelques cavaliers avaient quitté la route et se tenaient sur le flanc des hauteurs qui la dominent à l'est ; de là, ils voyaient au loin devant eux dans la direction de Dijon et découvraient encore tout mouvement qui aurait été essayé du haut des collines de l'ouest où nous étions précisément postés. Cependant nous gagnions du terrain et aurions déjà pu sûrement couper la retraite à ces éclaireurs si nous avions été montés. Bientôt, néanmoins, ils aperçurent le lieutenant Caulry et sa petite troupe, et cette apparition leur fit faire halte, mais ne sembla pas les inquiéter beaucoup, car l'officier, prenant sa lunette, se mit à interroger attentivement l'horizon, puis consulta sa carte et prit des notes. Ils laissèrent ainsi mon détachement s'approcher à quatre cents mètres ; à cette distance ceux-ci firent feu, sans résultat sensible. Les éclaireurs tournèrent bride aussitôt, poussèrent une charge pendant deux cents mètres environ, firent de nouveau halte et volte-face, pendant que l'officier reprenait tranquillement le cours de ses observations, qu'il ne suspendit qu'en entendant de nouveau siffler à ses oreilles les balles de nos hommes qui avaient encore pu arriver à portée. Ce manége dura quelques minutes et aurait pu coûter cher à ces audacieux éclaireurs, car, de notre côté, nous avancions toujours ; malheureusement, quelques-uns de mes hommes, plus zélés qu'habiles, sortirent des broussailles pour marcher plus à l'aise et furent aperçus. Les cavaliers comprirent alors que c'était sérieux, et s'enfuirent décidément à fond de train ; les poursuivre eût été envoyer un nuage à la recherche du vent, et nous revînmes à Messigny, après avoir laissé des sentinelles sur les hauteurs.

J'étais cependant stupéfait de cet incident, qui me semblait inexplicable ; comment une trentaine de uhlans pouvaient-ils arriver jusqu'aux portes de Dijon, où se trouvait depuis quinze jours toute une armée de quarante mille hommes ? La leçon que Garibaldi avait reçue à Autun n'était-elle pas assez dure ? Je suis persuadé que ce jour-là un régiment de dragons prussiens, arrivant au point du jour, entrait dans la ville de Dijon et s'en emparait. Je prévins aussitôt par un exprès l'état-major de Garibaldi, ajoutant que je m'établissais à Messigny, d'où je pousserais des explorations en avant dans la vallée qui mène à Is-sur-Tille.

Nous n'étions cependant pas seuls dans cette direction ; de l'autre côté de la vallée, à l'est de la

route de Dijon et dans le village de Norges, se trouvaient quelques compagnies des mobilisés du Jura;
deux de leurs sentinelles furent même enlevées par
ceux de ces audacieux cavaliers qui se tenaient sur
les hauteurs. Ce n'est qu'un instant après que l'a-
larme se répandit à Norges, mais les uhlans battaient
déjà en retraite devant le détachement que j'envoyai.
Néanmoins, trois compagnies de ces mobilisés se
mirent sur la trace des fuyards et opérèrent de concert avec les quelques hommes que j'avais chargés
d'éclairer cette direction. Ignorant alors ces faits et
ne voyant pas revenir mon lieutenant, que je savais
brave jusqu'à la témérité; ayant d'ailleurs entendu
quelque temps après le bruit d'une fusillade assez
vive, je m'empressai de me porter du côté d'où elle
semblait venir. Je divisai mes hommes en deux détachements; l'un d'eux devait remonter la vallée en
suivant les hauteurs de l'est, pendant que je suivrais
avec l'autre les collines boisées de l'ouest. La vallée
était redevenue silencieuse après la fusillade reten-
tissante que nous avions entendue et qui provoquait
notre marche en avant; de plus mes yeux aidés de
la lunette n'y découvraient plus ni amis ni ennemis.
Ceux-ci, à n'en pas douter, devaient occuper le village de Savigny-le-Sec, qui s'étendait au fond de la
vallée et à trois kilomètres seulement de distance;
mes soupçons furent confirmés lorsque je vis un
groupe de cavaliers sortir de ce hameau et s'avan-

cer avec précaution sur le chemin qui mène à Messigny. .

Après avoir parcouru quelques centaines de mètres dans cette direction, quelques-uns d'entre eux quittèrent la route et se postèrent en observation sur des monticules, pendant que les autres, mettant pied à terre, se courbèrent sur des masses noires, espacées çà et là sur la terre boueuse des champs. Je n'avais pas encore remarqué ces objets sombres et immobiles, mais je reconnus aussitôt une série de cadavres d'hommes et de chevaux dont, grâce à ma lunette et à un brillant soleil, je pouvais même distinguer les postures. Étaient-ce des amis ou des ennemis qui venaient de trouver là leur dernier moment? Je ne pouvais m'en assurer à cette distance; mais il devait évidemment y avoir des ennemis, car les cavaliers, après avoir enlevé une partie du harnachement des chevaux morts, essayèrent de charger sur leurs montures quelques-uns de ces cadavres.

Nous avions fait halte, et mille mètres environ nous séparaient de cette scène, que nous observions complétement cachés dans un chemin creux. C'est alors que nous aperçûmes notre second détachement, celui qui opérait parallèlement à nous; on le voyait s'avancer rapidement sur le village de Savigny, où nous espérions qu'il pourrait peut-être arriver assez à temps pour couper la retraite aux cavaliers, que nous nous préparions à charger aussitôt qu'ils se

trouveraient placés entre nos deux feux. Mais ceux-
ci ne laissèrent pas cet espoir se réaliser, et bien que,
grâce aux précautions prises, ils ne pussent encore
apercevoir aucun de nos détachements, ils semblaient
indécis, inquiets surtout; ils se décidèrent même
enfin à laisser là les cadavres de leurs camarades,
sautèrent à cheval et reprirent au trot la direction
du village, où ils disparurent bientôt derrière les
premières maisons. Trois d'entre eux cependant
revinrent aussitôt se mettre en observation à l'entrée
de Savigny; mais, soit qu'ils eussent aperçu notre
compagnie, qui n'était plus qu'à une faible distance,
soit toute autre cause, nous les vîmes s'éloigner encore. Cinq minutes après leur disparition, le détachement qui nous faisait face débouchait à son tour
dans la vallée même; je les voyais s'avancer dans le
plus grand ordre et se diriger sur le village; il m'é-
tait impossible de pouvoir les prévenir de la présence
de l'ennemi et de ce que je venais de voir. Aussi je
m'empressai de prendre la même direction pour leur
prêter main-forte; mais, quelques instants après
que cette compagnie eut pénétré dans le village, au
moment où je m'attendais à entendre les explosions
des armes à feu et à faire prendre à mes hommes le
pas de course, à ma grande surprise, le détachement
du capitaine Imbert sortit du village dans le même
ordre parfait où il y était entré, et reprenait sa marche automatique dans notre direction, c'est-à-dire

dans celle de Messigny. Fidèle à son programme et malgré le danger qu'il y avait à l'exécuter (car il connaissait comme nous tous les mouvements de l'ennemi), le capitaine Imbert avait bravement accompli l'itinéraire que je lui avais tracé, comme étant le meilleur pour retrouver notre premier détachement, ou ses traces. Mais il ne m'en rapportait aucune nouvelle. En passant auprès des cadavres étendus au fond de la vallée, il avait constaté qu'ils appartenaient tous à des cavaliers ennemis ; de nos hommes point. Nous nous perdions en conjectures sur le sort de nos compagnons, lorsque, à notre grande joie et surprise, nous les aperçûmes, en entrant une heure après dans le village même de Messigny. Voici maintenant le rapport qui me fut fait sur les événements de la journée par le chef du détachement que nous avions cru un instant perdu.

J'ai dit que le lieutenant Caulry n'avait avec lui qu'un sergent et une dizaine d'hommes, lorsqu'il marcha à la rencontre des cavaliers qui, vers les onze heures du matin, s'avançaient sur Dijon. Après avoir fait feu plusieurs fois sur ces éclaireurs, notre petite troupe remonta le flanc opposé de la vallée, dans la direction de Norges, avec l'espoir de trouver et de pouvoir rapporter des renseignements importants. M. Caulry rencontra bientôt sur sa route quelques compagnies de mobilisés qui battaient rapidement en retraite vers leur quartier général, installé sur les hauteurs de Norges. La cause de cette retraite était simplement l'annonce faite par un habitant du pays qu'il avait aperçu à Marsannay, c'est-à-dire à six kilomètres, une colonne prussienne considérable. Mon lieutenant essaya en vain de ramener et d'entraîner avec lui en avant ces compagnies.

Il dut poursuivre seul sa route et ses observations. Bientôt après il aperçut de nouveau les cavaliers ennemis qui, après s'être mis hors de notre portée et s'être assurés que nous avions cessé une poursuite inutile, avaient fait halte pendant que leurs sentinelles battaient la campagne de toute part, lançant leurs chevaux successivement sur tous les sommets où ils restaient en observation pendant quelques minutes. Voyant ce manége, mon lieutenant avait gagné, inaperçu, un bouquet d'arbres non loin de Savigny, et là, bien posté, il attendait que ces cavaliers, dans les divers mouvements qu'ils faisaient, vinssent passer à portée de ses carabines ; mais il remarqua bientôt, qu'en gens prudents, les cavaliers ennemis ne s'approchaient jamais des bois à belle portée. Telle était la situation, lorsqu'un de ses hommes, qui voulait se signaler sans doute, quitta les bois pour s'approcher davantage de quelques cavaliers et les tirer à coup sûr ; mais le pauvre diable fut aussitôt signalé par des sentinelles à ceux mêmes qu'il voulait surprendre ; en quelques minutes les chevaux étaient sur lui, on l'entourait et on le faisait prisonnier. Heureusement pour ce pauvre garçon, que les Prussiens se préparaient à fusiller, trois compagnies de mobilisés apparurent à une faible distance du groupe des cavaliers ; mon lieutenant suivi de ses hommes s'empressa de se diriger vers ce renfort qui arrivait à un si bon moment. Quant aux Allemands, qui avaient à leur tête un capitaine et un lieutenant, en voyant les trois cents hommes qui s'avançaient ainsi sur eux, ils se concertèrent quelques instants, après avoir minutieusement, avec la lunette, étudié l'uniforme des nouveaux arrivants ; le capitaine fit un discours à ses hommes dans lequel notre prisonnier entendit revenir plusieurs fois le mot « mobiles », prononcé avec ironie ; les soldats répondirent aux paroles de leurs chefs par des « hurrahs » retentissants, puis, mettant le sabre au poing, lancèrent leurs chevaux sur nos mobilisés, qui n'étaient plus qu'à trois cents mètres. Ceux-ci, à leur tour, avaient fait halte, leur chef les avait placés en tirailleurs sur une petite éminence longeant la route (c'est sans doute ce développement en tirailleurs qui engagea trente cavaliers à charger trois cents hommes). Chacun de nos mobilisés avait à peine pris son poste que les cavaliers s'élançaient sur eux ; quelques secondes après ils arrivaient comme une trombe sur nos lignes fragiles ; heureusement le terrain détrempé et boueux était peu favorable aux chevaux, qui durent un peu ralentir leur allure. Nos mobilisés reprirent un peu de confiance. «Feu! feu!» criaient leur capitaine et mon lieutenant, qui arrivait au pas de course. Trois cents coups de carabine retentirent et une dizaine de cavaliers tombèrent. Quant aux autres, ils franchirent la faible ligne de nos mobilisés, distribuant à droite et à gauche des coups de sabre qui blessèrent légèrement quelques hommes; mais le capitaine prussien était tombé, et le lieutenant s'enfuyait, ayant une balle à travers le corps. Ainsi privés de direction, ceux qui restaient ne profitèrent pas de leur avantage, car les mobilisés, ainsi tournés et traversés, étaient prêts à se débander et à fuir, si on eût continué à les sabrer; il est vrai que l'arrivée de la troupe, petite, mais serrée, compacte et résolue, de mon lieutenant serait venue juste à point pour remettre l'équilibre.

Quoi qu'il en soit, les Prussiens laissaient dix morts sur le terrain, y compris leur capitaine : il se nommait Charles Platt. On put, en outre, faire deux prisonniers dont les chevaux avaient été tués. Ceux-ci, dans leur interrogatoire, nous apprirent qu'ils appartenaient au 3ᵉ régiment de dragons poméraniens de Neumark, qui faisait partie du 2ᵉ corps d'armée de la 3ᵉ division; ils tenaient la campagne depuis le commencement de la guerre, avaient combattu à Gravelotte, fait le siége de Metz, de là s'étaient dirigés sur la Loire, d'où on les faisait passer dans l'Est. Ils servaient actuellement d'éclaireurs à une colonne de neuf mille hommes qui *en ce moment* passait à quelques kilomètres de nous de l'est à l'ouest, dans la vallée profonde et si facile à défendre qui mène de Dienay à Is-sur-Tille.

Le soir même nous nous empressâmes de transmettre au quartier général ces renseignements ; j'affectai, en outre, d'appuyer sur l'importance du fait de ce courant prussien qui défilait ainsi près de nous, et le lendemain je reçus la dépêche suivante du général Bordone ; je la cite, puisqu'il ne donne aucune des miennes dans son livre, afin de montrer qu'il les avait cependant bien reçues :

Au commandant Garnier.

Merci de vos renseignements ; restez où vous êtes, observez et renseignez-moi. Demain, vous recevrez avis et ordres.

Le général chef d'état-major,
Signé : BORDONE.

C'est pendant que mon lieutenant et les mobilisés du Jura revenaient victorieux à Messigny, que nous quittions ce village pour aller à leur rencontre. Notre expédition, on l'a vu, fut moins féconde en épisodes ; cependant le capitaine Imbert, qui était entré dans le village de Savigny et en avait fait le tour, me rapporta que le cheval du capitaine des dragons, frappé à mort comme son maître dans la rencontre dont nous avons donné les détails, était venu tomber et mourir sur la place même du village de Savigny; l'animal portait encore son harnachement, qui attestait à n'en pas douter qu'il avait appartenu au malheureux capitaine. Celui-ci était mort dans des circonstances dramatiques : il tomba blessé seulement et se mit sur son séant; voyant alors un soldat qui allait le frapper de sa baïonnette, ignorant peut-être le français, il lui tendit sa gourde; ce mouvement d'amitié, compris par tout Européen, lui épargna en effet le coup de baïonnette; mais un mobilisé qui suivait fut moins tendre, et acheva le capitaine d'un coup de fusil.

Je décidai de faire moi-même sur-le-champ une excursion au village de Savigny, dans l'espoir d'y surprendre les cavaliers ennemis qui pourraient s'y trouver encore, et aussi de rapporter le harnachement du cheval de l'officier, qui remplacerait avec avantage celui dont, faute de mieux, je m'étais servi jusque-là. Je formai donc aussitôt une petite troupe de volontaires, avec laquelle je me dirigeai sur Savigny. La nuit était venue et se trouvait très-obscure; nous observions le plus grand silence, pour ne pas dénoncer notre passage aux sentinelles ennemies, dont nous allions évidemment approcher beaucoup. Je savais que nous devions passer sur le champ même du combat de la journée, c'est-à-dire à côté des cadavres de ces Germains, qui, pour satisfaire à ces fatales lois humaines de la guerre,

étaient venus tomber si loin des leurs, et n'avaient
pour dernière couche que le sol fangeux d'une
terre froide et humide..... Telles étaient mes réflexions pendant que nous suivions le chemin bour-
beux qui menait à Savigny; d'ailleurs la nuit sombre, le temps glacial et humide que nous avions
alors étaient bien faits à eux seuls pour mettre en
mouvement nos plus sombres pensées..... Lorsque
nous passâmes auprès des cadavres des victimes de
la journée, un sergent me demanda l'autorisation
pour quelques hommes de prendre les bottes des
Prussiens; je l'accordai volontiers, car mes pauvres
soldats n'avaient que d'affreuses chaussures qui ne
les garantissaient pas et qui s'échappaient même à
chaque instant de leurs pieds. Pendant que quelques volontaires se détachaient pour utiliser la per-
mission donnée, je m'approchai du cadavre du capitaine, qu'on venait de reconnaître à ses insignes.
C'était un homme à la barbe déjà grisonnante, mais
dans toute la force de l'âge; à la faible lueur de
quelques étoiles, j'examinai cette physionomie bru-
tale mais énergique, où les taches de sang et de
boue se confondaient. A ce moment, un gémissement
étrange se fit entendre non loin de nous, et je vis
tressaillir mes superstitieux compagnons; de fait,
il y avait quelque chose de surnaturel dans cette
plainte; mon oreille, habituée cependant à bien des
cris divers, n'en avait jamais entendu de semblable;

Je me dirigeai du côté d'où il semblait nous être venu, et j'aperçus bientôt un cheval qui agonisait sur la terre humide, moins heureux que ses voisins qui dormaient pour toujours, car il ne vivait plus que pour souffrir..... Le pauvre animal essaya de relever la tête à mon approche, et put à peine y réussir; il poussa alors une seconde plainte, mais si douloureuse, que je compris ses souffrances et voulus y mettre un terme; j'appelai un de mes hommes, qui tira son couteau-poignard, en me disant : *Je connais la veine, commandant.*

Nous étions tout près du village de Savigny; sur les hauteurs qui le dominent directement, des feux de bivouac, qu'on cherchait à cacher, mais que nous pouvions distinguer maintenant, jetaient des éclats faibles et intermittents; nous marchions dans le plus grand silence; les doigts étaient sur la détente de chaque carabine, et la mort pouvait en partir en un instant aussi rapide que la pensée..... Nous entrâmes ainsi dans le village et arrivâmes sur la place; le cheval du capitaine y était encore tout harnaché. Les Prussiens n'avaient pas eu le temps d'y toucher, et les habitants n'auraient osé le faire. En quelques secondes, mes hommes eurent arraché ces dépouilles; poursuivant alors jusqu'aux dernières maisons du village, nous aperçûmes sur la hauteur, à trois cents mètres de nous, le camp prussien; de nombreuses sentinelles veillaient et se

distinguaient à peine du tronc de certains arbres,
dont elles avaient l'immobilité.

Avant de quitter le village, nous frappâmes à une
porte, qui s'ouvrit : c'était précisément celle du
maire. Le brave homme fut assez content de voir
des Français; mais quand il apprit notre petit nombre, il nous engagea vivement à la retraite. Nous
n'avions, en effet, pas moins de six cents cavaliers
campés auprès de nous; l'échec de la journée avait,
paraît-il, affecté beaucoup le commandant en chef
de cette troupe, lequel n'avait rejoint qu'à la nuit
tombante ce qui restait de ses éclaireurs; c'est que
les Prussiens étaient aussi avares de la vie de leurs
officiers qu'ils étaient prodigues de celle de leurs
soldats, et dans cette seule petite affaire de la journée, ils avaient perdu un capitaine et un lieutenant.
Aussi le commandant ne jugea-t-il pas prudent de
camper dans le village même.

Vers les neuf heures, nous rentrions à Messigny,
où un repas m'attendait, repas d'autant meilleur qu'il
était à peu près exclusivement composé des provisions enlevées aux cavaliers tués dans la journée,
parmi lesquelles se trouvait entre autres une excellente épaule de mouton, qu'un des dragons portait
suspendue à sa selle, et que le lieutenant Caulry
n'avait point négligé de mettre à part. C'est qu'il
n'était point facile de trouver à vivre à Messigny,
où se succédaient depuis des mois Français ou Prus-

siens; on avait même tellement de peine à s'y procurer le plus nécessaire, c'est-à-dire le pain, que je dus, le lendemain, en envoyer chercher à Dijon.

J'ai toujours pensé que l'attaque de Dijon, qui commença trois jours plus tard, fut surtout amenée par la série d'événements qui se déroula depuis ce moment, et qui fit croire à l'ennemi que, décidément, on pourrait entrer à Dijon cravache à la main; si ce fut là le résultat d'une tactique du général Garibaldi, elle fut adroite et réussit, bien que, par ailleurs, elle laissât aux Prussiens libre passage vers l'est.

Ainsi, le 17, trente éclaireurs viennent jusqu'à dix kilomètres de la ville, chassant devant eux plusieurs compagnies de mobilisés; ils paradent pendant le reste de la journée dans une vallée qui commande Dijon, en pleine vue des hauteurs qui dominent le territoire et que nous n'avons point occupées; enfin, ce n'est que vers le soir qu'ils voient s'avancer sur eux quelques centaines de mobilisés. Mais le lendemain, 18 janvier, c'est bien pis; l'armée des Vosges sort de Dijon, dès le matin, en deux colonnes, occupant les deux rangées de collines qui bordent la vallée d'Is-sur-Tille; celle qui formait l'aile droite s'arrête au village de Norges, pendant que l'autre fait halte à Messigny, où je me trouvais. Garibaldi et son état-major devançaient cette dernière colonne. Le vieux général mettait vraiment à

ses fonctions la meilleure volonté du monde, car,
malgré la douleur qui lui paralysait à peu près les
jambes, il descendit de voiture et monta par des
sentiers de chèvre sur les hauteurs de Messigny,
d'où l'on domine parfaitement la vallée. Le général
en chef de l'armée des Vosges était suivi de tout son
état-major, composé en grande partie d'amis ou de
gens de sa famille; je l'accompagnai dans cette petite excursion sur les hauteurs de Messigny, et lui
donnai quelques explications sur la topographie des
lieux environnants; il m'écouta volontiers en man-
geant un morceau de pain, de la viande froide, et
buvant scrupuleusement, me sembla-t-il, de l'eau
pure. Ce repas lacédémonien, cette sortie en nombre me semblaient de bon augure; c'était sans
doute le début d'une campagne, la fin de l'inaction,
j'étais heureux.....

C'est donc tout enchanté que je quittai le général
et retournai vers mes compagnons leur faire part de
mes espérances. Hélas! la journée, qui était splendide, s'écoula peu à peu; les officiers, qui avaient
faim et qui ne trouvaient rien à Messigny, réclamè-
rent tout haut le retour; d'ailleurs les paysans, dont
la curiosité était saturée, avaient fini d'admirer
leurs uniformes éclatants; les ordres du retour à
Dijon furent donnés, et chacun s'y prépara.

Je pouvais constater le fait, mais non y croire; il
fallut à la fin me rendre à l'évidence. Pour passer

notre mauvaise humeur, mes hommes étant tous réunis, nous reprîmes la route de Savigny, tournant le dos à l'armée des Vosges, qui revenait au *far niente;* mais il fallait que la dérision fût complète, et c'est en jouant sur des cuivres faux l'air de ce chant patriotique et sacré de *la Marseillaise,* qui menait nos pères à la victoire, que nos défenseurs tournèrent volontairement le dos à la direction où était l'ennemi. Au moment où l'orchestre nous envoyait cet air, qui me parut sinistre et me serrait le cœur, nous débouchions des bois que nous avions longés depuis le village, et descendions à Savigny; l'arrière-garde de Garibaldi aperçut ma petite troupe, et ne comprenant rien à cette manœuvre, malgré notre fanion tricolore, nous prit pour des Prussiens, et se mit à nous suivre, mais avec une prudence qu'était loin d'expliquer notre petit nombre. Je m'amusai un instant de leur méprise; mais comme, à tout prendre, ils auraient pu nous envoyer une volée de balles et blesser quelques hommes, je fis sonner par les clairons l'air connu de *la Casquette.* L'arrière-garde garibaldienne comprit, et s'empressa de disparaître à son tour.

La nuit était tombée quand nous arrivâmes à Savigny-le-Sec. Le maire, qui nous reconnut et paraissait enchanté de nous revoir, nous raconta que les éclaireurs prussiens venaient de quitter son village; une demi-heure plus tôt, nous les aurions trouvés ; tout le jour ils avaient suivi, non sans une évidente inquiétude, les mouvements de l'armée des Vosges, du haut des collines où ils s'étaient postés ; aucun détail de la journée ne leur avait échappé ; mais, sur le soir, lorsqu'ils constatèrent d'une façon certaine la retraite de Garibaldi, et qu'ils entendirent surtout les sons joyeux de l'orchestre italien qui menait cette marche rétrograde, ils ne purent s'empêcher de rire comme des fous sur la place même du village, et s'éloignèrent toujours riant et haussant les épaules ; ils allaient sans doute prévenir les généraux prussiens et les assurer qu'ils pouvaient en toute sécurité continuer le mouvement dans l'est qui devait aboutir à la ruine de nos dernières espérances.

J'ai dit qu'il y avait très-peu de vivres à Messigny en temps ordinaire, à plus forte raison après le passage de la nombreuse colonne qui y était venue dans la journée ; aussi demandai-je à souper au maire, qui nous octroya gracieusement deux moutons et du pain. Nous emportâmes le tout à Messigny, car j'étais de l'avis des Prussiens en ce qui regardait Savigny comme point stratégique ; c'est-à-dire que c'était un endroit excellent pour l'observation, mais redoutable comme campement nocturne.

Le lendemain, 19 janvier, pas de mouvements de Dijon. Nous reprîmes notre rôle d'éclaireurs, dont le point de départ était merveilleusement placé à

Messigny, car de là, en quelques minutes, on peut gagner un plateau couvert de forêts et entrecoupé de ravins profonds, qui s'étend à plusieurs lieues au nord et à l'ouest; nous maintenant sur la lisière de ces forêts, nous avions vue sur le fond de la vallée d'Is-sur-Tille, où nous pouvions descendre rapidement pour couper la retraite à un détachement ennemi, et, réciproquement, nous pouvions chercher un refuge dans ces bois sans fin, si nous étions assaillis par des forces supérieures. Tels étaient les avantages de cette situation, que, si des francs-tireurs l'eussent constamment gardée, ils auraient gêné considérablement, sinon empêché, les mouvements de l'ennemi.

Nous passâmes la matinée à reconnaître les sentiers de ces vastes forêts, et aussi à surveiller la vallée, dans l'espoir d'y voir revenir, comme les jours précédents, quelque escouade de cavaliers ennemis. Rien ne vint. Vers le milieu du jour, nous descendîmes au village de Savigny pour y prendre des renseignements; là, on nous apprit que trente cavaliers se trouvaient au village d'Épagny, à un kilomètre seulement au nord; mais on ajouta qu'une colonne prussienne était aussi à Chaignay, village situé sur des hauteurs qui dominent le précédent, dont, de plus, il n'est éloigné que de quatre kilomètres. Les dires des habitants étaient partagés sur la force de cette colonne; les uns l'estimaient à un

millier d'hommes, d'autres, et surtout un passant
étranger à la commune, assuraient que la colonne
était forte de neuf mille hommes. Ainsi, trente
uhlans à prendre d'un côté, mais être pris par une
colonne considérable de l'autre, telle était la chance
à courir, et nous la courûmes. Au moment où nous
allions prendre la direction d'Épagny, arrivèrent de
la direction de Dijon deux compagnies de francs-
tireurs : l'une, les francs-tireurs de Loir-et-Cher,
l'autre, du bataillon des « Enfants perdus de la montagne ». J'expliquai ce dont il était question aux
deux capitaines de ces troupes, qui acceptèrent
aussitôt de nous accompagner.

La distance qui nous séparait d'Épagny n'était que
d'un kilomètre, et on pouvait encore en parcourir
la moitié sans être aperçu du village ; lorsque nous
n'eûmes plus que cinq cents mètres à faire à découvert, nous prîmes le pas de charge, et quelques minutes après nous étions dans le village, sans qu'un
seul coup de fusil eût été tiré, et sans que nous eussions vu un seul ennemi. Nous pensions avoir reçu
de fausses indications ; mais comme les gens du village que nous interrogions ne nous donnaient que
des réponses évasives, nous conçûmes des soupçons ;
en effet, en les pressant un peu, ils nous avouèrent
bientôt qu'il y avait une ambulance prussienne installée dans une maison du bourg ; j'y pénétrai et
vis le lieutenant de dragons atteint l'avant-veille

dans la rencontre dont j'ai rapporté les détails; la balle avait traversé de part en part la poitrine du malheureux, frôlant le cœur; néanmoins il avait eu la force de faire encore plusieurs kilomètres à cheval. Un chirurgien, qui pâlit de crainte en nous voyant, soignait ce mourant; je rassurai l'homme de l'art, qui croyait avoir affaire à des bandits de son espèce. Deux autres Prussiens, munis du brassard des ambulanciers, affectaient auprès du malade un zèle et un empressement qui indiquaient un peu trop leur mascarade; mais comme un paysan me souffla qu'ils étaient ordonnances de l'officier, par égard pour le dévouement qu'ils montraient à leur chef, je feignis de ne point voir leurs lourdes bottes, leurs éperons et la maladresse qu'ils mettaient à soigner le pauvre blessé, qui, malgré moi, m'intéressait. C'était un tout jeune homme, à la physionomie fine et distinguée, appartenant, paraît-il, à une des premières familles de l'Allemagne. Le pauvre garçon chantait et valsait l'avant-veille au matin, avant de monter pour la dernière fois son cheval de bataille. « Demain, nous serons à Dijon, » disait-il aux paysans, et il allait mourir.

Le second blessé était un simple dragon; il avait été atteint par trois balles, dont l'une avait traversé l'épaule; cependant il avait pu suivre son lieutenant. Il paraissait extrêmement effrayé, et roulait ses yeux horriblement dilatés de l'un à l'autre des assistants; on eût dit qu'il s'attendait d'un moment à l'autre à recevoir ce coup de grâce, qu'il avait dû donner déjà plus d'une fois. Certes, je l'avoue, quelques jours après, lorsque je vis les cadavres de nos médecins, celui surtout d'un officier de mobiles qu'on avait rôti tout vif dans le pétrole, je regrettai avec amertume la générosité que nous déployâmes en cette circonstance vis-à-vis de ceux qui avaient pris l'insigne de la convention de Genève pour nous échapper, d'autant plus que, pour les sauvegarder, je dus avec mes hommes user d'autorité.

Pendant que je passais cette inspection rapide, une de mes sentinelles, postée sur la route, vint, à la hâte, me prévenir que des cavaliers approchaient. J'allai aussitôt me rendre compte de la situation; mes hommes, sur deux rangs dans la rue principale du village, attendaient les ordres; je les postai à l'entrée du bourg regardant l'ennemi, leur enjoignant de se tenir cachés le long des maisons; quant aux francs-tireurs, ils étaient déjà débandés; tout ce que je pus faire fut de les prévenir et de les engager à se montrer le moins possible. C'est alors que je me dirigeai vers la sortie nord du village; mais, au moment où j'allais déboucher dans la campagne, une voix me cria : « Commandant, attention! ils sont là. » Je levai les yeux et aperçus une tête qui sortait d'une petite lucarne perchée sur la toiture d'une maison; en même temps, faisant un

13.

pas de plus, je vis, à deux cents mètres de moi, sur la route, trois cavaliers qui s'avançaient au pas. Ils ne m'avaient pas aperçu, je me jetai derrière la saillie d'un mur de clôture; à peine y étais-je posté, que j'aperçus mes sentinelles avec deux de mes officiers blottis, à quelques pas de moi, derrière le même mur. J'aurais voulu donner des ordres pour qu'on se contentât de faire prisonniers ces trois pauvres diables, qui s'avançaient de l'air du monde le plus rassuré, car ils causaient entre eux et riaient aux éclats, sans se douter qu'ils étaient sur le point d'être foudroyés par nos balles; mais, prévenir mes sentinelles, c'était élever la voix et dénoncer notre présence; ces cavaliers ne se trouvaient plus qu'à faible distance, il est vrai; cependant, sur un soupçon, ils pouvaient tourner bride et nous échapper. De plus les francs-tireurs, oubliant sans doute la situation, avaient recommencé à faire un tel vacarme dans les rues du village, qu'on eût dit que la foire s'y tenait. Je m'attendais même à chaque instant à voir nos Prussiens, prévenus par ce tapage, filer à toute vitesse. Il n'en fut rien cependant, tant leur confiance était grande, ayant derrière eux toute une colonne nombreuse et devant eux un village où se trouvaient des camarades. Bientôt donc ils arrivaient à la hauteur de notre embuscade; mes hommes, se dressant ou s'élançant aussitôt sur le mur qui les abritait, firent feu à bout portant; un des cavaliers eut néanmoins le temps de mettre son mousqueton en joue contre mon lieutenant Caulry; mais celui-ci, fort heureusement, le devança, d'un centième de seconde peut-être. Deux de ces cavaliers tombèrent sur le coup; le troisième, l'épaule droite brisée, chancelant sur sa selle et incapable de diriger sa monture effrayée, se laissait emporter par elle; ce cheval était d'ailleurs blessé, et laissait sur sa route de larges traces de sang; il passa près de moi au galop et pénétrait dans le village, lorsqu'il se trouva en face de nos soldats qui arrivaient en foule; l'intelligent animal sembla de lui-même deviner le danger; il tourna subitement sur sa droite, le long d'un petit chemin qui se trouvait libre, et, en quelques bonds, il gagnait la campagne. La fusillade, qui recommença contre ces fugitifs, ne faisait que hâter leur allure; mais, dans ce tir précipité, comme cela arrive généralement, les messagers de mort manquaient leur destination. Je crus cependant que le pauvre diable n'en échapperait pas, car, à cinquante mètres du village, un étang barrait la route; je comptais sans la supériorité du cheval, qui, malgré ses blessures, se précipita bravement dans les eaux profondes de ce réservoir, le traversa en quelques secondes, bondit comme un cerf audessus de la jetée qui était en face, reprit le chemin un instant, franchit ensuite une haie qui le séparait de la campagne, à travers laquelle nous le vîmes galoper encore jusqu'à la lisière du bois, où cheval et cavalier roulèrent sur le sol : morts tous les deux sans doute, car, je l'ai dit, leur passage était partout signalé par des mares de sang.

On pourra juger par ces détails de l'habileté et de la vigueur des chevaux de guerre que montaient nos ennemis.

Les francs-tireurs, comme font les jeunes chasseurs qui ont manqué un lièvre de leurs deux coups, s'étaient mis à courir après ce cheval, qui, malgré ses blessures, fuyait à raison de plus de quarante kilomètres à l'heure. Mes officiers arrêtèrent ceux de nos hommes qui voulaient suivre cet exemple, d'autant plus dangereux qu'en ce moment même, à deux kilomètres de nous environ, se montrait, sur l'arête d'un col que franchit la route d'Épagny à Chaignay, une troupe nombreuse de cavaliers, la tête sans doute de la colonne signalée ; ma jumelle m'annonçait bientôt encore la présence de l'artillerie. Outre le désavantage numérique, nous avions une position très-défavorable dans ce village d'Épagny, qui s'assied au fond d'un entonnoir ouvert seulement du côté de Dijon. D'ailleurs mes compagnons les francs-tireurs, à part la compagnie de Loir-et-Cher, étaient loin de m'offrir la moindre confiance, au cas où nous engagerions une affaire sérieuse ; il y avait là, parmi ces « Enfants perdus de la montagne », de véritables *enfants*, qui ne paraissaient pas

avoir plus de quatorze ans, et ployaient sous le poids
du chassepot dont ils étaient munis. Je prévins donc
les deux capitaines des francs-tireurs du danger de
la situation, et les engageai à me suivre sur les
hauteurs de l'ouest que recouvrent les bois de Mor-
tière, où j'allais me rendre. « Bah! me répondit le
capitaine des « Enfants perdus », nous avons bien le
temps; et puis, croyez-vous que nous puissions
réunir notre monde aussi aisément que vous venez
de le faire? » Ceci était vrai; et ces officiers, comme
toujours, payèrent bientôt très-cher l'indiscipline
qu'ils laissaient régner parmi leurs hommes. Ceux-
ci, sous prétexte qu'ils n'avaient pas déjeuné, venaient de s'installer dans les maisons et les cabarets
d'Épagny; leurs chants, compagnons inséparables
des libations, arrivaient déjà jusqu'à nous. Je fis faire
l'appel et pris aussitôt après le chemin des hauteurs, en indiquant aux chefs des francs-tireurs que
leur *retraite* serait au sud-est, à travers les plateaux
boisés que j'ai signalés, et non pas le long de la
route qui mène à Dijon, où la cavalerie prussienne
les atteindrait et les sabrerait en un instant.

Ce qu'il était si facile de prévoir arriva; une
demi-heure après notre départ, le village d'Épagny
fut attaqué à la fois de plusieurs des hauteurs qui le
dominent, et dont les Allemands, en nombre, s'é-
taient emparés; les projectiles tombaient par milliers
dans ce bas-fond, et il fut heureux pour les francs-

tireurs qui s'y trouvaient que l'ennemi, ne pouvant sans doute croire à leur petit nombre, n'ait pas essayé de les tourner tout à fait. D'ailleurs, les deux compagnies de volontaires ne leur laissèrent pas le temps d'exécuter cette manœuvre, car, sans riposter un seul coup de fusil, chacun se sauva de son côté. Voyant la débandade, les Prussiens arrivèrent au pas de course et purent s'emparer d'une vingtaine de jeunes gens des « Enfants perdus de la montagne »; ils parurent très-surpris en voyant ces garçons de quatorze à seize ans qui leur restaient ainsi entre les mains. Quant aux autres, ils s'échappèrent en gagnant les hauteurs que nous leur avions indiquées; mais le plus grand nombre jetèrent leurs chassepots et leurs munitions, que les Prussiens passèrent une partie de la journée à ramasser.

C'est ainsi que les habitants me racontèrent le lendemain les faits, et c'est ainsi encore qu'une expédition entreprise avec une certaine audace et qui avait eu de la réussite, se termina par une débandade désordonnée qui fit rire nos ennemis, exalta leur orgueil et leur confiance.

J'envoyai un exprès le soir même prévenir le quartier général de Dijon; quant à nous, les hommes étant horriblement fatigués et incapables de veiller la nuit comme il aurait fallu le faire, nous trouvant seuls, d'ailleurs, dans ce poste avancé de Messigny, où on s'obstinait à ne pas envoyer de renforts, nous

nous repliâmes le soir même à quelques kilomètres plus au sud, au village d'Ahuy ; là nous mettions, en outre, la rivière de Suzon entre nous et les Allemands, que les fuyards de l'affaire d'Épagny nous disaient être sur leurs talons.

Ce jour-là, nous ne pûmes faire le premier repas de la journée qu'à neuf heures du soir.

XI.

Nouvelle exploration en avant de Dijon. — Les sentinelles prussiennes. — Première attaque de Dijon. — Notre évacuation
de Messigny. — Le bois de Vantoux. — Mouvement de la
brigade de Riccioti Garibaldi. — Le bataillon Nicolaï. —
L'erreur prussienne dans cette journée. — La colonne allemande d'attaque. — Panique et confiance.

J'avais passé une partie de la nuit sur pied, afin de
visiter souvent nos grand'gardes et de m'assurer de
leur vigilance ; mais, malgré les avis que nous avions
reçus, l'ennemi nous laissa tranquilles ; nos éclaireurs m'assurèrent même dès le matin que les Prussiens n'avaient pas paru à Messigny. Je fis aussitôt
reprendre le chemin de ce village, qu'il était si important de garder ; quelques débris de compagnies
de francs-tireurs et de mobilisés, qui avaient confiance en notre petite troupe, prétendant qu'ils ne
savaient où étaient leurs compagnies, se joignirent
à nous [1]. Nous étions à Messigny à huit heures du

[1] Il nous arriva maintes fois, pendant cette guerre, de recevoir des offres de gens qui se disaient dans des cas semblables ;
je les refusai toujours, pour ne point établir un précédent fâcheux.
Il nous eût été facile, en acceptant ces offres, de voir notre
nombre s'augmenter considérablement, et le général Bordone dut

matin ; mais comme nous ignorions absolument la position des ennemis, je décidai, avec deux compagnies, d'aller en avant par les hauteurs. Vers le milieu du jour, nous arrivâmes au niveau d'Épagny, où avait eu lieu notre escarmouche de la veille. Nous avions vu quelques cavaliers prussiens explorant les sommets qui faisaient face à ceux d'où nous observions ; ils se dirigeaient lentement vers l'est, où ils disparurent derrière les collines qui dominent le village d'Épagny, vers lequel nous prîmes le parti d'aller aux renseignements. Ma lunette, avec laquelle j'avais longtemps fouillé tous les abords de ce village, ne m'avait montré aucun indice pouvant faire soupçonner la présence de l'ennemi ; et, en effet, nous n'y trouvâmes que les habitants. Ceux-ci nous apprirent que la colonne qui avait mis la veille les francs-tireurs en déroute avait dû se diriger tout entière vers le village de Marsannay, à l'est et de l'autre côté des collines. Ne craignant plus à ce moment la vengeance des Prussiens, ils nous apprirent que, la veille, une vingtaine de ceux-ci n'avaient eu que le temps de fuir dans les vignes au moment où nous entrâmes dans le village, et que nous aurions pu les y rattraper si nous avions été prévenus. Je signale ce fait d'antipatriotisme, car c'est la seule

même recevoir, dans ce sens, un certain nombre de demandes adressées même par des officiers de francs-tireurs.

Il n'y accéda qu'une seule fois.

fois que je le rencontrai dans la Bourgogne pendant cette guerre. Les habitants nous confirmèrent encore que deux des ambulanciers n'étaient que des soldats, ordonnances de l'officier blessé.

Quant à celui-ci, en entendant notre fusillade contre les trois cavaliers, il avait demandé à son hôtesse qui était vainqueur, et rendit le dernier soupir en apprenant que trois de ses cavaliers venaient de tomber. « Encore un qui est mort mécontent », s'écria le capitaine Arnaud.

Le jeune officier fut enterré ensuite avec une certaine pompe par ses compagnons d'armes, qui prévinrent en outre le maire qu'on viendrait chercher le corps après la guerre, car ce lieutenant appartenait à une très-riche famille[1]. Quant aux deux dragons qui étaient tombés à l'entrée du village, on ne daigna pas s'en occuper ; le lendemain matin, les loups ou les chiens leur avaient mangé la figure ; c'est seulement alors qu'un chirurgien, les touchant du pied pour les désigner et se faire comprendre, donna l'ordre aux habitants d'enterrer ces deux cadavres, déjà déchiquetés par la dent des carnassiers. Suivant l'usage, mes soldats m'avaient remis les papiers que portaient ces malheureux, et l'un d'eux, nommé Wilhelm Viergutz, avait une série de lettres de sa mère, de son frère et de sa fiancée. Ces lettres n'étaient point faites pour donner du cœur à

[1] J'ai appris depuis que le fait a eu lieu.

ce pauvre garçon, qui ne devait pas d'ailleurs être satisfait de son sort, puisqu'on lui disait dans une lettre : « N'écris point à notre mère des choses aussi tristes, elle est déjà assez affligée de te savoir à la guerre. »

Les missives de la fiancée de ce jeune homme devaient encore l'assombrir davantage ; j'en extrais au hasard des phrases comme celles-ci :

« Si tu savais avec quelle joie je reçois tes lettres, malgré que je pleure chaque fois *tout mon content,* pensant que ce pourrait être la dernière..... La chère fête de Noël est passée, toutes mes pensées étaient avec toi ; si tu savais combien de bonheur je t'ai souhaité ! J'ai prié Dieu pour qu'il te protége, et qu'une très-prochaine paix vous ramène tous dans la patrie.

» Espérons que la nouvelle année ne finira pas aussi tristement qu'elle commence, et que vous reviendrez pour que nous puissions placer sur vos têtes la couronne de lauriers que chacun de vous attend et mérite. A ton retour, c'est de la main de ta fiancée, qui t'aime et t'embrasse mille fois dans ses pensées, que ta tête sera couronnée. Il faut donc vivre longtemps, longtemps encore pour le bonheur de tes parents et pour celui de ta pauvre fiancée..... »

Bizarrerie de l'esprit humain ! cet homme, dont le cœur avait une place pour les plus doux sentiments, était le compagnon et savait agir à l'occasion comme ceux de ses compatriotes qui, peu après, massacraient des médecins, alors qu'ils soignaient leurs propres blessés, et brûlaient vif un pauvre lieutenant français tombé entre leurs mains.

Les cavaliers qui passèrent la nuit dans le village d'Épagny pour assister à l'enterrement de l'officier n'étaient qu'une centaine. Pendant ce temps, le reste de la colonne était campé à Chaignay, où même ils menèrent assez mal les habitants, se livrant à plusieurs actes de vandalisme, s'amusant, entre autres choses, à défoncer dans les caves les tonneaux pleins de vin pour en répandre et perdre le contenu. Comme le chemin que nous venions d'abandonner sur les plateaux passe non loin de Chaignay, je résolus de reprendre ma première direction, afin de tourner ce village, et de l'attaquer subitement si l'ennemi n'y paraissait pas en force. Un paysan d'Épagny, déjà d'un certain âge, mais d'aspect fort et résolu, me proposa de nous suivre, ce que j'acceptai.

Nous eûmes bientôt regagné les bois et continuâmes à marcher en avant, ayant soin de nous tenir sur la lisière de ces forêts, de façon à pouvoir inspecter la campagne sans être vus. Arrivés dans le *Bois-Royal,* qui longe le village de Chaignay, nous vîmes une série de cavaliers en sentinelles, qui gardaient avec le plus grand soin leurs compa-

gnons installés dans le bourg. La silhouette immo-
bile de ces cavaliers, aux longs· manteaux noirs, se
détachait nettement sur ces plateaux que blanchis-
sait la neige; nous aurions pu les prendre pour des
êtres découpés dans le roc par le ciseau d'un sculp-
teur, si leur tête ne se fût déplacée pour étudier
successivement les divers points de l'horizon. Ces
sentinelles étaient disposées de façon à surveiller
tous les points par lesquels nous aurions pu arriver;
elles n'étaient point cependant hors de la portée de
nos balles, car une distance de trois cents mètres à
peine les séparait du bois qui nous cachait; mais,
outre que nous avions de grandes chances pour
manquer notre but, il nous semblait alors si important de poursuivre en avant nos observations, que
je n'hésitai pas à sacrifier le plaisir de démonter un
uhlan à l'avantage que nous pouvions retirer d'une
exploration plus au nord. Nous reprîmes donc cette
direction, toujours à la faveur des bois. Je me souviens que, pendant ce trajet, nous fûmes aperçus par
un paysan qui chassait loin de l'ennemi ses trou-
peaux; le pauvre homme nous prit pour ceux qu'il
cherchait précisément à éviter, et s'enfuit, s'efforçant
de gagner le plus épais du bois avec ses moutons et
ses bœufs. Voyant tout ce troupeau qui faisait volte-
face et s'enfuyait au galop, excité par les cris et les
coups de fouet de ses guides, nous crûmes de notre
côté que ces animaux appartenaient à nos ennemis,

et nous leur donnâmes la chasse, jusqu'à ce que nous eussions reconnu notre erreur. Le maître de ce troupeau nous prévint que depuis plusieurs jours les Prussiens ne cessaient de passer à quelques kilomètres au nord, suivant la route qui va de Chanceaux à l'ouest à Is-sur-Tille à l'est; il ajouta que rien n'aurait été plus facile que d'arrêter ces colonnes alors qu'elles étaient engagées dans la route si profondément encaissée qui mène de Villecomte à Is-sur-Tille, par Dienay; en tout cas, d'après les rapports de cet homme, les Prussiens semblaient marcher fort à leur aise et sans le moindre souci; ils avaient des traînards nombreux qui s'arrêtaient parfois isolément dans les villages, où il eût été facile de les surprendre. Excités par ces renseignements, nous résolûmes d'aller jusqu'à la vallée que suivaient encore en ce moment nos ennemis, et de tâcher d'en surprendre quelques-uns. Bien qu'ils n'eussent fait qu'un déjeuner très-sommaire le matin en se levant, mes volontaires étaient tout dispos, et nous reprîmes notre route au nord. Je me souviens qu'en cette occasion ma faim était telle, — car je n'avais rien pris le matin, — que je fus très-heureux de partager avec le lieutenant Caulry un morceau de *lard cru* et une croûte de pain qu'il portait dans son sac.

Toujours protégés par les bois, nous arrivâmes vers le soir sur le versant qui domine la vallée de

Villecomte à Is-sur-Tille, dans laquelle coule l'*Ignon;* le village de Dienay s'élevait en face de nous sur le versant opposé. J'allais envoyer l'un de nous, déguisé en paysan, pour reconnaître le bourg, lorsque nous aperçûmes à quelque distance un homme du pays. Celui-ci, amené près de nous, m'apprit que le défilé des Prussiens venait de se terminer, et que les derniers traînards semblaient avoir passé; d'après lui, il y avait huit jours que les Prussiens passaient par là; il nous confirma qu'ils paraissaient sans défiance, et que cependant, grâce aux défilés dans lesquels la route s'engageait souvent, il aurait été facile, non-seulement de les arrêter, mais de leur faire beaucoup de mal. Cet homme ajouta que les Prussiens étaient actuellement en nombre à Villecomte et à Is-sur-Tille, où ils semblaient plus particulièrement se concentrer depuis ces derniers jours.

Après avoir pris connaissance de ces renseignements importants, je me concertai avec mes officiers : fallait-il passer la nuit dans une ferme isolée au milieu des bois, que connaissait le guide, et nous rendre dès l'aube à l'un de ces postes naturellement fortifiés, d'où nous pouvions fusiller l'ennemi, quel que fût son nombre? ou bien fallait-il retourner à Messigny réparer les fatigues de nos hommes, prévenir le quartier général, et revenir, s'il n'était pas trop tard, avec assez de vivres pour pouvoir attendre une bonne occasion? Nous nous arrêtâmes tous à ce dernier parti; car, je l'ai dit, les hommes n'avaient aucune provision de bouche, et nous ne pouvions aller en chercher dans les villages environnants, qui étaient tous occupés par l'ennemi. De plus, en nous rappelant que, pendant la journée, chaque fois que nous étions venus sur la lisière de la forêt, nous avions aperçu des sentinelles prussiennes, il nous devint évident qu'elles n'étaient postées là que pour protéger un mouvement de troupes qui devait se faire dans la vallée d'Is-sur-Tille à Dijon, et que la ville serait sans doute attaquée la nuit même ou le lendemain matin. Dans cette hypothèse, il fallait revenir et prévenir. C'est ce que nous fîmes. Dans le trajet de retour, nous visitâmes encore Épagny et Savigny, où l'on ne nous apprit rien de nouveau : l'ennemi avait feint d'abandonner ces positions, sans doute pour écarter les soupçons; mais il s'était concentré à Chaignay, d'où dix-huit kilomètres seulement le séparaient de Dijon. Nous arrivâmes à Messigny à neuf heures du soir; nous marchions depuis sept heures du matin sans manger, et avions parcouru, y compris toutes les contre-marches, environ soixante-dix kilomètres.

Le village de Messigny était seulement occupé, à notre retour, par quelques hommes des « Enfants perdus de la montagne ». Je m'empressai d'envoyer un exprès à Dijon, pour faire connaître l'importance des faits que nous avions constatés. Le maire, qui se chargeait de l'envoi de mon message, me remit une lettre du général Bordone, qui semblait montrer qu'il commençait peut-être à se préoccuper davantage de la situation : cette dépêche me priait de remettre mon commandement à l'un de mes officiers, et de me rendre auprès de lui pour y prendre des instructions.

Comme il était dix heures du soir lorsqu'on me communiqua cette demande, je remis au lendemain de m'y rendre. Il est probable cependant qu'il s'agissait déjà de nous charger de faire sauter le pont de Buffon ou celui de Nuits-Ravière, et qu'on se conformait en cela à la demande qui en était faite, à la date du 19 janvier, par dépêche du ministre de la guerre. Je cite cette dépêche, qui met bien en évidence que l'expédition tentée pour détruire le pont de Buffon, entre Montbard et Nuits-sous-Ravière, n'avait pas réussi, contrairement à ce que nous affirme le général Bordone et à ce que j'ai vu par moi-même :

*Guerre à général Depointe, à Nevers ; à faire suivre
à général Garibaldi, à Dijon.*

Il y a un très-grand intérêt à ce que le pont de Nuits-sous-Ravière soit détruit, pour intercepter les chemins de fer de l'ennemi. Je m'adresse à la fois aux généraux Depointe et Garibaldi, en proposant ce but à leurs efforts;

que chacun d'eux charge une compagnie déterminée pour aller faire sauter ce pont; on verra quelle est la compagnie qui arrivera la première.

Signé : DE FREYCINET.

Bordeaux, 19 janvier.

M'attendant à une attaque dès le lendemain de bonne heure, mes hommes étaient sous les armes et prêts à tout événement; mais les dépêches que j'avais envoyées ne paraissaient pas avoir éveillé des craintes sérieuses au quartier général, puisque, dès le matin, nous vîmes arriver un employé du télégraphe, que je reconnus comme faisant partie du cénacle intime du général Bordone. Ce fonctionnaire n'était accompagné que de deux ou trois hommes et d'un char portant des fils télégraphiques, qu'il se proposait de dérouler en avant dans la direction d'Is-sur-Tille; il parut étonné lorsque je le prévins qu'il n'irait pas loin de ce côté; cependant je lui prêtai un sergent et quelques hommes, sans lesquels, un peu plus tard, il aurait certainement été obligé de laisser son matériel aux mains de l'ennemi.

Telle était notre situation, lorsqu'à neuf heures du matin, au moment où chacun de nous s'y attendait le moins, le canon se mit à tonner avec violence contre la ville de Dijon, sur laquelle les Prussiens ouvraient un feu intense, au moyen de batteries qu'ils avaient établies tout à l'aise sur les hauteurs d'Hauteville, dont ils venaient de s'emparer à peu près sans coup férir. De là, dominant de deux cents mètres environ nos positions de Talant et de Fontaine, ils les canonnaient sans crainte et à coup sûr. C'est le manque de précaution et de science, que la bravoure ne suffit pas à racheter, qui perd toujours les peuples méridionaux dans leurs luttes contre les hommes plus réfléchis du Nord; ainsi, par incurie, nous laissâmes abandonnée une position qui annulait les nôtres de Talant [1] et de Fontaine, et nous dûmes les reprendre la poitrine nue sur un plateau horizontal et dénudé, alors qu'il était si facile d'y créer en peu de temps de formidables obstacles artificiels. De plus, nos généraux sanctionnaient encore ici une tactique ancienne, mais destinée à dis-

---

[1] Je crois bon de rappeler ici ce que je disais au général Bordone dans mon rapport sur les *moyens de défense de la ville de Dijon* :

« ..... Sur ce plateau passe la route de Saint-Seine à Dijon. Cette route peut être aussi défendue directement par une *flèche* placée à 8 kilomètres de Dijon, sur la route de Saint-Seine; les côtés de cette *flèche* devraient faire un angle de 60° environ. Le sommet de la *flèche* ferait saillie du côté du village de Darois et pourrait être armé d'une mitrailleuse ou d'un canon de campagne. Cette *flèche* pourrait avoir 50 mètres et, par conséquent, abriter sur deux rangs environ 500 hommes. Ceux-ci auraient une retraite facile en se jetant dans les bois du côté de Messigny ou même en suivant un ravin situé sur la droite qui les conduirait près d'Ahuy. Des tranchées seraient facilement établies dans les bois qui bordent le ravin, ainsi que sur les bords de la route; elles abriteraient des tirailleurs qui protégeraient la retraite et dont le feu pourrait faire beaucoup de mal à l'ennemi.

paraître, qui consiste à se fortifier sur le périmètre même des villes que l'on veut défendre, les exposant ainsi à l'incendie et à la destruction par les projectiles ennemis, tandis que, par ailleurs, les habitants effrayés, perdant tout patriotisme, n'encouragent plus les garnisaires à la résistance, pourvu même qu'ils ne leur deviennent pas hostiles.

Contre mes prévisions, l'attaque commençait par la vallée qui mène à Saint-Seine; l'ennemi entourait donc la ville depuis Val-Suzon jusqu'à Marsannay, occupant une ligne de bataille qui n'avait pas moins de trente kilomètres, et qui formait la base d'un triangle dont le sommet était Dijon et dont l'angle opposé mesurait environ 80°.

Au premier bruit du canon, je m'empressai de gagner avec mes hommes les sommets de Messigny; j'étais indécis de savoir si, comptant plus sur la valeur de mes soldats que sur leur nombre, je ne me porterais pas vers la gauche, marchant sur le canon, dont le bruit s'approchait de plus en plus. Mais, outre que cette entreprise était longue et difficile au milieu des bois et des ravins qui nous séparaient du lieu de l'action, je m'attendais à chaque instant à voir apparaître dans la vallée d'Is-sur-Tille la colonne que nous avions reconnue la veille dans cette direction, et qui ne pouvait moins faire que de combiner son attaque avec celle qui se produisait sur notre gauche. Cependant nous dominions la vallée d'Is-sur-Tille, et ma lunette, qui en fouillait tous les replis, ne découvrait rien; je ne pouvais m'imaginer la cause de l'apparente inaction de la gauche prussienne, et je craignais qu'elle ne fût occupée à exécuter un mouvement tournant sur notre extrême droite pour éviter nos redoutables positions de Talant et de Fontaine, lorsque j'aperçus un petit groupe de uhlans qui s'avançaient au pas et suivaient le fond de la vallée avec le plus grand calme apparent. Ils traversèrent les villages déserts d'Épagny et de Savigny; arrivés à la hauteur de Messigny sur la route de Dijon, ils déchargèrent en l'air leurs mousquetons. C'était évidemment un signal convenu, et nous en fîmes aussitôt l'épreuve; car, de de toute la lisière des bois qui couronnent le village, où nous étions abrités, de ces mêmes bois que nous avions battus la veille, sortit un flot d'infanterie prussienne. Bien m'en avait pris de ne pas m'être laissé entraîner à entreprendre de couper la retraite aux quelques uhlans qui avaient suivi comme une amorce le fond de la vallée d'Is-sur-Tille, et qu'on avait envoyés, soit pour détourner notre attention, soit pour nous faire quitter nos positions, pendant qu'on s'en emparerait en nous coupant ensuite toute retraite. Je signale cette ruse, car, dans un cas semblable, elle me parut fort adroite et faillit réussir, puisque je fus plusieurs fois sur le point d'envoyer une partie de mes hommes pour tourner les audacieux cavaliers qui s'avancèrent en si petit nombre jusqu'à moins de dix kilomètres de la ville.

Nous engageâmes quelques coups de feu avec l'infanterie prussienne aussitôt qu'elle parut; il est probable qu'elle pensait avoir devant elle beaucoup plus de monde, ou qu'elle redoutait une embuscade, si j'en juge par l'indécision ou bien l'extrême prudence d'allure qui régnait dans ses rangs. Notre position était mauvaise, car l'ennemi, occupant les hauteurs, dominait tout le village, sur lequel il envoyait une grêle de balles, auxquelles nous répondions sans efficacité apparente, puisque les Prussiens étaient abrités par mille obstacles naturels. Je jugeai donc à propos de nous retirer, alors qu'il pouvait encore en être temps; nous gagnâmes le pied de la vallée avant que l'ennemi s'aperçût de notre retraite; sans cette circonstance, il lui eût été facile de nous exterminer pendant que nous parcourions le terrain découvert qui s'étend de la sortie du village au bas de la colline qu'il surmonte. Lorsque les Prussiens, s'apercevant de notre départ, entrèrent dans Messigny, nous avions déjà traversé le Suzon, et, à l'abri de murs en pierres sèches, nous remontions le versant opposé à celui de Messigny. Le sommet de cette colline forme encore un plateau recouvert de forêts, dans lesquelles nous nous retranchâmes derrière un petit mur qui borde le *bois de Vantoux*. Là, notre position était belle, et je préparai mes hommes à soutenir le choc de l'infanterie prussienne, quel que fût le nombre envoyé contre nous.

Pendant tous ces mouvements, les Prussiens, perchés sur les toitures et dans le clocher même de Messigny, nous envoyaient des milliers de projectiles, qui, généralement envoyés trop haut, sifflaient au-dessus de nos têtes, cassant les branches des arbres du bois de Vantoux. Nous ne répondîmes pas à cette fusillade, car non-seulement j'étais ennemi de ces tirs à longue portée, surtout contre un ennemi qui s'abrite; mais, pensant encore avoir à subir peut-être une série d'assauts, je ne voulais pas livrer au hasard les cent cartouches que portait chacun de mes volontaires.

Au moment où nous gagnions le bois de Vantoux, nous vîmes apparaître la tête de la colonne de Riccioti Garibaldi; un colonel italien me demanda même quelques renseignements, mais je le reçus fort mal, exaspéré que j'étais de voir que, malgré les avertissements que nous prodiguions depuis plusieurs jours, on avait laissé sans garnison cette importante position de Messigny, qu'il m'avait fallu abandonner. Ce colonel prit cependant mieux les choses que je ne l'aurais cru, il parut même me donner raison, puisque, excité sans doute par les paroles que je venais de lui adresser, il lança bravement son monde à l'assaut de Messigny, qu'il réussit à occuper de nouveau. Mais, quelques instants après, nous vîmes toute la colonne de Riccioti, forte de quatre ou cinq mille hommes, abandonner à son tour Messigny et reprendre le chemin de Dijon. Je n'ai jamais su pourquoi le fils de Garibaldi quitta cette position, après que ses soldats l'eurent bravement reprise; il est probable qu'il ignorait aussi tout le parti que l'on pouvait en tirer.

Cependant cette retraite était d'autant plus regrettable, que si la brigade italienne eût poussé en avant, elle aurait empêché la jonction de la colonne d'Is-sur-Tille avec celle de Saint-Seine; séparant ainsi l'armée assaillante en deux tronçons, la victoire eût été complète. Après la retraite de Riccioti, qui empêchait cinq mille hommes de nos meilleures troupes de prendre part à l'action, je me trouvai encore de ce côté la tête de nos lignes; mais, me fiant à nos bonnes cartes et à nos boussoles pour nous diriger dans les grands bois qui s'étendaient derrière nous, j'étais sûr de pouvoir, en tous cas, regagner la ville. D'ailleurs, voyant la fugue de Riccioti, je me demandai si elle ne coïncidait pas avec un mouvement général de recul de notre gauche, où la canonnade devenait de plus en plus nourrie, et, dans ce cas, la ville pouvant être prise, je préférais *faire mon trou* en avant et gagner les hauts plateaux boisés qui s'étendaient au nord devant nous, bien sûr que, malgré la hardiesse de cette tentative, à cause de notre petit nombre et de la valeur de mes hommes, je réussirais facilement à me dégager.

Aussitôt après le départ de Riccioti, les Prussiens recommencèrent à nous mitrailler du haut des toitures de Messigny, dont nous n'étions qu'à huit ou neuf cents mètres. Nous dédaignâmes toujours de riposter, attendant l'assaut, qu'ils n'osèrent tenter. Ils nous croyaient sans doute plus nombreux, et craignaient eux-mêmes une attaque de notre part; il est probable qu'ils tiraillaient ainsi pour nous tenir en respect, pendant que leur aile gauche se reportait sur l'aile droite pour mieux concentrer l'attaque principale sur Dijon par la route de Saint-Seine.

Pendant la retraite un peu précipitée de Riccioti, un certain nombre de ses hommes vinrent à la débandade de notre côté, où je les ralliai et leur donnai un poste de combat. Il arriva même qu'une troupe de trois cents francs-tireurs environ, qui s'était sans doute trop portée en avant et ne savait plus ce qu'était devenue la colonne principale, s'en allait du côté de l'ouest, c'est-à-dire vers le gros de l'ennemi; à leur allure hésitante et au chemin qu'ils prenaient, je reconnus aussitôt qu'ils s'étaient égarés, et leur fis des signaux d'appel; mais ils nous prirent pour des Prussiens, — tant ils étaient déroutés, — malgré le guidon tricolore que nous ne cessions d'agiter en l'air. Craignant toujours un piége, ils commencèrent par nous envoyer un parlementaire ; celui-ci appela ses compagnons, qui tous se trouvèrent bientôt rangés autour de nous. Il se trouvait que c'étaient trois compagnies de francs-tireurs appartenant au bataillon Nicolaï ; la femme du commandant, madame Nicolaï, était elle-même en ce moment à la tête de ces compagnies, et nous la reconnûmes aussitôt pour l'avoir plusieurs fois rencontrée et remarquée depuis le commencement de la campagne. Elle portait les insignes et exerçait les fonctions de capitaine adjudant-major ; on la disait originaire de la Corse ; en tout cas, sa physionomie brune et énergique avait bien le cachet de résolution et d'impétuosité qu'on reconnaît à ces insulaires de la Méditerranée.

Cette dame semblait très-fatiguée ; son cheval avait été tué dès le commencement des affaires, et comme elle avait perdu la colonne de Riccioti pour s'être trop aventurée, elle avait dû prendre avec son monde et au hasard le pas de course pour échapper à l'ennemi ; elle s'empressa de me remettre le commandement de son personnel, en donnant l'ordre à ses officiers de m'obéir. Ceux-ci, de même que les simples soldats, semblaient se soumettre volontiers et assez ponctuellement à cette femme, qui, d'ailleurs, leur montrait l'exemple du courage. Il faut ajouter que ces hommes paraissaient fort démoralisés en ce moment ; ils avaient éprouvé

des pertes assez cruelles, et ne demandaient qu'à
regagner au plus tôt la ville, assurant qu'à cette
heure nous devions être cernés. Je reconnus parmi
ces nouveaux arrivants la compagnie des francs-tireurs de Loir-et-Cher, qui s'était trouvée avec nous
à l'affaire d'Épagny. Leur commandant était un
homme qui paraissait résolu et intelligent; aussi je
crus pouvoir ajouter foi à ses paroles, lorsqu'il m'affirma que l'ennemi était bien supérieur en nombre,
et nous bousculerait rapidement aussitôt qu'il s'y
mettrait.

La canonnade arrivait toujours distinctement à
nos oreilles; notre situation si *en l'air* et sans nouvelles me détermina, vers les trois heures du soir, à
reprendre, au travers des bois, le chemin de Dijon.
Pendant ce trajet, nous pensions à chaque instant
apercevoir l'ennemi sur nos flancs; mais il n'en fut
rien, et jusqu'à Dijon nous ne rencontrâmes ni amis
ni ennemis, si ce n'est, sur notre gauche et à la
hauteur de la ferme de Pouilly, la brigade de Riccioti, qui, nous prenant pour des Prussiens, envoya
ses tirailleurs en avant et se prépara à la résistance.
Cela me fit penser que si l'ennemi ne nous avait pas
aperçus toute la journée, formant une longue ligne
de bataille sur la lisière nord du bois de Vantoux,
ligne qui ne semblait même pas s'émouvoir des
nombreux projectiles qu'elle recevait, l'ennemi,
dis-je, voyant Riccioti battre rapidement en retraite,

l'aurait suivi, prenant en même temps par les bois que nous venions de traverser, et serait arrivé, comme nous le fîmes, jusqu'aux portes de Dijon, sans être inquiété ni même prévu. De cette façon, les colonnes prussiennes évitaient les canons de Talant et de Fontaine; ceux de ce dernier fort pouvaient cependant tirer sur les assaillants, mais alors seulement qu'ils n'auraient plus qu'un kilomètre à faire en plaine pour arriver dans la ville. Il est encore douteux que les batteries de Fontaine aient pu facilement faire feu, car, dans l'hypothèse que nous suivons, leur feu courait le risque d'atteindre la brigade de Riccioti, qui se serait trouvée sur la même ligne de tir.

La nuit tombait quand nous entrâmes dans la ville; je me rendis de suite au quartier général; les nouvelles étaient bonnes; car, fort heureusement pour nous, et par une maladresse qui n'est guère d'usage chez nos ennemis, ils avaient concentré leur attaque sur les points mêmes où il était le plus facile de les repousser, grâce aux positions naturellement si fortes de Talant et de Fontaine. Mais le lecteur pourra juger, d'après ce que j'ai dit plus haut, que les résultats auraient pu être tout autres s'ils eussent tenté sur notre droite et par les sommets de Vantoux une attaque vigoureuse. Quoi qu'on en ait dit, les Prussiens ne durent pas nous attaquer avec plus de six mille hommes dans toutes ces affaires, c'est-à-dire avec la queue ou l'arrière-garde des colonnes dont la présence était signalée depuis quelques jours, et dont, comme je l'ai montré, nous avions tué quelques éclaireurs. D'après les dépêches officielles adressées à l'état-major de Garibaldi dans la soirée du 20 janvier, d'après nos propres renseignements, l'ennemi occupait alors la ligne qui s'étend d'Is-sur-Tille à Bligny-le-Sec; cela fut établi d'ailleurs par une dépêche du malheureux général Bossack, qui fut tué le lendemain matin pendant qu'il faisait une reconnaissance dans la direction même où il signalait l'ennemi. Quant à la situation réelle de l'armée allemande à cette époque, quant à l'importance exagérée dans un sens ou dans l'autre qu'on a voulu donner aux affaires de Dijon, nous y reviendrons plus loin. Dans cette journée du 21, les francs-tireurs, qui composaient l'armée des Vosges proprement dite, reprochèrent aux mobilisés qui étaient postés dans la vallée de Saint-Seine leur mauvaise tenue; il paraît, en effet, que ces jeunes soldats, conduits par des chefs peu expérimentés, cédèrent facilement le terrain à l'ennemi; mais les francs-tireurs se conduisirent avec leur bravoure habituelle, et montrèrent une fois de plus qu'il ne leur avait manqué jusqu'alors que des chefs habiles et capables de les discipliner.

Ces troupes me rappelaient celles de nos monarchies des siècles derniers, exclusivement composées d'aventuriers de toutes les nations, dont le métier était de verser leur sang ou celui des autres avec la plus grande libéralité, pourvu que, avant ou après le combat, on pût retrouver une table bien garnie, une solde raisonnable, les amours faciles, mais surtout l'insouciance. A quoi bon, suivant eux, la tactique, les plans de campagne, les précautions? Que l'ennemi se présente, le temps de finir son verre, sa partie de dés, de boucler le ceinturon, et l'on court sus aux assaillants sans les compter.

Cependant les habitants de Dijon avaient une médiocre confiance dans leurs défenseurs; la plupart d'entre eux mettaient déjà en sûreté leurs objets précieux, ou se préparaient à les expédier *extra muros* sur des voitures qui en étaient chargées. Aussi la réaction produite par la nouvelle de la retraite des Prusssiens fut grande; la garnison elle-même sentit sa confiance décupler, et ce premier succès, rehaussant son moral, prépara certainement ceux qui suivirent.

XII.

Le général Bordone. — L'attaque du 22 janvier. — Le lieutenant Levert. — Le champ de bataille. — Le 23 janvier. —
Les hauteurs de Saint-Apollinaire. — La ville de Dijon pendant la bataille. — Les causes des attaques de Dijon par les
Prussiens.

Pendant que je faisais verbalement le rapport de
notre journée au général chef d'état-major, qui revenait de Talant, le directeur des postes de la ville
se présenta pour demander s'il ne fallait pas évacuer les lettres et dépêches. Bordone, sûr maintenant du triomphe, répondit vertement à cette ma-
lencontreuse question. Cependant l'employé, de
même que les habitants qui avaient déjà fui, était
bien excusable, puisque l'on avait vu dès le matin
une certaine quantité de soldats, et surtout un officier italien dont le nom m'échappe, s'éloigner de la
ville dans un train qu'ils avaient obtenu, par ruse,
du chef de gare. L'officier fut bientôt repris, ra-
mené et jugé par un conseil de guerre, qui ne lui
infligea qu'une peine insignifiante. J'étais dans le
bureau du chef d'état-major lorsqu'on y annonça la
légère punition à laquelle la cour martiale condam-
nait le coupable (c'était le 23 janvier au soir); un

officier français de l'état-major de Garibaldi ne put s'empêcher de dire tout haut : « Si c'était un Français, on l'aurait fusillé ! » Il avait peut-être raison, surtout si l'on se rappelle Chenet.

Bordone connaissait sans doute la faiblesse numérique de la colonne qui l'attaquait ; en tout cas, il paraissait rempli de confiance, et reçut fort mal tous ceux qui, en cette occasion, vinrent, comme le directeur des postes, jeter le moindre doute sur notre triomphe. Et puisque nous sommes en présence de l'homme qui, à cette époque, jouait un rôle des plus sérieux pour les destinées de la France, j'en profiterai pour en dire quelques mots.

Bordone imposait à la majorité en prenant aussitôt et avec tous, suivant les circonstances, soit un ton de familiarité, de camaraderie, soit, au contraire, un accent de hauteur, coupant la parole à son interlocuteur, et l'étourdissant sous un flot de raisonnements et de phrases plus ou moins spécieuses. Il possédait cependant une qualité importante, c'était une grande activité. Son entourage d'officiers d'état-major, qui avaient le défaut inverse, pouvaient, avec ce général, se livrer au *far niente* tout à leur aise ; ces jeunes gens ne s'occupaient, en effet, qu'à préparer leur plaisir, et le général laissait faire. Sans doute cela lui plaisait d'écrire lui-même tous les ordres, de recevoir toutes les dépêches, d'interroger tous les espions, et il y suffisait. Mais là où Bordone redevenait un homme vulgaire que le hasard seul avait élevé, c'est lorsqu'on recherchait la valeur de son patriotisme, et surtout ses appréciations sur le *juste* et l'*injuste;* on reconnaissait bien vite alors que le désir de paraître était son seul mobile, et que, d'autre part, il fermait les yeux avec une sorte de complaisance sur les exactions de toute espèce qui se commettaient, et dont, à n'en pas douter, bon nombre arrivaient à ses oreilles. Bien plus, il faisait souvent relâcher, de son propre chef, des soldats déserteurs et voleurs arrêtés sur l'ordre de leurs officiers, mais qui imploraient directement sa clémence.

Cette première affaire du 21 janvier donnait de la confiance à nos troupes; mais, d'un autre côté, elle froissait au plus haut point l'orgueil allemand, peu habitué à l'insuccès, surtout contre des bandes pour lesquelles ils affectaient de n'avoir que haine et mépris. En outre, nous avions à lutter contre de vrais Prussiens, de plus contre des gens qui tenaient la campagne depuis le commencement de la guerre. Ils ignoraient peut-être que notre armée de Dijon fût si nombreuse, et d'ailleurs n'étaient-ils pas convaincus que le nombre ne faisait rien à l'affaire, puisque jusqu'ici leurs éclaireurs avaient toujours mis en fuite, sans combat, tous nos avant-postes? Il est probable que le général allemand regretta sa première attaque de Dijon, d'autant plus qu'elle était inutile, l'armée entière étant passée; mais il attribua sans doute, — ce qui est vrai, — son insuccès à ce qu'il n'avait point attaqué dès le début avec toutes ses forces réunies, et, en second lieu, à ce qu'il n'avait point tourné les positions de Talant et de Fontaine, au lieu d'essayer l'assaut de ces formidables hauteurs. Pendant la nuit du 21 au 22, le général prussien, dont le quartier général était à Messigny, somma inutilement de se rendre le général Garibaldi. Le lendemain, vers onze heures du matin, les Prussiens firent une nouvelle attaque de front sur Talant et Fontaine; mais celle-ci n'avait pour but que de masquer un mouvement qui devait aboutir à tourner la droite de ces positions, et d'entrer entre Fontaine et la route de Langres. La veille, je l'ai dit, ils eussent pleinement atteint leur but; mais la confiance, si nécessaire aux Français, nous était revenue, et les mobilisés, échelonnés en très-grand nombre derrière des murs de clôture percés de meurtrières, ouvrirent un feu nourri devant lequel les assaillants durent reculer, ce qu'ils firent même très-rapidement, abandonnant sans résistance toutes les positions dont ils s'étaient emparés au début.

Mes volontaires ne purent donner ce jour-là, et restèrent en réserve, l'arme au pied. Du haut du sommet de Fontaine, je pus suivre les diverses phases de cette lutte, qui n'eut rien de l'acharnement de celle qui se préparait pour le lendemain, mais dans laquelle l'ennemi s'avança néanmoins assez près de la ville. Vers le soir, accompagné seulement d'un de mes officiers, le capitaine Imbert, nous gagnâmes à cheval le terrain de la lutte ; déjà l'ennemi lâchait pied rapidement, et je n'ai jamais su pourquoi il ne fut pas le moins du monde poursuivi : il n'était cependant que quatre heures du soir, la ville était pleine de troupes fraîches, tandis que les assaillants semblaient terrassés et démoralisés. Toujours suivi du capitaine Imbert, j'eus bientôt dépassé nos têtes de ligne, que les clairons, sonnant la retraite, rappelaient de toutes parts ; nous continuâmes à marcher en avant le long de la route de Darois, traversant tout le théâtre de la lutte à la suite des Prussiens, dont on voyait les masses noires remonter lentement, sur notre droite, les sombres hauteurs qui mènent à Ahuy et à Messigny. Comme la veille, l'attaque avait commencé sur le fameux plateau d'Hauteville, qui, n'étant défendu que par de l'infanterie exposée à tout le feu de l'artillerie ennemie, avait été bientôt perdu pour nous ; cependant notre résistance dans ce point malheureux fut sérieuse, car le terrain était couvert des cadavres des mobilisés qui occupaient le matin ces postes avancés ; près de chacun de ces morts, on voyait les débris de ses armes, car les Prussiens, connaissant notre pénurie d'armes à feu, ne manquaient jamais de briser celles qu'ils ne pouvaient pas emporter. Le succès de la veille, en exaltant la confiance, fit naître dans cette seconde journée de véritables traits d'héroïsme de la part de quelques-uns de nos soldats; ainsi je me souviens que ce fut un officier que nous avions connu à Sombernon, le lieutenant Levert, qui, à la tête d'une compagnie de volontaires de Vaucluse, réoccupa, avec cette poignée de braves, le plateau d'Hauteville. Je n'ai jamais vu de plus belle charge à la baïonnette. Le porte-drapeau était tombé, Levert s'empara du drapeau; en quelques bonds, à la tête des siens, il mettait le pied sur le plateau et y plantait les couleurs de la France, pendant que les Prussiens, épouvantés de ce courage héroïque, s'enfuyaient en désordre, bien qu'ils fussent dix fois plus nombreux que ce groupe de braves. Quelques-uns même, soit artifice, soit excès de crainte, levèrent la crosse en l'air; mais on ne se laissait plus prendre à ce piége, et pour toute réponse on augmenta le feu, si c'est possible, sous la furibonde impulsion du jeune lieutenant Levert, qui, ivre de rage, se lançait au plus fort de la mêlée comme un héros antique, et, grâce à sa force prodigieuse, abattait un ennemi à chaque coup. Des hauteurs de Talant et avec sa lorgnette, Garibaldi suivait cette magnifique charge; quelques heures plus tard, il faisait venir le lieutenant Levert, et l'embrassait en le félicitant. C'est à de tels hommes que commandait le colonel Loste, qui devait ce jour même tomber frappé d'une balle mortelle! Triste nouvelle pour nous, qui le connaissions et l'appréciions!

En passant à l'endroit du plateau où avait eu lieu la lutte gigantesque dont je viens de parler, nous aperçûmes les cadavres d'un Prussien et d'un franctireur qui s'étaient respectivement traversé le corps avec leur baïonnette. Nous allâmes ainsi jusqu'à l'extrémité du plateau d'Hauteville, au « Chêne de l'observe ». Là, quelques balles qui vinrent siffler à nos oreilles nous engagèrent enfin à reprendre la route de Dijon. Dans ce trajet de retour à travers le champ de bataille, nous rencontrâmes cette fois les ambulanciers et les rôdeurs. C'est là le côté écœurant et décourageant de la vie de soldat. Rien de plus facile que de se bien conduire, d'être brave même pendant la lutte; on est bien vite habitué aux sifflements aigus des balles et aux explosions retentissantes des obus; on ne voit ni les uns ni les autres, et au bout d'un instant on oublie que ce concert est celui de la mort, qu'il l'accompagne sous toutes les formes, et si l'on marche en avant, qu'importe! ce ne sont que les cadavres de l'ennemi sur lesquels on place le pied; ceux des siens on les laisse derrière, on ne les voit pas; on n'entend pas non plus les plaintes, les cris des camarades blessés... Mais le terrible de la guerre, c'est la défaite, c'est la retraite, c'est le soldat découragé accusant ses chefs, jetant son arme ou la brisant; c'est le bruit du canon, sinistre alors, qui vous talonne et sème la mort au milieu des fuyards qui ne veulent ou ne peuvent lutter; c'est le dernier serrement de main d'un vieux camarade qui tombe, qu'il faut abandonner dans le chemin boueux, où les pieds des chevaux des amis et des ennemis l'achèveront... Le triste, ce sont les canons embourbés, aux attelages tués ou mutilés, ces caissons pleins de gargousses, ces convois pleins de vivres — quand on va en manquer — qu'il faut abandonner aux vainqueurs. Et nous avons vu tout cela pendant des mois sur notre sol même!

En poursuivant, comme nous le fîmes alors, les Prussiens dans leur retraite, je pus à peu près juger de leur nombre, qui nous parut très-restreint : quelques milliers peut-être. Dans la matinée, on avait aperçu des colonnes assez fortes se dirigeant vers la route de Langres; il était donc probable que ce jour-là on ne nous avait dépêché que l'arrière-garde pour nous retenir dans la ville. L'ennemi payait ainsi de la vie de quelques centaines d'hommes l'assurance du succès contre l'armée de Bourbaki, dont la destruction était l'objectif principal.

Pendant qué nous revenions à Dijon, dans une ferme à l'est de notre route (la ferme de Changey), nous aperçûmes un parti de francs-tireurs et de dé-

légués de l'état-major qui se disputaient la possession d'un magnifique fourgon d'ambulance prussien
et de quelques chevaux : malgré les récriminations
des premiers, qui s'en étaient emparés, les seconds,
au nom de leurs chefs, emmenèrent ce butin; la
voiture d'ambulance contenait, paraît-il, des armes,
et fut confisquée.

Le 23 janvier, les colonnes qui nous avaient attaqués les jours précédents n'ayant pas abandonné
leurs positions et ne faisant pas mine de vouloir le
faire, on pouvait prévoir une troisième attaque, qui,
en effet, ne se fit pas attendre. Dès le matin, je reçus l'ordre de me rendre à notre extrême droite, à
Saint-Apollinaire, où l'on avait envoyé une batterie
qui venait d'arriver à Dijon. J'avais pour mission de
choisir un point favorable pour mettre ces canons
en place. Afin de hâter les choses, je partis de suite
et en voiture avec le capitaine Arnaud, devançant
mes hommes, qui nous suivaient à pied. Nous trouvâmes en effet à Saint-Apollinaire une batterie,
mais elle était sans artilleurs, sans munitions, sans
chevaux. On avait même placé les pièces dans un
bas-fond où, grâce au dégel, elles s'étaient considérablement embourbées. Le village de Saint-
Apollinaire se trouvait alors occupé par un grand
nombre de mobilisés, ceux du Jura et de l'Isère
entre autres. Le commandant de ces derniers, qui
me parut être un excellent chef, à en juger par

l'activité qu'il déployait, sans parler de la bonne tenue de ses hommes et de leur discipline, me proposa de se joindre à nous pour chercher le lieu le plus favorable à l'installation des canons qu'on avait amenés. Nous arrêtâmes notre choix au plateau qui est à droite de Saint - Apollinaire, et duquel on peut commander le nord-ouest et le nord, tout en donnant la main à la position de Fontaine; dans cette dernière direction, ce plateau va en s'abaissant régulièrement jusqu'à une petite plaine qui, passant au pied du château de Pouilly, mène à Dijon. Pendant que nous étudiions le terrain, le bruit d'une canonnade nourrie nous apprit que la bataille recommençait; d'autre part, un officier de mobiles arrivait tout courant pour nous signaler l'apparition de l'infanterie allemande dans la plaine qui s'étendait à nos pieds : il n'y avait pas de temps à perdre, car cette fois-ci le mouvement tournant par notre droite s'exécutait sérieusement. Je laissai le commandant de l'Isère rallier son monde et le ranger en bataille pour courir au village de Saint - Apollinaire, où je trouvai mes hommes prêts à marcher et impatients d'agir, car le bruit de la fusillade, qui se rapprochait de plus en plus, les excitait au plus haut degré. Mais, au moment même où j'arrivai auprès d'eux, j'aperçus une colonne nombreuse de mobilisés qui, défilant avec la plus grande tranquillité sur la route qui ramène à Dijon, battait en retraite avec un ordre et une précision admirables en toute autre circonstance.

« Où vont ces gens-là? demandai-je à un sergent de mobiles qui bouclait son sac en compagnie de quelques camarades.

— Mais ils s'en vont, mon commandant.

— Où est votre commandant? » m'écriai-je, furieux de cette défaillance.

C'est alors qu'on me montra un homme gros, court, qui allait monter sur un solide bai-brun, lequel portait, amarrés à la selle, une quantité de sacs, d'instruments ou de munitions de bouche, qui démontraient que le maître soignait beaucoup certaine partie de son existence. Je m'approchai vivement de cet officier et lui dis :

« Vous vous retirez, commandant?

— Mais oui, balbutia le pauvre diable, je n'ai pas d'ordres.

— Si ce n'est que cela qui vous manque, je vais vous en donner, répliquai-je aussitôt; faites sonner le rappel. »

Le commandant obéit, et à cette voix connue, un assez grand nombre de mobilisés se rallièrent et se rangèrent en bataille; j'empruntai le cheval d'un gendarme (le mien ayant été blessé l'avant-veille), et faisant prendre le pas de course à cette troupe improvisée, nous arrivâmes bientôt sur les hauteurs de Saint-Apollinaire dont j'ai parlé et qui commandent la partie ouverte qui mène à Dijon, dans laquelle les Prussiens étaient déjà aux prises avec les mobilisés de l'Isère.

Au moment où notre troupe assez nombreuse apparut, les Prussiens, qui voyaient ces hauteurs à peu près dégarnies, s'apprêtaient à les escalader; mais ils changèrent aussitôt de projet, car ils se contentèrent de nous envoyer des coups de fusil, en se maintenant abrités derrière de longs murs de clôture qu'ils avaient pu gagner. Voyant qu'au sifflement des balles mes nouveaux compagnons avaient des tressaillements de mauvais augure pour le cas où nous aurions à soutenir un assaut, je donnai l'ordre à mes hommes de prendre leur pioche et d'élever sur-le-champ un parapet protecteur sur une certaine longueur. Ce travail était surtout favorisé par l'état du sol : nous étions dans une terre que les eaux du dégel avaient délayée sur une épaisseur de trente centimètres environ; chaque coup de bêche en enlevait une grande quantité; d'ailleurs le sifflement des balles décuplait les forces de mes solides pionniers, et dans un faible espace de temps, les mobilisés, se plaçant à genoux, étaient tout à fait à l'abri et pouvaient tirer aisément. Néanmoins, mes officiers et moi-même ne cessions de parcourir cette longue ligne, afin d'encourager à tenir ferme ces jeunes soldats, que le sifflement des balles ou les menaces d'un assaut effrayaient dès le début.

Quant aux mobilisés de l'Isère, ils s'étaient déployés en tirailleurs, et, par une attitude énergique, ils s'opposèrent vivement aussi au mouvement tournant des Prussiens, dont le succès était la perte de la ville. Ah! combien je regrettai en ce moment que nous ne fussions pas accompagnés d'un millier des zouaves qui combattirent à Wissembourg! Quelle belle charge à la baïonnette il y avait à faire sur les Prussiens lorsque, attaqués du côté de Dijon par les francs-tireurs qui arrivaient au pas de course, ils commencèrent à lâcher pied! La situation des Allemands était critique alors : foudroyés par les canons de Fontaine et par des batteries établies sur ma gauche à Mont-Chapé, il ne restait plus qu'à les charger des hauteurs de Saint-Apollinaire; pris entre trois feux, on en eût fait alors un grand massacre. L'occasion était si belle que je voulus la tenter, et en fis part au commandant des mobilisés que j'avais amené; mais il me regarda d'un air si effaré en me répétant son éternel « Je n'ai pas d'ordres », que je jugeai inutile d'insister.

A partir de ce moment, nous dûmes garder un rôle passif et contempler, sans y prendre part, cette lutte vraiment terrible qui se déroulait à nos pieds. L'infanterie prussienne avait renoncé à gagner les hauteurs que nous occupions, mais elle faisait d'héroïques efforts pour passer près de nous, entre Fontaine et Montmuzard. Nous dominions les combattants, dont les projectiles mal dirigés venaient même à chaque instant siffler à nos oreilles; les commandements des officiers français et prussiens arrivaient distinctement jusqu'à nous, et cette lutte corps à corps dura environ une heure; tantôt les Français cédaient la place sous le feu régulier et nourri des Allemands, qui aussitôt chargeaient à la baïonnette; tantôt ceux-ci, décimés à leur tour, lâchaient pied et se retiraient derrière les premiers abris qu'ils rencontraient, poursuivis la baïonnette dans les reins. Deux ou trois fois cependant je crus que la victoire allait nous échapper; les francs-tireurs durent se replier jusque dans la ville même, et je me préparai alors à marcher quand même en avant avec ma poignée d'hommes pour faire une diversion. Mais il n'en fut pas besoin, et l'ennemi, laissant le sol jonché de cadavres, se décida enfin à nous céder la place.

Pendant que cette lutte héroïque de part et d'autre se passait à quelques centaines de mètres, nos batteries, qui ne pouvaient tirer sur ce groupe de combattants trop entremêlés, se tournaient contre le château et le parc de Pouilly, dont les Prussiens avaient réussi à s'emparer, et qui leur servait de base d'opération. L'ennemi, heureusement pour nous, n'avait trouvé que le troisième jour le défaut de la cuirasse de Dijon. Notre présence à Vantoux, ainsi que je l'ai dit déjà, dès la première journée, l'empêcha sans doute seule de s'emparer de cet important défilé qui mène d'Ahuy à Pouilly, à travers les bois. En nous apercevant ce jour-là à l'entrée de ce passage ; les Prussiens purent croire qu'il était gardé par une troupe nombreuse, pendant qu'il n'en était rien. Mais c'est en suivant cette voie qu'ils purent, dès le commencement de la journée du 23 janvier, s'emparer de la forte position de Pouilly, et de là lancer leur infanterie sur Dijon, où elle serait sûrement entrée si elle avait eu le nombre pour elle, et surtout la confiance des premiers jours.

La colonne qui tenta si vigoureusement d'entrer à Dijon battit en retraite lentement et en bon ordre, ripostant avec vivacité aux fusillades des troupes qui les poursuivaient ; bientôt elle fut à l'abri derrière les murs du parc du château de Pouilly, et la lutte recommença en ce point avec une énergie nouvelle ; lutte sanglante pour nous, qui étions fusillés à découvert par des tirailleurs embusqués derrière les murs crénelés du château et du parc de Pouilly. La résistance prussienne dans ce château fut d'autant plus vive, qu'elle avait pour but de laisser le temps à la colonne d'attaque d'effectuer son mouvement de retraite ; c'est au 61ᵉ régiment de ligne prussien qu'était échu le dangereux honneur d'assurer, par une lutte inégale mais héroïque, la retraite du reste de la brigade allemande. Ce régiment s'acquitta de sa tâche comme le firent les cuirassiers de Reichshofen, c'est-à-dire en mourant, et l'on retrouva plus tard son drapeau, qu'un monceau de cadavres essayaient encore de cacher aux regards.

Les Prussiens, dans leur déroute, ne furent point poursuivis; d'ailleurs, leur bonne étoile semblait encore les favoriser en cette circonstance, car la nuit, qui mit un terme à cette lutte, fut une des plus sombres qu'on puisse imaginer; un brouillard épais et pluvieux s'était étendu sur toute la campagne à l'heure où le soleil se couche; néanmoins, pendant une demi-heure, les éclairs de fusillades partielles illuminaient à chaque instant cette sombre obscurité; enfin toute la campagne rentra dans son calme accoutumé, qui ne fut plus troublé jusqu'au jour que par les ambulanciers, qui s'étaient mis à la recherche des blessés, accompagnés de leur habituel cortége de rôdeurs. Ceux-ci avaient cette fois un large champ pour satisfaire leurs cupides instincts.

Je me souviens que l'obscurité qui suivit était si intense, que nous eûmes quelque peine à retrouver la route de Dijon.

En ville, la panique avait été grande toute la journée; le bruit avait couru un instant que l'ennemi entrait victorieux, — et, de fait, il n'avait pas été loin de le faire. — Tous les habitants qui possédaient des armes, des uniformes de soldats ou d'officiers français s'étaient empressés, pour la plupart, de les cacher ou même de les jeter dans la rue, de peur de s'attirer la colère prussienne. Le brave bourgeois chez lequel j'étais logé, et qui avait dans une des remises de son hôtel une de nos voitures chargée d'instruments de guerre, voulait à toute force la conduire au milieu de la rue, en y ajoutant les effets que j'avais laissés dans ma chambre : heureusement mes sentinelles n'entendirent point de cette oreille, et assurèrent à mon propriétaire que, sans ordres de leurs chefs, rien ne serait dérangé, que les Prussiens vinssent ou non. Il faut le dire, les habitants n'eurent pas toujours un bien grand patriotisme, et je me souviens qu'un de mes officiers dînant chez un des notables, au dessert, comme l'amphitryon demandait du vin plus choisi, la petite fille s'écria :

« Mais, mon père, pourquoi n'offres-tu pas du vin de Champagne au capitaine, comme tu le faisais aux officiers prussiens ? »

Le lendemain de cette bataille, nous apprîmes tous avec horreur qu'un de nos officiers, blessé, surpris par les soldats prussiens au château de Pouilly et vers la fin du jour, avait été lié par eux, arrosé de pétrole, et brûlé vif. Les médecins appelés à étudier le cadavre carbonisé de ce malheureux constatèrent formellement cet acte de cruauté barbare, qui n'ajoute, hélas ! qu'un fait de plus à cette longue liste d'affronts et de méfaits qu'il nous reste à essuyer et à venger.

Pour résumer l'affaire du 23 janvier, on peut dire

que peu de combats, pendant le cours de cette mémorable guerre, ont présenté plus d'acharnement que celui-ci. L'attaque des Prussiens sur notre droite fut même si obstinée, si courageuse, qu'elle ne dut son insuccès qu'à la faiblesse numérique des assaillants ; malgré la vigueur et l'énergie des troupes qui reçurent en ce point le choc terrible des Allemands, elles durent céder le terrain à plusieurs reprises, et regagner à la hâte des abris naturels, où l'on retrouvait des camarades pour vous remplacer, et d'où l'on pouvait, à coup sûr, envoyer la mort dans les rangs ennemis. Quoi qu'il en soit, le général Garibaldi ne fit que justice lorsque, dans sa proclamation du 25 janvier, il écrivit :

« Dans le combat du 23 sous Dijon, notre droite s'est comportée d'une manière brillante. Je vous prie, général Bordone, de mentionner dans l'ordre du jour les corps qui s'y sont distingués. »

Malheureusement, on sait aujourd'hui que ces trois attaques successives de Dijon servaient nos ennemis ; aussi notre triomphe se trouve-t-il singulièrement assombri. En effet, le 18 janvier, Manteuffel, qui avait déjà traversé avec son armée la grande route de Dijon à Langres, craignant d'être inquiété par l'armée des Vosges, envoya dans cette direction la brigade Kettler, qui devait servir de rideau à ses opérations. Ce général ne devait point, avec sept mille hommes, prendre l'offensive contre les forces supérieures de Garibaldi, retranchées derrière les formidables positions naturelles de Dijon; aussi se contenta-t-il d'abord de se maintenir sur les hauteurs d'Is-sur-Tille et de Diénay, où nous l'avons trouvé, pendant que ses cavaliers éclairaient audacieusement le pays jusque sous les murs mêmes de Dijon, chassant devant eux régulièrement nos avant-postes. Ces triomphes si faciles engagèrent sans doute le général Kettler à faire l'attaque de la ville elle-même; Manteuffel sanctionna d'autant mieux ce plan qu'il venait d'être décidé que son armée opérerait un rapide mouvement de conversion pour venir s'interposer entre Dijon même et l'armée de Bourbaki, empêchant ainsi la jonction de nos forces et rendant la retraite impossible au général français. Ce plan fut exécuté en tous points : pendant la journée du 21 janvier, le deuxième corps allemand se rendait d'Is-sur-Tille à Mirebeau; il gagnait Pesmes dans la journée du 22, et la ville de Dôle dans celle du 23. On conçoit, pendant cette dernière journée, l'acharnement des Prussiens; car s'ils eussent réussi à nous chasser de Dijon, ils nous poursuivaient l'épée dans les reins, et nous forçaient à nous jeter sur les lignes de Manteuffel, dont nos généraux ignoraient la présence sur leurs derrières. Notre désastre aurait été complet. Aussi, malgré l'habileté que déploya en cette circonstance le général Manteuffel, il semble qu'il commit une faute en laissant sept mille hommes attaquer Dijon, s'exposant ainsi à un échec, tandis que, si vingt mille hommes eussent donné, le succès était non-seulement certain, d'après ce que j'ai pu voir, mais il en résultait la destruction et la dispersion à peu près complète de cette armée hétérogène de soixante mille hommes que commandait en chef Garibaldi.

XIII.

Pendant les jours qui suivirent les trois attaques
de Dijon, on craignait à chaque instant de les voir
se renouveler, et l'on s'employa plus sérieusement
et plus assidûment que jamais à établir des travaux
de défense. Nous fûmes chargés d'abord de faire des
barricades auprès de Saint-Apollinaire et sur la
route de Mirebeau ; mais le 27 nous reçûmes l'ordre
de nous rendre immédiatement dans le nord-ouest
de la Côte-d'Or, à Buffon, pour y détruire le pont
du chemin de fer sur l'Armançon. La destruction de
ce pont était fort importante, car, étant placé en
dessous de la soudure des chemins de fer de l'Est et
de celui de Paris à Lyon, tout ce que les Allemands
envoyaient dans nos provinces méridionales qu'ils
occupaient, soit de l'Allemagne, soit de Paris, passait par là. On avait bien annoncé la destruction de
ce pont, et le général Bordone, dans son livre, ne

répare point sa première erreur ; mais il avait été si peu endommagé, que les Prussiens y lançaient leurs convois quarante-huit heures après notre passage. Depuis cette époque, une colonne de mobiles ou de mobilisés, dont je ne me souviens pas l'origine, hardiment conduite, avait réussi à atteindre le pont, mais les voitures qui portaient ses munitions s'étaient engagées dans une fausse route, et après les avoir attendues pendant plusieurs heures sur le pont lui-même, on dut battre en retraite à l'annonce de l'arrivée d'une colonne prussienne, qui campait habituellement dans les environs, avec la mission spéciale de veiller contre des tentatives de ce genre.

En même temps que nous, devait partir de Dijon une autre expédition chargée de faire sauter le pont de Nuits-sous-Ravière, situé à quelques kilomètres seulement de celui de Buffon. Cette seconde colonne se composait de quatre cents hommes environ, comprenant une compagnie du génie des mobilisés, une compagnie des mobiles de Saône-et-Loire [1], une compagnie des francs-tireurs du Gard, et une autre des francs-tireurs alsaciens. Ce petit bataillon était commandé par le lieutenant-colonel Braün, simple lieu-

[1] Cette compagnie était commandée par un prêtre qui avait conservé l'uniforme, ayant ajouté seulement trois galons à son tricorne. C'était Garibaldi lui-même qui avait appelé à ces fonctions cet abbé, qui, d'abord aumônier dans un régiment, avait rendu des services comme éclaireur. On voit qu'il y avait de tout à l'armée des Vosges.

tenant de la ligne au début de la guerre, mais qui, grâce à une bravoure personnelle remarquable, avait su conquérir le grade élevé qu'il occupait ; deux fois l'ennemi l'avait relevé blessé sur les champs de bataille, deux fois il avait su se tirer de ses mains, à peine rétabli, et reprendre les armes. Enfin, depuis qu'il était à l'armée des Vosges, il s'y était signalé par plusieurs faits remarquables.

La colonne de Braün, prévenue plus tôt que la mienne, se mit en route le 27, pendant que le 29 au matin seulement nous quittâmes Dijon. Notre route la plus directe était par la vallée de Saint-Seine, et nous n'avions de ce côté que soixante-dix kilomètres à parcourir pour atteindre notre but ; mais tous ces parages étaient encore infestés d'éclaireurs et de colonnes volantes ennemies, que nous redoutions surtout comme espions ; il ne leur aurait pas été difficile de deviner notre but, en voyant ou apprenant des paysans que des mulets chargés de munitions nous accompagnaient. Nous résolûmes donc de prendre par le sud de Dijon, et de gagner notre destination en suivant les montagnes et les forêts du Morvan ou de sa lisière.

Dès notre première étape, nous arrivâmes à Saint-Jean-de-Bœuf (à 32 kilomètres) ; nous avions quitté les plaines, c'est-à-dire les routes faciles, à Gevrey, pour nous engager dans des montagnes abruptes, où les chemins, très-inclinés, étaient en outre couverts de glace; les hommes et les chevaux avaient la plus grande peine à se tenir debout. A Chambœuf, où nous fîmes la grande halte, les habitants nous racontèrent une lutte acharnée qui s'y était passée quelques mois auparavant entre des francs-tireurs de Vaucluse, commandés par le colonel Loste, et une colonne allemande; j'écoutai avec d'autant plus d'intérêt cette relation, qu'elle concernait des hommes que nous avions pu connaître et apprécier dans le combat. Cette lutte dura plusieurs heures; les Prussiens, connaissant notre petit nombre, tentaient à chaque instant de nouveaux assauts; mais s'ils arrivaient jusqu'aux murailles derrière lesquelles nos francs-tireurs étaient retranchés, ils y étaient reçus par une charge à la baïonnette qui les rejetait une fois de plus dans la campagne. Pendant que nous ne perdions que cinq ou six hommes, les Allemands ne se décidaient à se retirer qu'après avoir vu tomber cent cinquante environ des leurs. Quant au commandant Loste, on le fit lieutenant-colonel.

Le lendemain 30 janvier, ma petite troupe parcourut trente-cinq kilomètres dans la journée, passant par Vandenesse et Rouvre; nous prîmes nos quartiers pour la nuit à Arconcey. Nous suivions depuis la veille de mauvais chemins tracés au milieu de forêts qui couvrent des plateaux élevés; l'ennemi n'avait jamais osé s'aventurer dans ces parages, et nous y étions en parfaite sécurité. Pour arriver à

Arconcey, nous devions descendre les flancs escarpés d'une colline de plus de cinq cents mètres d'altitude, qui domine ce village. Les chemins étaient couverts de glace au point que nos mulets eux-mêmes, malgré les clous à glace qu'on leur faisait remettre aussi souvent que possible, avaient peine à se tenir. Il est vrai que les pauvres animaux étaient extraordinairement chargés : ils portaient chacun deux torpilles de cinquante kilogrammes l'une (équivalant à 600 kilogrammes de poudre ordinaire), sans compter divers autres instruments; mais plus à plaindre qu'eux étaient peut-être nos muletiers, car, outre les longs trajets que nous faisions chaque jour, ils devaient, en arrivant à la grande halte du milieu de la journée ou à la fin de l'étape, commencer le déchargement des mulets, s'occuper ensuite de les loger, de les panser, et enfin de les recharger pour le départ; ces pauvres gens n'avaient souvent pas le temps de dormir, et encore moins de manger; on comprendra mieux encore leurs fatigues quand on verra plus loin les courses extraordinaires auxquelles nous dûmes nous livrer pendant cette expédition. Je suis heureux de rendre cet hommage à ces humbles serviteurs de la patrie; car, en dépit des fatigues extrêmes qu'ils eurent à supporter, jamais ils n'élevèrent aucune plainte. Il est vrai que je les avais tous choisis parmi les plus jeunes et les meilleurs de cette race si vigoureuse des voituriers des houillères, qui, chaque jour, debout à trois heures du matin, ne suspend que le soir à six heures son pénible travail.

Fait remarquable et qui vint confirmer ce que nous avions vu jusqu'alors, dans ce village d'Arconcey, que l'ennemi n'avait jamais visité, où de rares francs-tireurs avaient seulement paru, dans ce pays donc complétement épargné par la guerre, nous eûmes, pour la première fois, beaucoup de peine à nous procurer le nécessaire; ainsi il fallut, en l'absence du maire, toute l'autorité de l'adjoint pour nous faire délivrer, par un *habitant aisé* et sur un bon, l'avoine de nos bêtes de transport. Il semblerait que la générosité des hommes croît avec les malheurs qu'ils éprouvent, et que celui qui a déjà perdu beaucoup craigne moins de perdre encore.

Mais tous les habitants de ce petit village ne ressemblaient heureusement pas à celui qui nous refusait quelques litres d'avoine. Je logeais avec le capitaine Arnaud chez le maire; celui-ci était malade; nous fûmes néanmoins reçus avec la plus grande cordialité. La maîtresse du logis, dont le frère était à la guerre, ne tarissait pas de questions, et je me souviens que cette brave dame, qui nous avait destiné les deux meilleurs lits de la maison, ordonna par trois fois de les « rebassiner », craignant qu'ils ne se fussent refroidis pendant la conversation. C'était là un luxe auquel nous étions peu habitués et dont nous avions peu de souci, malgré le grand froid;

mais ce qui nous faisait plaisir, c'était la joie même
de cette bonne dame, ne sachant quels moyens employer afin que nous fussions le mieux possible chez
elle.

Le lendemain matin, je m'aperçus que mon ordonnance, Jacquemet, celui que j'ai déjà eu occasion de présenter au lecteur, faisait une mine des
plus tristes; il refusa même de manger une assiettée
de bon potage que la femme du maire lui faisait
apporter.

« Ça ne va pas bien, commandant, ce matin, »
me dit-il.

Enfin, au moment où notre colonne s'ébranlait,
mon brave Jacquemet fut pris d'une faiblesse; c'était
peut-être la première fois de la vie du robuste mineur. Je lui criai de se faire hisser sur un des mulets; puis, appelé ailleurs, je ne m'occupai plus de
lui. C'est quelques heures après seulement que je
m'aperçus de son absence. Je ne devais revoir Jacquemet que des semaines plus tard, et c'est alors
qu'il put me raconter ses aventures dans son style
pittoresque inimitable. Le pauvre garçon n'avait pas
eu la force de monter sur un de nos mulets, comme
je le lui avais recommandé; il entra chez un habitant qui lui donna un verre d'eau-de-vie; pendant
ce temps, notre colonne s'éloignait, et d'ailleurs le
mal de Jacquemet ne faisait que s'accroître : il avait,
je suppose, une fluxion de poitrine. Les habitants

16.

soignèrent à l'envi notre malade, qui reprit peu à peu ses forces. Mais, quelques jours plus tard, les Prussiens sont signalés aux environs : ils semblent se diriger sur Arconcey. On en prévient Jacquemet, et l'on veut cacher ses habits militaires et ses armes. Lui, considère cela comme une honte, et, malgré sa faiblesse, saute hors du lit, s'habille, et veut à toute force s'éloigner. Les bonnes gens qui le soignaient, ne pouvant changer sa résolution, le conduisent alors en voiture dans la direction de Chagny, où se trouve le quartier général de Garibaldi; car Dijon a été évacué par nos troupes.

Cependant c'est la misère qui, outre la maladie, bientôt s'empare de mon ordonnance; à bout de ressources, c'est le ventre creux qu'il dut faire à pied la longue route au bout de laquelle il espérait nous retrouver. Les uns étaient bons pour le malheureux, mais d'autres lui refusèrent du pain et le gîte. A Chagny, au milieu du désordre d'une retraite précipitée, personne ne put dire à Jacquemet où nous étions; il se remit donc en route, recueillant des indications auprès de tout le monde. Ce n'est que près d'un mois après nous avoir quittés qu'il nous retrouva à Autun; il avait jusqu'alors vécu pour ainsi dire de la charité des uns et des autres, ne pouvant se décider à entrer dans un autre corps d'armée. Aussi, on ne saurait imaginer la joie du pauvre garçon lorsqu'il nous revit.

Le 31 janvier, nous poussâmes jusqu'à Fontangy (25 kilomètres); là, j'appris que le colonel Braün et ses troupes étaient campés à quelques kilomètres seulement, et que des bruits d'armistice circulaient. Je m'empressai de me mettre en communication avec le colonel, qui m'annonça que les dépêches qu'il avait reçues lui annonçaient la capitulation de Paris, et que l'armistice n'était pas reconnu par le général Manteuffel en ce qui regardait l'armée des Vosges. Nous étions donc toujours belligérants; de plus, Braün avait reçu des ordres, qu'il me transmettait, nous enjoignant de poursuivre l'exécution de notre mission.

Leur incertitude rendait encore ces nouvelles plus tristes; je me rendis aussitôt à Précy-sous-Thil afin d'obtenir plus de détails; là, je trouvai une dépêche adressée aux préfets par le ministre de l'intérieur, et il ne me resta plus de doute sur le malheureux état de notre chère France. Pourtant, le ton de cette dépêche n'était pas désespéré; de plus, elle ne parlait que d'après des *avis venus de l'étranger,* et comme *on croit facilement ce que l'on désire,* nous pouvions encore nous imaginer que ce n'était là qu'une de ces fausses alertes, si fréquentes à cette époque. La dépêche portait encore que l'on utiliserait l'armistice à renforcer nos armements, instruire et discipliner nos troupes, etc., et nous espérions.

Cependant la situation de ma petite troupe, pas

plus que celle du colonel Braün, n'était rassurante : toutes nos forces qui se trouvaient dans le département de la Côte-d'Or étant exceptées de l'armistice, rien de plus facile aux Allemands, aussitôt qu'ils apprendraient notre présence, que de nous poursuivre vigoureusement et nous forcer à livrer un combat inégal. Ne pouvaient-ils pas disposer contre nous de forces imposantes, puisque, dès le 31 janvier, l'état-major de Garibaldi, qui nous donnait si cavalièrement l'ordre de continuer notre marche en avant, exécutait lui-même un mouvement rétrograde, abandonnant Dijon à l'ennemi par la plus désordonnée des retraites, alors qu'on aurait pu se replier, non-seulement dans les meilleures conditions, mais encore ne le faire qu'après avoir battu les premières colonnes allemandes, qui étaient beaucoup moins nombreuses que notre armée.

Pendant que je revenais de Précy, porteur des plus mauvaises nouvelles de notre armée de Paris, je rencontrai le capitaine de la compagnie du génie des mobilisés, qui, sous les ordres du colonel Braün, devait aller faire sauter le pont de Nuits-sous-Ravière. Ce capitaine, M. Montbason, je crois, s'approcha de moi :

« Vous savez les nouvelles, commandant, et le colonel Braün a reçu l'ordre de marcher en avant.

— Oui, répondis-je.

— Eh bien, quant à moi, poursuivit le capitaine, je sais que l'ennemi est tout autour de nous, *je ne veux pas me faire décimer,* et je me retire. »

Sans répondre à M. Montbason, je poussai mon cheval et regagnai notre campement. Peut-être cet officier avait-il raison; cependant l'ordre de marcher en avant était formel, et nous ignorions s'il n'y avait pas une grande importance à agir. Mais comment le colonel Braün allait-il maintenant, en ce qui le concernait, exécuter les ordres qu'il avait reçus? Je lui envoyai aussitôt un exprès pour le prévenir de ce qui se passait; c'était le soir, et dès le lendemain matin, je vis arriver le colonel Braün. Les ordres du quartier général étant formels, nous convînmes d'unir nos efforts et de continuer la marche en avant. Nous réglâmes sur-le-champ notre itinéraire d'après les données que nous obtînmes sur la position des ennemis, et nous quittâmes nos cantonnements.

Pendant mon séjour dans le village de Fontangy, j'avais reçu l'hospitalité du curé de cette petite bourgade; c'est lui-même qui, en l'absence du maire, distribua les billets de logement à nos hommes, ce qu'il fit avec une complaisance et un bon vouloir qui montraient qu'un cœur patriotique animait encore ce beau vieillard. Il n'avait qu'une poule, je crois, et il fallut que sa vieille cuisinière la mît au pot! Je m'entretins longuement avec ce digne prêtre, chez lequel je rencontrai, avec une certaine surprise, une ampleur de sentiments et d'idées peu en rapport avec les modestes fonctions de curé d'un village de quelques centaines d'âmes, qui semblait, en outre, pauvre et retiré. Je ne lui cachai pas mon impression à cet égard : « On a bien voulu me faire quitter Fontangy il y a quelques années, me répondit le vieillard ; mais j'ai dit à monseigneur : Il y a bientôt trente ans que je suis là ; c'est une famille aujourd'hui, des amis qui m'entourent ; et puis, monseigneur, mon pauvre mobilier a vieilli aussi avec moi, il est vermoulu, supporterait-il le voyage ? »

Il y avait bien une certaine amertume dans cette dernière phrase ; mais, avouons-le, monseigneur méritait bien cette petite pointe pour avoir enfoui de cette façon une belle intelligence, et surtout une si bonne nature.

Au moment où le capitaine Arnaud et moi serrions la main du curé de Fontangy et lui faisions nos adieux, Arnaud remarqua que ses yeux étaient pleins de larmes ; je n'y avais pas pris garde. Le brave homme, qui avait deviné notre but, sentait nos existences exposées, et il pleurait.

J'ai eu l'occasion de reparler de ce bon vieillard avec un de mes amis de Paris qui le connaissait, ayant habité longtemps les environs de Fontangy ; il lui écrivit même à mon sujet, et dans sa réponse le brave curé disait en parlant de moi, dont il se souvenait :

« ..... Je suis heureux de lui avoir donné l'hospitalité, mais je ne le croyais plus de ce monde; le lendemain qu'il eut quitté Fontangy, j'allai à Précy, et là on m'assura que bataillon et commandant du génie avaient été entièrement détruits par les Prussiens. Je m'empressai de prier pour ceux qui venaient de nous quitter..... Grâces à Dieu, j'ai prié pour des vivants. »

Notre situation exigeait, en même temps que la plus grande prudence, la plus grande rapidité d'exécution; nous étions maintenant sur un territoire moyennement accidenté, de plus, couvert de nombreux bourgs, villages ou hameaux; nous dûmes suivre une route des plus sinueuses pour éviter les centres de population, où nous pouvions rencontrer non-seulement l'ennemi, mais encore des espions; aussi, dans cette journée, nous ne pûmes nous rendre qu'à Montigny-Saint-Barthélemy, c'est-à-dire à douze kilomètres de Fontangy, par le chemin ordinaire; là, nous eûmes quelque peine à nous loger, car nous étions nombreux et le village petit.

Le lendemain, 2 février, nous reprîmes notre route, traversant rapidement le plateau de Thostes, où nos pieds foulaient un des sols géologiques les plus curieux. Vers le milieu du jour, nous étions aux environs d'Époisses, mais nous n'osions entrer dans ce gros bourg, qui pouvait être occupé; nous laissâmes la route de Semur à Époisses, et prîmes un chemin de traverse conduisant au hameau de Corombles. Je me souviens que, afin de faire préparer plus rapidement pour notre monde quelque nourriture, je partis en avant avec Arnaud. Nous traversâmes au galop de nos montures la distance qui nous séparait de Corombles; mais, comme nous étions bien en vue, les habitants de ce petit village, qui ne pouvaient supposer que nous étions des amis, crurent à l'arrivée d'une nouvelle colonne prussienne. C'était le jour de la Chandeleur, et la plupart étaient à l'église; mais la nouvelle pénétra bientôt au milieu des fidèles, qui, abandonnant leurs prières, se précipitèrent au dehors, s'empressant de gagner leurs demeures, afin d'y mettre en sûreté ce qu'ils pouvaient avoir de plus précieux. C'est à ce moment qu'Arnaud et moi entrions dans le village; nous avions mis nos chevaux au pas et ne nous doutions guère de l'émoi que nous causions. Une vieille femme, en retard sur les autres, était encore dans la rue; nous passâmes près d'elle, c'est alors qu'elle ne put retenir des gémissements et de véritables cris de frayeur.

« Qu'a donc cette brave femme à crier de la sorte? » s'écria le capitaine Arnaud.

A ces paroles, la paysanne suspendit ses plaintes, et nous regarda de l'air du monde le plus stupéfait pendant un instant; enfin elle s'écria à son tour :

« Mais vous êtes donc des Français?

— Certes, oui, » fut notre réponse.

Aussitôt les cris recommencèrent, mais des cris de joie alors, et bientôt tout le village, averti de sa méprise, se trouva autour de nous. Quant au maire, à qui je demandai de faire préparer les billets de logement, afin que ces hommes pussent déjeuner dès leur arrivée, il me répondit qu'il n'était pas besoin de billets, et qu'il allait employer un moyen plus expéditif. En effet, ayant demandé le silence à la population du hameau qui tout entière se pressait autour de nous, il pria chacun des assistants de rentrer de suite chez lui, et de se mettre à la besogne pour préparer un repas aux hommes qui allaient arriver. Un instant après, la place était déserte, et dans chaque basse-cour on entendait les cris effarés des volailles que pourchassaient les ménagères. Ce village semblait riche, aussi nos soldats y trouvèrent-ils une large hospitalité. Je me souviens même que l'un des habitants vint chez le maire, où je déjeunais avec Braün, et lui chercha une véritable querelle parce qu'on ne lui avait envoyé aucun soldat. Pendant le déjeuner, on parla encore de la terreur qu'avait produite notre arrivée dans le village; la femme du maire, qui nous recevait cependant de si bonne grâce, s'était trouvée mal, pendant que sa petite fille, âgée de cinq ans, cachait dans le sable du jardin quelques pièces de deux sous, tout son trésor. Malheureusement, les résultats de cette panique n'eurent pas tous des suites aussi peu dangereuses : une pauvre femme qui voulait sauver sa vache, son unique fortune, se mit à la chasser devant elle pour lui faire gagner la campagne ; elle la maintenait au moyen d'une corde imprudemment enroulée autour de son bras : l'animal, effrayé par les coups qu'il recevait et les cris inusités qui frappaient son oreille, prit tout à coup un galop effréné, entraînant avec lui la pauvre femme, qui, jetée à terre violemment, se démit l'épaule.

C'est à Corombles que le maire nous confirma la nouvelle de la capitulation de Paris ; aucun de nous ne put retenir ses larmes à la lecture de cette douloureuse dépêche. Le vieux capitaine d'une de nos compagnies de francs-tireurs (celle du Gard), âgé de soixante-quatorze ans, et qui commandait ses hommes depuis six mois, présentait le spectacle d'un véritable désespoir ; dans le cours de sa longue carrière, il avait pris les armes chaque fois qu'il fallut défendre notre sol ou nos libertés, et il ne pouvait croire à une ruine aussi complète de sa belle patrie. Il accusait l'ironie du sort, qui avait moissonné les jeunes autour de lui, et qui ne l'avait gardé si longtemps que pour le rendre spectateur de notre abaissement.

Cependant nos soldats ignoraient encore le triste événement ; nous crûmes de notre devoir de le leur faire connaître, bien que nous eussions besoin de tout leur courage pour achever notre mission. Mais la triste nouvelle de la capitulation de Paris, loin d'affaiblir ces braves gens, ne fit qu'exalter leur ardeur; beaucoup d'entre eux, Alsaciens et Lorrains, pleuraient comme des enfants..... Oh! si dans ce moment l'ennemi, qui couvrait la contrée aux environs, nous eût attaqués avec toutes ses forces, il eût trouvé devant lui une légion de héros!

De Corombles, et par des chemins détournés, nous prîmes la direction de Vassy, où nous arrivâmes à huit heures du soir. Là, nous n'étions plus qu'à quatorze kilomètres environ du pont de Buffon, but principal de notre expédition. Bien que Vassy fût inoccupé en ce moment par les Prussiens, il était fréquemment visité par eux; d'ailleurs l'ennemi nous était signalé de toutes parts, et chacun s'étonnait que nous ne l'eussions pas encore rencontré. Il n'y avait donc pas de temps à perdre si nous voulions remplir notre mission, et bien que les hommes eussent parcouru environ vingt-cinq kilomètres dans la journée, nous décidâmes de nous rendre cette même nuit à Buffon. Nos hommes furent donc prévenus qu'ils devaient être prêts à marcher à minuit; une distribution de vivres eut lieu, et chacun s'arrangea pour prendre un peu de nourriture et goûter un instant de sommeil avant le départ.

Cette décision avait été prise en un conseil présidé par le colonel Braün, et auquel assistaient les officiers commandants de compagnies. Le capitaine Arnaud y manquait cependant, car, horriblement fatigué et courbaturé, je l'avais décidé à se coucher dans un lit. Mais lorsque je vins lui faire part de la décision du conseil, en ajoutant qu'il ne nous accompagnerait pas et que nous le prendrions au retour, il me répondit en sautant hors de son lit et en s'habillant à la hâte pour aller organiser le départ pour l'heure convenue.

D'après le dire des habitants, le pont de Buffon était toujours gardé par un poste établi dans une ferme placée tout à côté; les sentinelles prussiennes « montaient la garde » sur le pont lui-même. Enfin, en prévision d'une attaque, tous les murs de la ferme avaient été crénelés, de sorte que l'on pouvait tenir bon dans cette *redoute* en attendant le renfort des troupes cantonnées à Nuits-sous-Ravières ou à Montbard, c'est-à-dire à quelques kilomètres seulement dans les deux directions du nord et du sud. On ajoutait même qu'en prévision de nouvelles tentatives de destruction du pont, des signaux particuliers avaient été convenus entre ces divers postes prussiens, et qu'à Nuits comme à Montbard des voitures de réquisition étaient prêtes à toute heure à recevoir de l'infanterie, qui serait transportée au galop des chevaux sur le lieu même de l'attaque.

Comme dernier et important renseignement, on

nous apprit encore que la veille même, au lieu d'une simple compagnie, une colonne allemande, que l'on estimait à un millier d'hommes, avait passé la nuit dans les environs mêmes du pont de Buffon.

Toutes ces indications nous engageaient à une extrême prudence; mais d'après nos cartes, et aussi d'après le témoignage des habitants, il nous était possible, en prenant par des sentiers au travers des bois, d'arriver certainement inaperçus jusque sur les hauteurs qui dominent l'Armançon et Buffon. Ces hauteurs, couronnées de forêts assez étendues, nous offraient pour la retraite un refuge très-sûr, de même qu'elles nous présentaient avant l'action un excellent poste d'observation. A cause de l'obscurité de la nuit, qui était sans étoiles et sans lune, nous acceptâmes l'offre d'être guidés par un habitant du pays, que le maire nous donna d'ailleurs comme très-sûr. Quelques-uns de nos hommes avaient des habits de paysan, nous comptions sur eux pour aller en reconnaissance.

Les choses étant ainsi réglées, toute la colonne s'ébranla dans le plus grand silence et dans la direction où nous devions agir. Vers les trois heures du matin, nous arrivâmes sur les hauteurs qui dominent le pont et la ferme; notre guide nous les montra, et aussitôt deux de nos francs-tireurs, dans le costume de paysan, nous quittèrent pour aller reconnaître la situation. Un de ces éclaireurs devait s'approcher tout à fait du pont ou de la ferme; le second, caché à une faible distance, observerait et reviendrait nous rendre compte aussitôt qu'il serait fixé; seulement, dans le cas où les lieux ne seraient point gardés, il devait agiter d'une façon particulière une lanterne sourde dont nous l'avions muni. Quelques autres signaux avaient aussi été convenus pour les divers cas probables qui pouvaient se présenter.

Nos éclaireurs partis, la colonne fut disposée en ordre de bataille sur la lisière du bois; les mulets porteurs des torpilles furent amenés et tous nos instruments dégagés, afin qu'on pût agir rapidement, au cas où il faudrait le faire. Ceci disposé, j'allai rejoindre le colonel Braün, qui, en avant du front de nos troupes, le regard ardemment fixé dans la direction de la ferme, attendait avec impatience d'apercevoir un signal qui pût de suite nous faire connaître la situation. La campagne, couverte des ombres de la nuit, était alors plongée dans un profond silence : les aboiements d'un chien arrivèrent cependant à nos oreilles; ils nous indiquaient que ce gardien vigilant avait éventé nos éclaireurs. Nous ne pouvions tarder à recevoir un signal, et nos regards interrogeaient plus anxieusement encore chaque point de la vallée qui s'étendait à nos pieds..... Enfin une lumière s'agite, et nous reconnaissons le signal qui signifie que la ferme et le pont sont libres. Nous marchons aussitôt en avant, et retrouvons bientôt nos deux éclaireurs; ils sont accompagnés d'un jeune homme de la ferme qui nous annonce que l'ennemi est en ce moment cantonné dans les villages environnants, et qu'il avait pour cette nuit abandonné la ferme. C'était heureux, au moins pour la réussite de notre projet. Nous ne perdîmes donc pas un instant. Mes hommes étaient divisés en brigades : les uns interrompaient les communications télégraphiques, les autres plaçaient des torpilles sous les rails, enfin le reste s'occupait de la mission principale, c'est-à-dire l'œuvre de la destruction du pont lui-même.

Nous pûmes alors constater ce qui avait été fait par l'expédition du colonel Lobbia, au sujet de laquelle le général Bordone a écrit que le pont de Buffon ayant sauté, les Prussiens s'étaient décidés à évacuer Dijon. Or, le dégât fait au pont consistait en deux trous d'un mètre cinquante centimètres environ de diamètre, pratiqués à la poudre au milieu des deux premières arches du pont; d'après les renseignements mêmes du paysan, l'ennemi avait remis la voie en service dans l'espace de vingt-quatre heures.

Un quart d'heure après notre arrivée sur le pont, nos torpilles étaient placées; chacun se retira à une certaine distance, et je restai avec le lieutenant Caulry pour enflammer les mèches. Un instant après, une explosion formidable retentit; le bruit s'en répéta de vallée en vallée comme le fait un des plus violents coups de tonnerre que l'on puisse entendre. Nous apprîmes plus tard que, grâce au calme de la nuit, cette forte détonation avait réveillé les habitants des villages à plusieurs lieues à la ronde. Quant aux Prussiens cantonnés dans les bourgs et hameaux des environs, ils comprirent de suite de quoi il s'agissait; mais, ignorant notre nombre, ils n'osèrent nous attaquer avant d'avoir réuni leurs forces, et surtout avant d'avoir éclairé la situation. Aussi, pendant que nous procédions à la pose de nouvelles torpilles sur une seconde arche, nous aperçûmes des lumières qui s'agitaient dans diverses directions : c'étaient des signaux que se faisaient nos ennemis de village à village. Il n'y avait pas de temps à perdre.

Les dernières torpilles firent bientôt explosion à leur tour, et au moment où, avec le lieutenant Caulry, je retournais constater les effets de cette seconde opération, nous entendîmes distinctement le bruit régulier des pas d'une troupe militaire qui approchait. Déjà notre colonne avait repris le chemin de la forêt; je ralliai les derniers de mes volontaires qui venaient de terminer leurs travaux, et nous eûmes bientôt rejoint nos compagnons.

XIV.

Ma mission était donc terminée, et nous ne pensions plus qu'à quitter le département de la Côte-
d'Or, dans lequel, malgré l'armistice, l'état de
guerre existait encore, et où l'ennemi s'était cantonné en grand nombre.

Cependant la destruction de ce pont ne devait être
d'aucune utilité, puisqu'on allait signer la paix
(ce que nous ne pouvions prévoir). Mais fût-il
resté une chance sur mille de recommencer la
lutte, que la destruction de cet ouvrage était des
plus nécessaires, car c'est là, comme je l'ai dit,
que venait passer tout le matériel qui pouvait arriver de la direction de Paris. Combien de fois
déjà, pendant cette guerre, des considérations
puériles, en face de l'immensité des désastres
qu'elles pouvaient entraîner, n'ont-elles pas empêché que l'on accomplît une œuvre de destruction
qui pouvait arrêter la marche de l'ennemi ! Ce fut

d'abord Napoléon III lui-même qui en donna le premier exemple en s'opposant à ce que la Forêt-Noire, refuge des colonnes prussiennes, fût livrée à l'incendie; et l'on sait que peu après l'ennemi sortait à l'improviste par milliers de ces mêmes bois, qui lui servaient d'abri. Ici, ce ne pouvait être qu'une considération de sentiments : quelle ironie! Un peu plus tard, ce fut le tunnel de Saverne, qui ne fut point détruit pour des considérations d'intérêt matériel, cette fois.

Je cite ces deux faits, car ils sont capitaux; mais combien longue serait la liste que je pourrais faire de tous les cas où l'intérêt personnel ou local, prenant parfois le masque du sentiment, s'opposa à des mesures qui avaient des chances pour être funestes à l'ennemi! Je sais bien aussi que, dans certaines circonstances, un zèle inintelligent hâta l'exécution de mesures radicales et inopportunes; mais ceux qui les ordonnèrent sont plus excusables à mes yeux que les premiers, qui, par la crainte seule de détruire quelques ponts, tunnels ou routes, laissèrent subsister ces moyens de circulation que, peu de jours après, l'ennemi utilisait contre nous. Je dirai à ceux-là : Un tunnel se refait, messieurs; mais la vie des hommes qui tombent, la gloire ternie d'une nation autrefois grande et fière, qui les refera?

Les indices que j'ai signalés sur la présence évidente des Prussiens aux environs de Buffon nous présageaient assez qu'il nous faudrait lutter de vitesse avec leurs troupes, si nous voulions empêcher un conflit dans lequel les chances seraient contre nous; car non-seulement notre nombre était restreint, mais, de plus, nos hommes, harassés par les marches, ne sauraient soutenir le combat avec toute la vigueur nécessaire. Nous avions quelques heures d'avance, car les Prussiens ne nous donneraient évidemment pas la chasse pendant la nuit au travers des bois dans lesquels nous nous étions engagés. Quelques heures, c'était peu cependant, d'autant plus que nous voyions déjà plusieurs hommes, épuisés de fatigue, accepter, malgré les instances de leurs chefs, l'hospitalité dangereuse, le *verre de vin* que les paysans, éveillés par le bruit des explosions et accourus de toutes parts, leur offraient.

J'eus cependant le plaisir de constater de nouveau, en cette circonstance, que mes volontaires conservaient toute leur ardeur et tout leur esprit de discipline; ils continuaient à s'avancer en ordre et en files serrées, absolument comme si, au lieu de marcher depuis plus de vingt-quatre heures, ils ne faisaient que sortir d'un campement pour une promenade militaire. Il faut dire que les offres des habitants du pays allaient parfois jusqu'à l'obsession, et j'en vis, en cette circonstance, qui vinrent jusqu'à moi pour demander que la colonne s'arrêtât un instant, et qu'alors ils apporteraient sur la route un tonneau de vin, où chacun pourrait se désaltérer.

De retour à Vassy, nous fîmes une halte; mais à peine les hommes avaient-ils eu le temps de manger que les gens du pays vinrent nous prévenir que des forces prussiennes imposantes s'avançaient sur Vassy; de plus, on avait entendu, — et nos sentinelles confirmèrent le fait, — le bruit de plusieurs fusillades. Hélas! une vingtaine d'hommes manquaient à l'appel; la fatigue et le besoin les avaient retenus en arrière. Avaient-ils essayé de tenir tête un instant à l'ennemi, ou bien, faits prisonniers, avaient-ils subi le sort que les Allemands réservaient aux francs-tireurs? Quoi qu'il en soit, nous ne revîmes plus ces malheureux, qui, je crois, appartenaient en grande partie aux francs-tireurs du Gard. Heureusement, aucun de mes volontaires ne manquait à l'appel.

Quelques minutes après l'arrivée de ces fâcheux renseignements, notre colonne quittait Vassy; ce départ s'effectuait à la hâte, mais avec beaucoup d'ordre, car le triste sort réservé à ceux qui se laissaient prendre avait donné aux plus mauvais soldats du cœur et des jambes. La route que nous adoptâmes fut celle que nos cartes indiquaient comme étant la plus cachée, la plus détournée, et aussi celle qui devait nous conduire le plus promptement

non-seulement loin des limites du département de
la Côte-d'Or, mais encore loin de nos ennemis, car
nous n'avions, par expérience, aucune foi dans les
traités avec les Allemands.

C'est ainsi que nous passâmes par les villages de
Pisy, Toutry et Saint-André, suivant, dans le département de l'Yonne, une route qui nous rapprochait
d'Autun, où nous voulions nous rendre, mais qui
contournait à une certaine distance les limites du
département de la Côte-d'Or.

Nous pensâmes être assez en sécurité à Saint-
André pour y passer la nuit; d'ailleurs nos hommes,
qui marchaient depuis plus de trente-six heures et
avaient parcouru près de cent kilomètres, n'auraient
pu aller plus loin.

Le lendemain, 4 février, l'étape fut moins longue;
nous allâmes nous cantonner dans les petits villages
de Saint-Léger, Villiers, etc., qui appartiennent au
Morvan. Nous étions là dans des parages qui, protégés par la nature et aussi par l'aridité de leur sol,
n'avaient pas souffert de l'ennemi. Les hommes y
furent généralement bien reçus et accueillis; pour
ma part, je me souviens que le fils du maire, chez
qui je logeais, bien qu'il fût marié depuis peu, voulut à toute force me céder l'unique lit de la maison.
J'eus beau alléguer qu'avec l'habitude que j'avais de
la fatigue je coucherais aussi bien sur ma couverture de peau de mouton, ils ne voulurent rien en-

tendre, et se servirent même de ce prétexte contre moi en disant :

« Il ne vous arrive que trop souvent de ne pas coucher dans un lit, pendant que pour nous c'est l'inverse ! »

Force me fut donc d'accepter le lit unique des jeunes mariés, qui allèrent dormir je ne sais où.

Le lendemain, 5 février, nouvelle alerte. On vint nous prévenir qu'à huit kilomètres de nous, à Rouvray, arrivait une forte colonne prussienne. Quel était son but? on ne put nous le dire; mais comme nous n'étions pas les plus forts, nous reprîmes rapidement notre route sur Autun.

Pendant cette dernière nuit, nous eûmes un malheur à déplorer. Dans un des villages où se trouvaient une partie de nos troupes, une des sentinelles fit feu sur un malheureux sourd-muet, qui ne répondit pas au qui-vive, et le tua.

Le 7 février nous arrivions à Autun, après deux nouvelles journées de marches forcées. Il faut reconnaître cependant que ces dernières marches de trente à quarante kilomètres par jour, dont nos soldats avaient enfin pris l'habitude, ne les fatiguaient plus outre mesure; en un mot, ils étaient rompus à la vie de campagne; ils arrivaient à ce point où l'homme de guerre rend les plus grands services, parce qu'il peut supporter les fatigues et les privations qu'exige le métier des armes.

Arrivé à ce point de mon récit, il ne me reste plus qu'à dire quelques mots du licenciement de l'armée des Vosges, dont nous faisions partie de fait; ce ne sera là qu'un résumé historique.

Par une lettre en date du 14 février 1871, le général Le Flô, ministre de la guerre, informait le vice-amiral Penhoat qu'il l'appelait aux fonctions de commandant en chef de l'armée des Vosges, ces fonctions étant vacantes par suite de la double démission de général et de député que Garibaldi avait donnée la veille et qui lui valut peut-être l'accueil peu gracieux et immérité que lui avait fait la majorité de la Chambre. Garibaldi laissait cependant ses fils à l'armée des Vosges, d'où leur départ, en ce moment, eût été un malheur. Quant à lui, il quittait Bordeaux après s'être démis officiellement de ses fonctions, se rendant à Marseille, et de là à Caprera.

C'est le 19 février seulement que l'amiral Penhoat prenait possession de son poste à Mâcon; le service lui fut remis par Menotti Garibaldi, dont le quartier général était à Châlon-sur-Saône. L'amiral, jugeant sans doute que les fonctions qu'il avait acceptées présentaient quelques difficultés, s'était assuré le concours de deux généraux de division, MM. de Jouffroy d'Abbans et Carré de Busserolles; mais il dut s'appuyer bien davantage par la suite sur les anciens chefs de l'armée des Vosges, qui, habitués à ce personnel très-mêlé, lui furent d'un très-grand secours. Ces chefs avaient cependant tout d'abord donné leurs démissions. — Je parle de Canzio, Menotti et Riccioti Garibaldi. — Mais ils eurent le bon sentiment de comprendre que leur tâche n'était point finie, et ils reprirent leurs fonctions. Quant à Bordone, il devint le bras droit de l'amiral, comme il avait été celui de Garibaldi, et on peut dire qu'il fut le véritable chef de ce licenciement, dans lequel il apporta toutes ses qualités et tous ses défauts.

L'armistice expirait le 24 février, et l'on avait en face de soi d'imposantes forces allemandes; les dispositions nécessaires furent donc prises rapidement pour le cas où il faudrait recommencer la lutte. Mais on sait que l'armistice fut prolongé, et que la paix le suivit; il n'y avait donc plus qu'à procéder au désarmement de l'armée des Vosges.

Un premier ordre, du 24 février 1871, enjoignit au général en chef de dissoudre les corps francs de l'armée des Vosges, et un second, du 2 mars, ordonnait non-seulement le licenciement des compagnies de volontaires, mais encore celui des mobilisés et des mobiles. Le désarmement de ces troupes devait avoir lieu sous la direction d'une commission de licenciement, et dans certains centres désignés.

C'est là que se placèrent une série de difficultés; soit question d'amour-propre, soit qu'ils eussent réellement des intentions coupables, la plupart des corps de l'armée des Vosges firent des efforts plus ou moins grands pour échapper au désarmement sur place. Mais les ordres du ministre étaient formels, et on dut les mettre à exécution. Il fallut cependant que les chefs principaux de cette armée si hétérogène déployassent une certaine énergie pour mener à bonne fin le licenciement. Les corps francs prétendaient qu'on n'avait pas le droit de leur enlever des armes qu'ils avaient vaillamment portées dans maintes circonstances; quant aux mobiles et mobilisés, ils croyaient de leur honneur de revenir dans leur chef-lieu ainsi qu'ils en étaient partis, c'est-à-dire avec armes et bagages : on vit même un colonel de mobilisés, à la tête d'un corps d'officiers, se rendre, pour protester, chez le général en chef. Quant aux étrangers, les Italiens par exemple, n'ayant d'ailleurs pas les mêmes raisons pour conserver leurs armes, ils les abandonnèrent volontiers. Ce simple fait montre bien que l'opposition faite par les troupes françaises partait surtout d'un point d'amour-propre excusable, et dont un général en chef intelligent aurait tenu compte le premier, évitant ainsi bien des scènes pénibles, qui remplissaient les esprits d'aigreur, alors qu'il eût été au moins habile et patriotique de les adoucir. Quant au général Bordone, ce n'était point un homme à conseiller des mesures plus raisonnables, bien qu'il fût trop intelligent pour ne pas en comprendre l'urgence; mais il tenait avant tout à complaire au ministre et à son délégué, afin d'obtenir les croix qu'il sollicitait pour lui et son fils, reniant ainsi doublement celui qui l'avait fait éclore, c'est-à-dire Garibaldi.

Commencé le 2 mars, le désarmement était à peu près terminé le 12; le 16, l'amiral Penhoat remettait le commandement des troupes qui n'avaient pas encore été licenciées et ne devaient pas l'être à M. le général de division Jouffroy, et se retirait à Paris. L'armée des Vosges n'existait plus.

Quant à mes volontaires, ils durent se soumettre, ainsi que les autres, à un ordre du ministre, et se laisser désarmer à Mâcon, pour rentrer dispersés et comme honteux dans leur pays de Saint-Étienne, alors qu'ils avaient le droit, par leur belle conduite pendant le cours de cette rude campagne, d'y revenir la tête haute, avec armes et bagages. Mais, à cette époque, l'autorité aimait à jouer avec le feu, — passion dont la Commune devait malheureusement nous guérir, — et je vis plus d'une fois le moment, à Mâcon, où chefs et soldats, croyant leur amour-propre compromis, étaient sur le point de se livrer à une rébellion qui pouvait avoir les plus graves conséquences.

J'ai terminé ma tâche; puisse-t-elle avoir atteint le double but que je me suis proposé! Puissé-je avoir apporté quelques documents à celui qui entreprendra un jour le récit détaillé de cette malheureuse période de notre histoire; et puissé-je encore rappeler fidèlement dans ces pages, à mes braves officiers et à nos dévoués volontaires, les jours de fatigue ou de luttes que nous avons passés ensemble au service de la plus noble des causes, celle du salut de sa patrie envahie!

En relisant les détails des quelques travaux que nous avons accomplis, ils trouveront peut-être moins d'amertume à songer à nos malheurs, car ils auront au moins la conscience d'avoir fait tous leurs efforts pour résister aux envahisseurs.

Paris, 5 mai 1872.

FIN.

ERRATA ET NOTES.

Quelques inexactitudes se sont glissées dans ce récit, et bien que l'auteur n'ait pas la prétention de les effacer toutes dans les notes suivantes, il croit néanmoins important de signaler celles des erreurs qu'il lui a été possible de relever lui-même depuis l'impression. On verra une fois de plus par là que c'est la réunion et la comparaison seules de nombreux témoignages et documents qui peuvent permettre de donner une histoire définitive et vraie des faits historiques.

NOTE 1.

A la page 99, il est dit que le 26 novembre, lors de l'attaque de Dijon par Garibaldi, « nos avant-gardes purent arriver jusque sous Dijon même..... » ; les faits véritables sont que ces troupes ne s'avancèrent qu'à cinq kilomètres de la ville, à la hauteur de la ferme de Changey.

NOTE 2.

Dans les pages 106 et 108, l'évaluation des troupes allemandes qui prirent part à l'attaque de la ville d'Autun est trop élevée. La brigade qui a fait cette expédition comptait à peine six mille hommes, exclusivement composés des 5ᵉ et 6ᵉ régiments d'infanterie badoise (et non bavaroise), sous les ordres du général Keller.

NOTE 3.

Les renseignements (p. 124) qui nous furent donnés sur les Allemands à Dijon étaient exagérés. Des habitants de la capitale de la Bourgogne ne poignardèrent aucune sentinelle prussienne.

NOTE 4.

Je ne suis pas suffisamment explicite dans la page 137 et autres en ce qui regarde la diversion des Allemands contre l'armée de Cremer, à Nuits; il paraîtrait aujourd'hui que, sous les ordres d'un général de quelque valeur, nos troupes auraient assurément consommé la déroute de la colonne ennemie qui nous attaqua dans cette occasion.

NOTE 3.

Page 191, ligne 9, *au lieu de :* (il venait d'être nommé général), *il faut lire :* (il allait être nommé général). En effet, M. Bordone n'a été nommé général dans l'armée auxiliaire que le 14 janvier 1871, c'est-à dire quelques jours après l'entrevue dont je parle. Il faut faire une observation analogue à la page 194, où je parle de Menotti Garibaldi comme général; le fils de Garibaldi est seulement désigné, comme promu au grade de général, dans un ordre du jour du 15 au 16 janvier 1871, sans indication de décret.

NOTE 6.

Page 213, ligne 2, *au lieu de :* De l'est à l'ouest, *lire :* De l'ouest à l'est.

NOTE 7.

Page 243, ligne 1, il est dit par erreur que le plateau d'Hauteville domine Talant et Fontaine de deux cents mètres : c'est cent vingt à cent quarante mètres qu'il faut dire.

NOTE 8.

Page 245. — J'ai eu l'avis que les troupes allemandes qui nous attaquèrent à Messigny en sortant des bois qui dominent ce village, faisaient partie de la brigade Kettler elle-même, venaient de Darois et non d'Is-sur-Tille ; de ce dernier point il ne s'avança qu'un seul détachement sous les ordres d'un major qui s'arrêta au village de Savigny-le-Sec, et dont nous avons signalé un parti d'éclaireurs. Cette petite troupe se retira le 23 par la même route. Quant à la brigade du général-major Kettler, dont il est ici question, c'est, paraît-il, elle seule qui a fait les attaques ou démonstrations de Dijon, dans les journées des 21, 22 et 23 janvier ; elle comptait à peine cinq mille hommes devant Talant et Fontaine, et l'on n'a pas, d'ailleurs, relevé de blessés ou enterré de morts appartenant à d'autres régiments que les 21e et 61e prussiens d'infanterie. En outre de ces informations locales, l'ouvrage allemand intitulé : *Die Operationen der Südarmée im Januar und Februar* 1871, par le colonel comte Wartensleben, renferme des renseignements conformes à ce dire. Cette note permet en même temps de rectifier ce que j'ai avancé pages 272 et 273, que les assaillants arrivaient de Sombernon, Blaisy, Saint-Seine, et non d'Is-sur-Tille et Dienay. (Wartensleben, p. 27, en accord avec les renseignements locaux.)

Enfin, en ce qui concerne les artilleries respectives des combattants aux journées de janvier, voici à cet égard des détails précis :

Les Français avaient, au nord de Dijon, cinquante-deux pièces, qui formaient une sorte de flèche dont l'axe était à peu près nord-sud, et dont les flancs, par suite, protégeaient les directions du nord-ouest et du nord-est ; ces pièces étaient ainsi disposées :

1° En haut de la rampe qui conduit à Talant, devant l'entrée du village, et à l'ouest, six pièces de 12.

2° Dans un verger et sur la route à l'est, six pièces de 4.

3° Au bas de Talant, sur la route de Saint-Seine, deux pièces de 12.

4° Sur la terrasse de Fontaine et derrière le château, six pièces de 4.

5° Même village, entre l'église et le château, deux pièces de montagne.

6° A l'est de l'église, deux pièces de montagne.

7° Au mont Chepet (près de Montmusard), deux pièces de 12.

8° A la bifurcation des routes de Langres et d'Is-sur-Tille, deux pièces de 12.

9° Au sud de Pouilly, épaulement de la route, deux pièces de 12.

10° Derrière l'épaulement à l'est, vers la Maladière, quatre pièces de 4.

11° Sur la route de Gray, derrière un épaulement, deux pièces de 12.

12° Dans les ouvrages ébauchés à l'est de la ville, six pièces de 4.

13° Vers Courcelles-les-Monts, deux pièces de 12.

14° Sur la Motte-Giron, deux pièces de 12.

15° Sur la Motte-Giron, six pièces de 4.

Les Allemands n'avaient à opposer que deux batteries ; l'une, placée sur la butte de Chaumont, tirait contre Talant et Fontaine, pendant que l'autre restait en réserve près de Changey et en arrière de Daix.

NOTE 9.

Le lieutenant Levert, des francs-tireurs de Vaucluse, dont il est question page 260, fut avec ses hommes les *seules troupes* qui réoccupèrent le plateau d'Hauteville dans la journée du 22, après le violent assaut qu'ils ont donné de cette position et que je signale.

NOTE 10.

Pages 268-269 : La lutte fut surtout acharnée en avant du château, des fermes et du parc de Pouilly; ceux-ci furent défendus avec moins de vigueur.

NOTE 11.

Se reporter à la note 8, en ce qui concerne mes pages 272 et 273, sur les positions et le nombre des assaillants. De plus, il est avéré aujourd'hui que les avant-gardes allemandes entrèrent à Dôle le 21 janvier, de deux heures à trois heures du soir, et non le 23 seulement. La nouvelle en arriva même à Dijon le 22.

NOTE 12.

Le pont de Buffon, dont il est question à la page 275, est en amont et non en aval de la soudure qui, de Châtillon à Nuits-sous-Ravières, rattache le réseau de l'Est à celui de Paris-Lyon-Méditerranée.

En terminant cet *errata*, qu'il me soit permis d'exprimer mes remerciments à M. de Coynart, lieutenant-colonel d'état-major, actuellement en résidence à Dijon, qui achève un livre sur les mêmes guerres en Bourgogne, et a bien voulu me communiquer une partie des renseignements qu'il a pris sur place.

J. G.

TABLE.

FIN DE LA TABLE.

HENRI PLON, IMPRIMEUR-ÉDITEUR
8 ET 10, RUE GARANCIÈRE, A PARIS

CAMPAGNE DE 1870-1871

LES
VOLONTAIRES DU GÉNIE
DANS L'EST

PAR

JULES GARNIER

CHEF DE BATAILLON DU GÉNIE AUXILIAIRE
CHEVALIER DE LA LÉGION D'HONNEUR

OUVRAGE ENRICHI D'UNE GRANDE CARTE SPÉCIALE

PROSPECTUS

L'ouvrage de M. Jules Garnier a surtout le grand intérêt de la sincérité; c'est avec toute l'indépendance d'esprit que les lecteurs de ses voyages auront pu apprécier, qu'il nous fait voir les hommes et les choses qu'il a coudoyés pendant la campagne de 1870-1871. De plus, les événements de la guerre l'ont précisément conduit au milieu de cette « armée des Vosges », sur laquelle il a déjà tant été dit, mais de laquelle on a surtout parlé avec toute la passion que l'on apporte, en France, à ce qui touche aux partis politiques. On verra donc à cet égard, — et pour la première fois sur cette question, — un narrateur qui, pour juger ce qu'il a vu, se dégage complétement de tout esprit de parti et nous donne, par suite, un tableau fidèle des événements.

Là n'est point le seul mérite du livre de M. Jules Garnier, et personne ne suivra sans intérêt cette troupe peu nombreuse mais choisie, ferme, résolue, qui non-seulement se maintenait toujours aux avant-postes, mais avait constamment à se glisser au travers des lignes allemandes, dans le but de nuire aux moyens de transport de nos ennemis, ou même de les détruire. Nous les verrons s'avancer hardiment par des marches prodigieuses, agir et se retirer en conservant encore assez de vigueur pour échapper aux colonnes fraîches envoyées contre eux. Parfois leur seule ressource était de gagner les plateaux élevés, leurs grandes forêts solitaires, où, au milieu des neiges de décembre et de janvier, ils ne retrouvaient leur route que la carte et la boussole à la main. Nous extrayons d'ailleurs du livre de M. Jules Garnier le passage suivant, qui nous a semblé de nature à donner une idée de l'ouvrage :

« En passant à l'endroit du plateau où avait eu lieu la lutte gigantesque dont je viens de parler, nous aperçûmes les cadavres d'un Prussien et d'un franc-tireur qui s'étaient respectivement traversé le corps avec leur baïonnette. Nous allâmes ainsi jusqu'à l'extrémité du plateau d'Hauteville, au « Chêne de l'observe ». Là, quelques balles qui vinrent siffler à nos oreilles nous engagèrent à reprendre la route de Dijon. Dans ce trajet de retour à travers le champ de bataille, nous rencontrâmes cette fois les ambulanciers et les rôdeurs. C'est là le côté écœurant et décourageant de la vie de soldat. Rien de plus facile que de se bien conduire, d'être brave même pendant la lutte; on est bien vite habitué aux sifflements aigus des balles et aux explosions retentissantes des obus; on ne voit ni les uns ni les autres, et au bout d'un instant on oublie que ce concert est celui de la mort, qu'il l'accompagne sous toutes les formes, et si l'on marche en avant, qu'importe! ce ne sont que les cadavres de l'ennemi sur lesquels on place le pied; ceux des siens on les laisse derrière, on ne les voit pas; on n'entend pas non plus les plaintes, les cris des camarades blessés... Mais le terrible de la guerre, c'est la défaite, c'est la retraite, c'est le soldat découragé accusant ses chefs, jetant son arme ou la brisant; c'est le bruit du canon, sinistre alors, qui vous talonne et sème la mort au milieu des fuyards qui ne veulent ou ne peuvent lutter; c'est le dernier serrement de main d'un vieux camarade qui tombe, qu'il faut abandonner dans le chemin boueux, où les pieds des chevaux des amis et des ennemis l'achèveront... Le triste, ce sont les canons embourbés, aux attelages tués ou mutilés, ces caissons pleins de gargousses, ces convois pleins de vivres — quand on va en manquer — qu'il faut abandonner aux vainqueurs. Et nous avons vu tout cela pendant des mois sur notre sol même! »

En voyant la vigueur déployée par certains corps

français, vers la fin de la guerre surtout, alors que les hommes étaient rompus aux fatigues, on se prend à regretter que la direction de tous ces courages n'ait pas été meilleure, et qu'il n'ait pas été possible d'en faire un faisceau que nos ennemis n'auraient certainement pu entamer. Mais ces faits mêmes portent en eux une consolation à nos maux, c'est que, — quoi qu'on en ait pu dire, — notre chère patrie n'est point encore tombée dans l'impuissance, qu'elle se relèvera plus forte, plus vaillante que jamais, et que cette rude école du malheur lui aura fait connaître ses défauts et lui aura permis de les corriger.

Voilà les réflexions que nous inspire la lecture du livre de M. Jules Garnier ; et, bien que l'on y sente une profonde tristesse, alors qu'il nous décrit toute la lugubre série de nos défaites, on entrevoit néanmoins, au milieu de ces pages douloureuses, un sentiment d'espérance en l'avenir si puissant, si sincère, qu'on ne peut s'empêcher de le partager avec lui, et de former des vœux pour qu'il se trouve dans notre cher pays beaucoup d'hommes semblables à notre auteur et à sa brave petite troupe lorsque des temps meilleurs pour nous seront venus.

Les Volontaires du génie dans l'Est, de M. Jules Garnier, forment un joli volume in-18, enrichi d'une grande carte spéciale. — Prix : 4 francs.

L'ouvrage est expédié *franco*, en France, à toute personne qui adresse cette somme en un mandat de poste ou en timbres-poste à l'éditeur, 10, rue Garancière, à Paris.

Paris. — Typographie de Henri Plon, rue Garancière, 8.

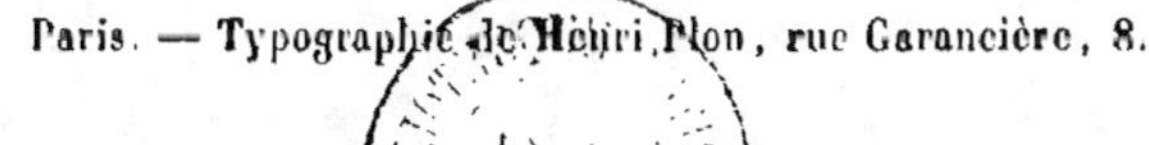